古典文獻研究輯刊

三二編

潘美月・杜潔祥 主編

第2冊

《四庫提要》精選精注
（第二冊）

司馬朝軍 著

國家圖書館出版品預行編目資料

《四庫提要》精選精注（第二冊）／司馬朝軍 著 -- 初版 -- 新
北市：花木蘭文化事業有限公司，2021〔民110〕
目 6+216 面；19×26 公分
（古典文獻研究輯刊 三二編；第2冊）
ISBN 978-986-518-383-7（精裝）
1. 四庫全書 2. 研究考訂
011.08   110000575

ISBN-978-986-518-383-7

古典文獻研究輯刊
三二編 第 二 冊   ISBN：978-986-518-383-7

《四庫提要》精選精注（第二冊）

作 者 司馬朝軍
主 編 潘美月、杜潔祥
總 編 輯 杜潔祥
副總編輯 楊嘉樂
編 輯 許郁翎、張雅淋 美術編輯 陳逸婷
出 版 花木蘭文化事業有限公司
發 行 人 高小娟
聯絡地址 235 新北市中和區中安街七二號十三樓
電話：02-2923-1455／傳真：02-2923-1452
網 址 http://www.huamulan.tw 信箱 service@huamulans.com
印 刷 普羅文化出版廣告事業
初 版 2021 年 3 月
全書字數 1388152 字
定 價 三二編 47 冊（精裝）台幣 120,000 元

版權所有 · 請勿翻印

《四庫提要》精選精注
（第二冊）

司馬朝軍　著

第二冊

105. 周禮補亡六卷 ……………………………… 225
106. 周官辨非一卷 ……………………………… 226
107. 周官析疑三十六卷考工記析義四卷 …… 227
108. 周禮井田譜二十卷 ………………………… 229
109. 儀禮釋例一卷 ……………………………… 231
110. 三禮考注六十四卷 ………………………… 233
111. 春秋左傳正義六十卷 ……………………… 238
112. 春秋公羊傳注疏二十八卷 ………………… 240
113. 春秋穀梁傳注疏二十卷 …………………… 242
114. 箴膏肓一卷起廢疾一卷發墨守一卷 …… 243
115. 春秋釋例十五卷 …………………………… 244
116. 春秋集傳纂例十卷 ………………………… 247
117. 春秋集傳辨疑十卷 ………………………… 248
118. 春秋經解十二卷 …………………………… 249
119. 春秋本例二十卷 …………………………… 252
120. 春秋傳三十卷 ……………………………… 253
121. 春秋三傳辨疑二十卷 ……………………… 254
122. 春秋屬辭十五卷 …………………………… 255
123. 日講春秋解義六十四卷 …………………… 257
124. 欽定春秋傳說匯纂三十八卷 ……………… 258
125. 御纂春秋直解十五卷 ……………………… 258
126. 左傳杜解補正三卷 ………………………… 259
127. 左傳事緯十二卷附錄八卷 ………………… 260
128. 春秋毛氏傳三十六卷 ……………………… 261
129. 春秋通論四卷 ……………………………… 263
130. 春秋大事表五十卷輿圖一卷附錄一卷 · 264
131. 春秋繁露十七卷 …………………………… 265
132. 春秋道統二卷 ……………………………… 267
133. 春秋私考三十六卷 ………………………… 267
134. 古文孝經孔氏傳一卷附宋本古文孝經
     一卷 …………………………………………… 269
135. 孝經正義三卷 ……………………………… 270

136. 古文孝經指解一卷 ……………………… 272

137. 孝經刊誤一卷 …………………………… 273

138. 駁五經異義一卷補遺一卷 ……………… 275

139. 鄭志三卷補遺一卷 ……………………… 276

140. 經典釋文三十卷 ………………………… 277

141. 七經孟子考文補遺二百六卷 …………… 279

142. 九經古義十六卷 ………………………… 281

143. 古經解鉤沉三十卷 ……………………… 283

144. 古微書三十六卷 ………………………… 284

145. 拙存堂經質二卷 ………………………… 287

146. 孟子正義十四卷 ………………………… 288

147. 論語義疏十卷 …………………………… 291

148. 論語正義二十卷 ………………………… 293

149. 論語筆解二卷 …………………………… 294

150. 孟子音義二卷 …………………………… 297

151. 大學章句一卷論語集注十卷孟子集注
　　 七卷中庸章句一卷 ……………………… 298

152. 四書或問三十九卷 ……………………… 300

153. 論孟精義三十四卷 ……………………… 301

154. 中庸輯略二卷 …………………………… 302

155. 四書集義精要二十八卷 ………………… 303

156. 四書通二十六卷 ………………………… 303

157. 四書通證六卷 …………………………… 305

158. 四書管窺八卷 …………………………… 306

159. 四書大全三十六卷 ……………………… 307

160. 蘇評孟子二卷 …………………………… 308

161. 皇祐新樂圖記三卷 ……………………… 309

162. 樂書二百卷 ……………………………… 311

163. 律呂新書二卷 …………………………… 313

164. 樂律全書四十二卷 ……………………… 314

165. 律呂闡微十卷 …………………………… 317

166. 雅樂發微八卷 …………………………… 318

167. 爾雅注疏十一卷 ………………………… 319

168. 方言十三卷 ……………………………… 321

169. 釋名八卷 ……………………… 323

170. 廣雅十卷 ……………………… 324

171. 匡謬正俗八卷 ………………… 325

172. 說文解字三十卷 ……………… 326

173. 說文繫傳四十卷 ……………… 330

174. 重修玉篇三十卷 ……………… 331

175. 干祿字書一卷 ………………… 333

176. 汗簡三卷目錄敘略一卷 ……… 334

177. 類篇四十五卷 ………………… 336

178. 歷代鐘鼎彝器款識法帖二十卷 … 337

179. 復古編二卷 …………………… 339

180. 漢隸字源六卷 ………………… 340

181. 班馬字類五卷 ………………… 341

182. 六書故三十三卷 ……………… 342

183. 龍龕手鑒四卷 ………………… 343

184. 漢隸分韻七卷 ………………… 345

185. 康熙字典四十二卷 …………… 345

186. 隸辨八卷 ……………………… 347

187. 廣韻五卷 ……………………… 348

188. 重修廣韻五卷 ………………… 350

189. 集韻十卷 ……………………… 352

190. 切韻指掌圖二卷附檢例一卷 … 353

191. 韻補五卷 ……………………… 355

192. 附釋文互注禮部韻略五卷附貢舉條式
　　 一卷 ………………………… 357

193. 五音集韻十五卷 ……………… 359

194. 古今韻會舉要三十卷 ………… 360

195. 四聲等子一卷 ………………… 362

196. 洪武正韻十六卷 ……………… 363

197. 毛詩古音考四卷 ……………… 366

198. 音論三卷 ……………………… 368

199. 詩本音十卷 …………………… 369

200. 易音三卷 ……………………… 370

201. 唐韻正二十卷 ………………… 371

202. 古音表二卷 ···················· 372

203. 韻補正一卷 ···················· 372

204. 古今通韻十二卷 ················ 373

205. 古韻標準四卷 ·················· 374

206. 小爾雅一卷 ···················· 375

207. 正字通十二卷 ·················· 376

208. 韻經五卷 ······················ 377

209. 西儒耳目資無卷數 ·············· 378

210. 類音八卷 ······················ 380

211. 四聲切韻表一卷 ················ 381

（二）史部 ·························· 382

1. 史記一百三十卷 ················ 382

2. 史記集解一百三十卷 ············ 385

3. 史記索隱三十卷 ················ 387

4. 史記正義一百三十卷 ············ 388

5. 讀史記十表十卷 ················ 391

6. 漢書一百二十卷 ················ 392

7. 後漢書一百二十卷 ·············· 394

8. 補後漢書年表十卷 ·············· 396

9. 兩漢刊誤補遺十卷 ·············· 397

10. 三國志六十五卷 ················ 399

11. 晉書一百三十卷 ················ 400

12. 宋書一百卷 ···················· 402

13. 南齊書五十九卷 ················ 403

14. 梁書五十六卷 ·················· 404

15. 陳書三十六卷 ·················· 405

16. 魏書一百十四卷 ················ 406

17. 北齊書五十卷 ·················· 409

18. 周書五十卷 ···················· 409

19. 隋書八十五卷 ·················· 411

20. 南史八十卷 ···················· 413

21. 北史一百卷 ···················· 414

22. 舊唐書二百卷 ·················· 415

23. 新唐書二百二十五卷 ……………………… 416

24. 舊五代史一百五十卷目錄二卷 ………… 418

25. 新五代史記七十五卷 ……………………… 420

26. 宋史四百九十六卷 ………………………… 421

27. 遼史一百十六卷 …………………………… 423

28. 遼史拾遺二十四卷 ………………………… 425

29. 金史一百三十五卷 ………………………… 426

30. 元史二百十卷 ……………………………… 428

31. 明史三百三十六卷 ………………………… 430

32. 竹書紀年二卷 ……………………………… 431

33. 漢紀三十卷 ………………………………… 434

34. 後漢紀三十卷 ……………………………… 435

35. 元經十卷 …………………………………… 436

36. 大唐創業起居注三卷 ……………………… 437

37. 資治通鑒二百九十四卷 …………………… 438

105. 周禮補亡六卷

元邱葵撰。葵字吉甫，莆田人。《閩書》作同安（今屬福建廈門市）人，未之詳也。〔一〕

是書本俞庭椿、王與之之說，謂《冬官》一職散見「五官」，又參以諸家之說，訂定《天官》之屬五十九，《地官》之屬五十七，《春官》之屬六十，《夏官》之屬五十，《秋官》之屬五十七，《冬官》之屬五十四。又云：「先王不能以祿食養無用之官，故《周官》雖曰三百六十，而兼攝相半，如掌葛、徵絺綌，掌染草、斂染草之類，每官掌一事，無是事，未必有是官也。」其說皆自信不疑。

《周禮》一書，不過闕《冬官》耳。至南宋淳熙、嘉熙之間，俞、王二家倡為異說，而「五官」俱亂，葵又從而推波助瀾。《閩書》稱，宋末科舉廢，葵杜門勵學，居海嶼中，因自號釣磯翁，所著有《易解義》《書解義》《詩口義》《春秋通義》《四書日講》《周禮補亡》〔二〕。今諸書散佚，惟此書為世所詬病，轉以見異而存。據葵自序，書蓋成於泰定丙子〔三〕，葵年八十一矣。虛殫一生之力，使至今談《周禮》者，稱俞庭椿為變亂古經之魁，而葵與王與之為煽助異說之黨，不亦傎歟！

其書世有二本。其一分六卷，題曰《周禮注》。其一即此本，不分卷數，而題曰「周禮冬官補亡」。《經義考》又作《周禮全書》，而注曰「一作《周禮補亡》」。案此書別無他長，惟補亡是其本志，故今以《補亡》之名著錄焉。〔四〕（《四庫全書總目》卷二十三）

【注釋】

〔一〕【考證】楊武泉認為，作同安人為是。（詳見《四庫全書總目辨誤》第25～26頁）

〔二〕【史源】《經義考》卷三十八。

〔三〕【考證】泰定共五年，無丙子。今檢《四庫全書存目叢書》（齊魯書社1997年版）經部第81冊《周禮補亡》，原文為「泰定甲子冬十一月」，則是1324年。胡玉縉《四庫全書總目提要補正》、楊武泉《四庫全書總目辨誤》均據理推測，結論與原文合。

〔四〕【整理與研究】何銘輝《邱葵〈周禮補亡〉之研究》（福建師範大學2018年博士論文）認為，《周禮補亡》不僅對於《冬官》之職務和職掌清楚說明，同

時也解釋《冬官》與《周禮》其他五官之間的關係。作者從宋代理學學派觀點重新解析邱葵《周禮補亡》之內涵，檢視宋代理學學派所支持的《冬官》未亡說，以肯定邱葵《周禮補亡》對後世經學研究之貢獻。自稱「有三個重要發現」，其一為，邱葵《周禮補亡》確立了冬官不亡之說，還原《周禮》六官官職架構，補全了《冬官》，宜肯定其所開展出的「創新思維」。

司馬按，此種翻案文章難以成立，需要謹慎對待。經學研究充滿張力，新舊之爭貫串始終，所謂「創新思維」往往是經學研究的毒藥。我們一再倡導「走出荒經時代」，就是反對借「創新」之名行蔑古立說之實。「周雖舊邦，其命維新。」經學從根本上來說是守舊之學。縱觀經學研究史，經學曾經在新學的裹挾之下變為「不經之學」，王莽、王安石、康有為等奇葩之士無不是打著「新」的旗號，將經學變為他們的獨家之學，「王莽、王安石之假借經義以行私」，把經學變為「扯蛋之學」，為其政經之學背書，一再使得經學蒙羞。

106. 周官辨非一卷〔一〕

國朝萬斯大（1637～1689）撰。斯大有《儀禮商》，已著錄。

是編力攻《周禮》之偽，歷引諸經之相牴牾者，以相詰難〔二〕。大旨病其官冗而賦重。案古經滋後人之疑者，惟《古文尚書》與《周禮》。然《古文尚書》突出於漢、魏以後，其傳授無徵，而牴牾有證。吳棫所疑，雖朱子亦以為然。閻若璩之所辨，毛奇齡百計不能勝，蓋有由也。《周官》初出，林孝存雖相排擊，然先後二鄭咸證其非偽。通儒授受，必有所徵。雖其書輾轉流傳，不免有所附益，容有可疑。然亦揣摩事理，想像其詞，迄不能如《尚書》一經，能指某篇為今文，某篇為古文也。斯大徒見劉歆、王安石用之而敗，又見前代官吏之濫，賦斂之苛，在在足以病民，遂意三代必無是事，竟條舉《周禮》而詆斥之。其意未始不善，而懲羹吹齏，至於非毀古經，其事則終不可訓也。魏禧疾明末諸臣屈身闖賊，遂疑《論語》論管仲召忽一章為不出於孔子，其亦此類歟？（《四庫全書總目》卷二十三）

【注釋】

〔一〕【萬斯大治經方法】黃宗羲曰：「充宗生逢喪亂，不為科舉之學，湛思諸經。以為非通諸經不能通一經，非悟傳注之失則不能通經，非以經釋經，則無由悟傳注之失。」（《經義考》卷一百二十八）

〔二〕【辨偽】陸元輔曰：「從學於黃黎洲，究心經學，以《周官》為非周公之書，舉其可疑者辨駁之，凡五十五則。或舉吳氏之說，或獨抒己見，皆持之有故，言之成理。黎洲極稱許之，以為不意晚年見此奇特。」（《經義考》卷一百二十八）

107. 周官析疑三十六卷考工記析義四卷

國朝方苞（1668～1749）撰。苞有《周官集注》，已著錄。

是書以《周官》為一編，《考工記》為一編，各分篇第，世亦兩本別行。然前有顧琮〔一〕序，稱合《考工》為四十卷，則本非兩書，特不欲以河間獻王所補與經相淆，故各為卷目耳。

其書體會經文，頗得大義〔二〕。然於說有難通者，輒指為後人所竄，因力詆康成之注。若《太宰》「以九賦斂財賄」，鄭《注》：「賦，口率出泉也。今之算泉，民或謂之賦。」苞謂：「九賦，即九職，邦、郊、甸、稍、縣、都之田賦，則農所貢公田之九穀，與圃牧嬪婦之貢也，關市之賦，即商賈百工之貢也。山澤之賦，即虞衡之貢也。園輔藪牧，即邦、郊、甸、稍、縣都之地。農工、商賈、嬪婦、臣妾、閒民，即邦、郊、甸、稍、縣都之人。」今考《載師》，首言園廛，次近郊，次遠郊，次甸、稍、縣、畺，明別園廛於甸、稍、縣、畺之外，則九職之園圃不得合於九賦之邦、郊、甸、稍、縣都可知。苞以九職之圃牧、嬪婦、臣妾、閒民統於九賦之邦、郊、甸、稍、縣都，而九賦之關市山澤豈獨出於邦、郊、甸、稍、縣都之外？經文又何以別舉之乎？苞不過因九職內百工商賈可以當九賦之關市，虞衡可以當九賦之山澤，而園圃、藪牧、嬪婦、臣妾、閒民於九賦更無所歸，遂強入於邦、郊、甸、稍、縣都之中，庶乎九職、九賦得混為一，即以斥鄭《注》「口率出泉」之非，而不知鄭《注》此文，實據本文「財賄」二字起義。《外府》曰：「掌邦布之入出。」其下曰：「凡祭祀、賓客、喪紀、會同、軍旅、共其財用之幣，齎賜予之財用。」注曰：「布，泉也。」《泉府》曰：「凡國事之財用取具焉。」此皆以泉為財。《荀子》曰：「厚刀布之斂以奪之財，重田野之稅以奪之食。」則以刀布為財，與田稅為食對舉。經於九賦既云斂財賄，則知九賦內兼有泉矣。九賦所以供九式，故九賦曰財賄，而九式曰財用。凡祭祀、賓客、喪荒、羞服、工事、幣帛、芻秣、匪頒、好用，資於穀者少，資於泉者多。而泉之所入，止有市徵之絘布、總布、質布、罰布、廛布，不過當關市之一賦，此外則惟有宅不毛者之裏布，均未足以充九式之用。若不資泉於邦、郊、甸、稍、縣都等，則《職

歲》所云官府都鄙之出財用，恐終年常不給也。考《漢書‧本紀》：「高祖四年，初為算賦，民十五以上至六十五出賦錢，人百二十為一算。」《賈捐之傳》：「民賦四十，丁男三歲一事。是一歲每丁不過賦十三錢有奇。」又《新論》：「漢宣以來，百姓賦錢，歲餘二十萬，僅二百貫耳。」較之後代封樁留州諸色目，不及萬分之一。而周之九賦，視之亦云薄矣。乃苞襲宋人之說，猶以鄭《注》「口率出泉」為厚斂，此因末流而病其本也。又《泉府》曰：「凡民之貸者，與其有司辨而受之，以國服為之息。」苞以劉歆增竄此節，附會王莽，且謂：「《司市職》『以泉府同貨而斂賒』，則有賒而無貸，明矣。」今考《周書‧大匡解》曰：「賦灑其幣，鄉正何貸。」又《管子》：「發故屋，辟故竂以假貸，而以公量收之。」則是齊之家有貸，由於國有貸也。又《左氏傳》：「齊使有司寬政，毀關，去禁，薄斂已責。」注曰：「除逋責。」又《成二年傳》亦曰：「楚乃大戶已責，逮鰥救乏。」考「責」即是貸，故《小宰》曰：「聽稱責以用別。」鄭《注》：「稱責謂貸予。」賈《疏》：「稱責，謂舉責生子，於官於民，俱是稱也。」故房玄齡〔三〕注《管子》「責而食者幾何也」，亦以「責」為「出息」也。然則貸民之制，自《泉府》外，既見於《小宰》，又見於《春秋傳》《管子》，而苞指為王莽創制，誤矣。《管子‧治國篇》曰：「則民倍貸以給上之徵矣。」注：「倍貸謂貸一還二。」此所謂橫斂也。若以國服為之息，約所出不過十一，略使子餘於母，以為不涸之藏，取於民者微，而濟於民於大，此先王惠鮮之精意，苞乃反以疑經，不亦過乎！又《載師》：「近郊十一，遠郊二十而三，甸、稍、縣、都皆無過十二。」苞亦指為劉歆之所竄。不知以近郊、遠郊、甸、稍、縣、都通計之，則四十分而稅六，猶是什一而少強耳。賈《疏》引《異義公羊》云：「什一，據諸侯邦國，《載師》特據王畿。王畿稅法，輕近而重遠者，近者勞，遠者逸故也。諸侯邦國無遠近之差者，以其國地狹少，役賦事暇。」據此，則賦逾什一者，止王畿內四百里。而通邦國萬里計之，仍未乖乎什一之大凡也。《禹貢》因九州差為九等，荊州田第八，賦第三。雍州田第一，賦第六。《通典》謂《禹貢》定稅什一，而輕重有九等之不同。則知什一乃統九州計之，非每州皆什一也。故《三禮義宗》謂稅俱什一，而郊內、郊外收藉不同。苞乃力詆經文，亦為通於自信。

　　蓋苞徒見王莽、王安石之假借經義以行私，故鰓鰓〔四〕然預杜其源。其立意不為不善，而不知弊在後人之依託，不在聖人之制作。曹操復古九州，以自廣其封域，可因以議《禹貢》冀州失之過廣乎？（《四庫全書總目》卷二十三）

【注釋】

〔一〕【顧琮】（？～702），唐蘇州人。秉性公直。官至同鳳閣鸞臺平章事。

〔二〕【周官析疑序】《周官》一書，豈獨運量萬物，本末兼貫，非聖人不能作哉！
即按其文辭，捨《易》《春秋》，文、武、周、召以前之《詩》《書》無與之並
者矣。蓋道不足者，其言必有枝葉，而是書指事命物，未嘗有一辭之溢焉。
常以一字二字盡事物之理，而達其所難顯，非學士文人所能措注也。凡義理
必載於文字，惟《春秋》《周官》，則文字所不載，而義理寓焉。蓋二書乃聖
人一心所營度，故其條理精密如此也。嘗考諸職所列，有彼此互見而偏載其
一端者，有一事而每職必詳者，有略舉而不更及者，有舉其大以該細者，有
即其細以見大者，有事同辭同而倒其文者，始視之若樊然淆亂，而空曲交會
之中，義理寓焉。聖人豈有意為如此之文哉？是猶化工生物，其巧曲至，而
不知其所以然，皆元氣之所旁暢也。觀其言之無微不盡，而曲得所謂如此。
況夫運量萬物，而一以貫之者乎？余初為是學，所見皆可疑者，及其久也，
義理之得，恒出於所疑，因錄示生徒，使知世之以《周官》為偽者，豈獨於
道無聞哉？即言亦未之能辨焉耳。（方苞《望溪集》卷六）

〔三〕【房玄齡】（578～648），名喬，以字行，齊州臨淄人。唐太宗時賢相。

〔四〕【鰓鰓】恐懼貌。

108. 周禮井田譜二十卷

宋夏休撰。休，會稽（今浙江紹興）人。紹興中進士。樓鑰序云：「以上書
補官，一試吏而止。」〔一〕亦未詳為何官也。

其書因井田之法，別以己意推演，創立規制。於鄉遂之官聯，溝遂之縱
橫，王侯之畿疆，田萊之差數，兵農之相因，頒祿之多寡，門子游倅之法，
兆域昭穆之制，郊社宗廟之位，城郭內外之分，以及次舍廬室市廛，次敘三
鼓、四金、五常、九旗、五路、五車、和門、八節。皆摹繪為圖，若真可坐
言起行者。其考訂舊文，亦多出新意。如曰：「野之萊田，以時治之而已，
不必盡耕作也。以其菰蒲之利，柴蒿之屬，刈之復生，採之復出也。不然，
既不謂之易，則一家之力豈能歲耕田百畝、萊二百畝！蓋萊者，刈獲之名。
『虞人萊所田之野』是也。」又曰：「庶人受一廛耕百畝。適長用力，所謂
可任用者家二人。適子之適，力復及耕，則可任用者三人矣。故適子之適謂
之餘子，雖適子之適力未及耕，而有庶子及耕，則亦三人。故庶子謂為餘夫

也。」又曰：「古之附庸不可以為國，地方百里則可以為『同』，《春秋》『蕭同叔子』何休注以為『國名』是也。」又曰：「五十里為『則』，《大宗伯》曰：『五命賜則』，注云：『則者，未成國之名』。以漢制考之可見。」如是之類，尚可存備一說。

　　至於以《管子·經言》解《論語》「自經於溝瀆」為「經正溝瀆之制」，則附會甚矣！夫阡陌既開以後，井田廢二千餘載矣，雖以聖人居天子之位，亦不能割裂州郡，剗平城堡，驅天下久安耕鑿之民，悉奪其所有，使之蕩析變遷，以均貧富。一二迂儒乃竊竊然私議覆之，是亂天下之術也。使果能行，又豈止王安石之新法哉！同時瑞安黃毅乃為作《答問》一篇，條舉或者之說，一一為之疏通證明，殆不知其何心矣。

　　陳傅良之序有曰：「其說以不能成都鄙者為閒田，不可為軍師者為閒民，鄉遂市官皆小者兼大者，他亦上下相攝，備其數，不必具其員，皆通論。餘多泥於度數，未必皆叶。」〔一〕似稍稍致其不滿。永嘉之學雖頗涉事功，而能熟講於成敗，此亦一證矣。

　　此書《宋志》著錄。明唐樞作《周禮論》，力斥其謬，則樞尚及見之。朱彝尊《經義考》注曰未見。蓋無用之書，傳之者少也。惟《永樂大典》之內，全部具存。檢核所言，實無可採。姑附存其目〔三〕，而糾正其失如右。〔四〕（《四庫全書總目》卷二十三）

【注釋】

〔一〕【樓鑰序】載《攻愧集》卷七十，又見《經義考》卷一百二十九。

〔二〕【陳傅良序】見《文獻通考》卷一百八十一。

〔三〕【題夏休《周禮井田譜》】井田之法，見於《周禮》特詳，然宜古而不宜於今，亦由時會之遞變，春秋以還，已不能盡循其舊，況自商鞅變法之後乎？漢武時去周未遠，而董仲舒限民名田之議尚不能行，北魏孝武均田之令更無論矣。蓋八家同養公田，通力合作，在當時相習而安，自為良法美意。迨阡陌既開，人私其產，富者兼併，貧無寸壤，苟欲倣授田遺制，必將奪富者之所有以與貧者，勢必至於爭攘凌逼，欲均民而適以擾民，王道固當如是耶？嘗以為欲復井田，或乘大亂之後，制度初定，庶可因以均齊畫一。若當承平日久，生齒盛而田野治，斷無可改弦更張之理。夏休此書亦泥古而不通於今，徒為紙上空談，則可設取而行之，不至如王安石之變壞成法不止，然則睢麟官禮之

意豈易言哉！（清高宗《御製詩四集》卷十四）司馬按，此種《永樂大典》本之所以被打入存目，是因為有清高宗的這條最高指示。

〔四〕【整理與研究】顏慶餘撰《〈周禮井田譜〉及〈問答〉輯考》（《中國典籍與文化》2014 年第 3 期）。按，夏休《周禮井田譜》二十卷，南宋淳熙間刊行，清初失傳，四庫館臣由《永樂大典》中重輯成書，後又失傳。今由《永樂大典》殘卷輯錄一二佚文。淳熙刻本《周禮井田譜》附錄黃毅《問答》一卷，幸存於清人鄭傑《藥爐集舊》稿本中，顏慶餘再次輯錄出來。又按，《北京大學圖書館藏抄本〈周禮井田譜〉小考》（《中國典籍與文化》2019 年第 3 期）稱，北京大學圖書館藏抄本《周禮井田譜》一函四冊，作者不詳，書中以《周禮》經文為基礎，以問答形式，按照特定主題分節，針對土地分配、軍隊組織、城市建設、祭祀兆位等重要問題，做出綜合性推演。宋代學者夏休著有《周禮井田譜》二十卷，刊於南宋孝宗淳熙間，至明初尚有傳本，收入《永樂大典》，約於明中期以後亡佚。清乾隆間，四庫全書館從《永樂大典》中輯出夏休《周禮井田譜》，但根據乾隆御題詩旨意，將其打入存目，不予抄存。經過相關文獻的比對，可以確認北大館藏抄本《周禮井田譜》即夏休原書之輯本。但具體抄錄自何時何人，尚存疑問。

109. 儀禮釋例一卷

國朝江永（1681～1762）撰。永有《周禮疑義舉要》，已著錄。

是書標曰《釋例》，實止《釋服》一類，寥寥數頁，蓋未成之書。其「釋冕服」一條，辨注家「冕服廣八寸，長尺六寸，績麻三十升布為之」之誤，謂：「禮家相傳八十縷為升，古布幅闊二尺二寸，周尺其短，以八尺當今之五尺，二尺二寸當今之一尺三寸七分半。如冕延有三十升，其經二千四百縷。是今尺一分之地，須容十七縷有奇，雖績麻極細，亦不能為此。」其說驗諸實事，最為細析。又謂：「冕有前旒無後旒，故《大戴禮》及東方朔俱云冕而前旒，所以蔽明。《玉藻》《郊特牲》云十有二旒，不云二十四旒。漢明帝制冕旒有前無後，正合古義。《玉藻》云前後邃延，不過謂冕長尺六寸，前延後延至武皆深邃耳，非謂前後皆有旒也。」其說與鄭《注》互異，亦可相參。惟宗陳祥道之說，謂《周禮》之韋弁即爵弁，其說過新，不可信。考《士冠禮》「爵弁服」注曰：「爵弁者，冕之次，其色赤而微黑，如爵頭然，或謂之緅，其布三十升。」《周禮》：「凡兵事韋弁服。」注曰：「韋弁以韎韋為弁，

又以為衣裳。」此爵弁、韋弁顯異者也。惟《書》云：「二人雀弁執惠。」
《偽孔傳》云：「雀韋弁，似即以爵弁為韋弁者。」然孔穎達《疏》云：「據
阮諶《三禮圖》，雀弁以布為之。此《傳》言雀韋弁者，此人執兵，宜以韋
為之。然下言冕執兵者，不可以韋為冕，未知孔意如何。」則孔《疏》於此
《傳》原不深信，且即以爵韋為之，要止得名曰爵弁，不得通名韋弁。故《釋
名》曰：「以爵韋為之，謂之爵弁，韎韋為之，謂之韋弁。」二語極為分晰，
不容相混。至於《周禮・司服》有韋弁，無爵弁。賈《疏》云：「爵弁之服，
惟有承天變，及天子哭諸侯乃服之。所服非常，故天子吉服不列之。」此義
頗得。如必謂韋弁即爵弁，《司服》未嘗遺爵弁，則王之吉服自大裘至冠弁，
其等殺凡八。公之服，自袞冕以下大裘不得服。侯伯之服，自鷩冕以下衰冕
不得服。以次殺之，士之服自皮弁而下，韋弁不得服。其制甚明。如韋弁即
爵弁，士於禮已不得服矣，何以《士冠禮》曰「爵弁服纁裳」乎？且《儀禮》
《士冠禮》《士昏禮》《士喪禮》既有爵弁服，而《聘禮》曰：「君使卿韋弁
歸饔餼。」又曰：「夕夫人使下大夫韋弁歸禮。」則是既有爵弁，又有韋弁
明矣，又安得以《司服》不載為疑也？永又補祥道之說曰：「《詩》方叔將兵，
服其命服，朱芾斯皇。」又曰：「韎韐〔一〕有奭，以作六師。」皆爵弁服之
韐也。今考《詩》：「服其命服，朱芾斯皇。」《箋》曰：「云命服者，命為將
受王命之服也。天子之服韋弁服，朱衣裳也。」據此，則即《左氏傳》所云
「韎韋之跗」，《注》：「正戎服之常也。」必云舜弁之韐，殊無顯據。又《詩》：
「韎韐有奭，以作六師。」《箋》曰：「此諸侯世子也。除三年之喪，服士服
而來，未遇爵命之時，時有征伐之事，天子以其賢，任為將軍。」《疏》曰：
「將軍之時，猶未得命，由是仍服韎韐。」據此，則經云以作六師，蓋將受
命為將軍，非己臨六師而以爵弁之韎韐為戎服也。故三章皆云君子至止，言
諸侯初至天子之朝，非即臨戎可知。永引此二詩，亦未為確據。蓋永考證本
精，而此則草創之本耳。〔二〕（《四庫全書總目》卷二十三）

【注釋】

〔一〕【韎韐】古代蔽膝上的皮帶。或簡稱韐帶，也稱韎韐帶。

〔二〕【草創之本】《清代徽人年譜合刊》上冊所載江永年譜，未見記錄此書，確為
　　　未定之本。今按，常見版本有《墨海金壺》本、守山閣本、《續經解》本、《叢
　　　書集成初編》本。

110. 三禮考注六十四卷

舊本題元吳澄（1249～1333）撰。〔一〕

其書據《尚書·周官篇》，以改《周禮》六官之屬，分《大司徒》之半以補《冬官》，而《考工記》別為一卷。《儀禮》十七篇為正經，於大、小《戴記》中取六篇為《儀禮逸經》，取十六篇為《儀禮傳》。別有《曲禮》八篇。然澄作《尚書纂言》，不信古文，何乃據《周官》以定《周禮》？即以澄《三禮敘錄》及《禮記纂言》考之，所列篇目亦不合。其經義混淆，先後矛盾者不一而足。〔二〕

虞集作澄墓誌，宋濂《元史》澄本傳，皆不言澄有此書。相傳初藏盧陵（今江西吉安）康震家，後為郡人晏璧所得，遂掩為己作，經楊士奇等抄傳改正。然士奇序〔三〕及成化中羅倫校刻序〔四〕皆疑其為璧所作，則當時固有異論矣。士奇又言：「聞諸長老，澄晚年於此書不及考訂，授意於其孫當，當嘗為之而未就。」〔五〕朱彝尊《經義考》言曾購得當所補《周官禮》，以驗今書多不合。〔六〕

又張爾岐（1612～1677）《蒿庵閒話》曰：「愚讀《儀禮》，偶得吳氏《考注》，其注皆採自鄭、賈，往往失其端末。其不用鄭、賈者四十餘事，惟《少牢篇》『尸入正祭』章補入『尸受祭肺』四字為有功於經，餘皆支離之甚。草廬名宿，豈應疏謬至此？後得《三禮考注序》云：『輒因朱子所分禮章重加倫紀，其經後之記，依經章次秩序，其文不敢割裂，一仍其舊。』今此書則割裂記文，散附經內矣。序又云：『二戴之《記》，中有經篇，離之為逸經。禮各有義，則經之傳也。以戴氏所存兼劉氏所補，合之而為傳，傳十五篇。』今此書十五篇則具矣。《士相見》《公食大夫》二篇，但採掇《禮記》之文以充數，求所謂清江劉氏之書無有也。至於逸經八篇，序詳列其目，《公冠》《遷廟》《釁廟》取之《大戴》，《奔喪》《投壺》取之《小戴》，《中霤》《禘於太廟》《王居明堂》取之鄭氏注。《逸經》雖曰八篇，實具其書者，五篇而已。其三篇僅存篇題，非實有其書也。今此書《大戴·明堂》列之第二，蓋不知《王居明堂》之與《明堂》為有辨也。三者與序皆不合，其不出於吳氏也審矣。序又云：『正經居首，逸經次之，傳終焉，皆別為卷而不相紊，此外悉以歸諸戴氏之記。朱子所輯及黃氏《喪禮》、楊氏《祭禮》，亦參伍以去其重複，名曰《朱氏記》，而與二戴為三。』本書次第略見於此。今此書朱記了不可見，而又雜取二戴之書名為《曲禮》者八篇，龐雜萃會，望之欲迷，與所云悉以歸諸戴氏之

記者又不合。何物妄人，謬誣先儒至此（云云）。」〔七〕然則是書之偽，可以無庸疑似矣。〔八〕（《四庫全書總目》卷二十五）

【注釋】

〔一〕**【自述】**周公相成王，建六官，分六職，禮樂政事，粲然大備。即其設位言之，則曰《周官》；即其制作言之，則曰《周禮》。周衰，諸侯惡其害己，滅去其籍。秦孝公用商鞅，政與《周官》背馳，始皇又惡而焚之。至漢河間獻王好古學，購得《周官》五篇，武帝求遺書，得之，藏於秘府。哀帝時，劉歆校理秘書，始著於錄略。然《冬官》久亡，以《考工記》補之。《考工記》乃前世能識古制者所作，先儒皆以為非惟劉歆獨識之，而五官亦錯雜，傳至於今，莫敢是正。澄何自而考之乎？本之《尚書》以考之也。《周官》一篇，成王董正治官之全書也。執此以考《周禮》之六官，則不全者可坐而判也。夫冢宰掌邦治，統百官，均四海，執此以考天官之文，則其所載非統百官均四海之事，可以知其非冢宰之職也。司徒掌邦教，敷五典，擾兆民，執此以考地官之文，則其所載非敷五典擾兆民之事，可以知其非司徒之職也。宗伯掌邦禮，治神人，和上下。司馬掌邦政，統六師，平邦國，執此以考春、夏二官，則凡掌邦禮邦政者皆其職也，捨此則非其職也。司寇掌邦禁，詰奸慝，刑暴亂，司空掌邦土，居四民，時地利，執此以考秋、冬二官，則凡掌邦禁、邦土者皆其職也，捨此則非其職焉。是故天官之文有雜在他官者，如內史、司士之類是也，亦有他官之文雜在天官者，如甸師、世婦之類是也。地官之文有雜在他官者，如大司樂諸子之類是也，亦有他官之文雜在地官者，如閭師、柞氏之類是也。春官之文有雜在他官者，如封人、大小行人之類是也，亦有他官之文雜在春官者，如御史、大小胥之類是也。夏官之文有雜在他官者，如銜枚氏、司隸之類是也，亦有他官之文雜在夏官者，如職方氏、弁師之類是也。至如掌察之類，吾知其非秋官之文，縣師、廛人之類，吾知其為冬官之文，緣文尋意以考之，參諸經籍以證之，何疑之有？此歐、蘇氏之所未悉也，可不著之。

〔二〕**【辨偽】**《經義考》卷一百六十四引唐樞曰：「吳氏《考注》以為，治莫先於教化，故冢宰建邦之六典，而司徒次之。教化莫先於禮樂，故宗伯次之。有不率者，大則兵，小則刑，故司馬、司寇次之。暴亂去而民得安居，故司空設焉。在昔舜命禹作司空，任平水土之事，是故為事典掌邦土，惟其掌邦土，故司徒之屬易以雜之大小司空文，盡在地官，自鄉師至司稼皆冬官之文也。至其所定六官，亦未盡當。」

　　明邱濬《大學衍義補》卷七十五：「自《周禮》出於漢，六官而亡其一，世儒以《考工記》補《冬官》亡，未始有異議者。宋淳熙中，俞庭椿始著《復古編》，謂司空之篇實雜出於五官之屬，且因司空之復，而六官之訛誤亦遂可以類考。嘉熙間，王次點復作《周官補遺》。元泰定中，邱葵又參訂二家之說，以為成書。吳澄作《三禮考注》，首以是言，且謂《冬官》未嘗亡，而地官之文實亡也。由是以觀，則《冬官》本未嘗亡。」

　　《明儒學案》卷五十二《諸生李大經先生經綸》：「李經綸以禮有三，曰儀，曰曲，曰官，見諸動止食息、日用倫常者謂之曲，行之吉、凶、軍、賓、嘉者謂之儀，朝廷之制度謂之官。《三禮考注》昧於經曲制度之節，混三為一，今為之分別，作《禮經類編》。」

　　清孫承澤《春明夢餘錄》卷三十九：「臨川吳文正澄著《三禮考注》一書，考《周官》以正六典，以大司徒之半補《冬官》之闕，蓋取陳氏、俞氏之論也。以《儀禮》為經，《禮記》為傳，蓋取朱子之論也。其言曰：因朱子所分禮章，重加倫紀，其經後之記依經章次秩序，其文不敢割裂，一仍其舊，附於篇終，其十七篇次第並如鄭氏本，更不間以他篇，須十七篇正經不至雜糅。二戴之《記》中有經篇者，離之為逸經，禮各有義，則經之傳也，以戴氏所存，兼劉氏所補，合之而為傳，正經居首，逸經次之，傳終焉，皆別為卷，而不相紊，而外悉以歸諸戴氏之《記》。朱子所輯及黃氏《喪禮》、楊氏《祭禮》，亦參伍以去其重複，名曰《朱氏記》，而與二戴為三。凡周公之典，其未墜於地者，蓋略包舉而無遺，造化之運不息，則天之所秩未必終古而廢壞，有議禮制度考文者出，所損所益，百世可知也。」

　　清朱鶴齡《尚書埤傳‧卷首》：「吳草廬既辨古文為偽矣，而其所撰《三禮考注》，凡釐正《周禮》六官之舛錯者，一以《周官》邦治、邦教、邦禮等語為據。夫《周官》非古文歟？草廬於此尚未有定見，而後儒趙子常、歸熙甫輩皆祖述其說，何歟？」

〔三〕〔五〕【題《三禮考注》後】右錄《三禮考注》六冊，此書本吳文正公澄用朱子之意，考定為《儀禮》十七篇，《儀禮逸經》八篇，《儀禮傳》十篇，《周官》六篇，《考工記》別為一卷，見公文集中。《三禮敘錄》及虞文靖公行狀如此。嘗聞長老言：吾邑康震宗武受學於公，元季兵亂，其書藏康氏，亂後郡中晏璧彥文從之孫求得之，遂掩為己作。余近歲於鄒侍講仲熙家見璧所錄，初本注內有稱「澄曰」者，皆改作「先君」曰，稱「澄案」者，改作

「愚謂」，用粉塗其舊，而書之其跡隱隱可見。至後《曲禮》八篇皆無所塗改，與向所聞頗同，遂與鄒各錄一本。凡其塗改者皆從舊書之，而參之《敘錄》，其篇數增損不同，《敘錄》補逸經八篇：《投壺》《奔喪》《公冠》《諸侯遷廟》《諸侯釁廟》之外，《中霤》《禘於太廟》《王居明堂》三篇云其經亡矣，篇題僅見於鄭《注》，片言隻字之未泯者，必收拾而不敢遺。今此書逸禮止六篇，而《中霤》《禘於太廟》其篇題皆不著《敘錄》，禮義傳十篇，此書增入《服義》《喪大記》《喪義》《祭法》《祭義》五篇，敘錄正經、逸經及傳之外云：餘悉歸諸《戴記》，此書傳後復增《曲禮》八篇，凡增十二篇，其中固有載入《禮記纂言》者矣，不當復出也。篇目不同如此，其中又不及深考也。余又聞老長言：「文正晚年於此書欲復加考訂，不及，臨沒，授其意於孫當。當罷官閒居，嘗為之而未就也。」豈誠然耶？然文正分禮為經義，為傳，今此書增入者禮義率混淆無別，又其卷首亦載《敘錄》，而與卷中自有不合者，決非當所為無疑，豈璧所增耶？璧素與余往來，獨未嘗見示此書。其編《乾坤清氣集》，以己意改古人之作者數處，余嘗與之辨，皆以余言為然，故知其為人任意率略，而於此書不能無疑，於其所自增也。然余既錄此書，不及再見，不得質問，姑誌之以俟知者。（明楊士奇《東里文集》卷十，《經義考》卷一百六十四引）

〔四〕【史源】明羅倫《一峰文集》卷二《三禮考注序》：「先王之道不行於天下，夫豈人心異於古哉！上之所以為教，下之所以為學，非其道爾，禮也者。先王之所以為教也，天之經也，地之義也，民之行也。是故聖人則之，以化成天下。士有定習，民有定志，官有定守，國有定制（俗），天下之治運於掌矣。周衰，去於戰國，毀於秦，穿鑿附會於漢，先王之典未墜於地者，存什一於千百也。宋大儒紫陽朱文公，嘗考定《易》《詩》《書》《春秋》四經，以『三禮』體大，未能敘正。元臨川吳文正公用繼其志，考《周官》以正六典，以大司徒之半補《冬官》之闕，蓋取陳氏、俞氏之論也；以《儀禮》為經，《禮記》為傳，蓋取朱子之論也。考三王而不謬，俟後聖而不惑，其公之志乎！我朝東里楊文貞公曰：『吾邑康宗武受學於公，元季兵亂，書藏康氏。亂後，郡人晏璧彥文從康之孫求得之，掩為己作。以公《支言敘錄》考之，《逸禮》八篇，今存者六篇，《儀傳》十篇，今增者五篇，傳外又增《曲禮》八篇，凡增十三篇。又聞老長言，文正晚年於此書欲復加考訂，不及，臨沒，授其意於孫當，當嘗為之而未就，今此書增入者，禮義率混淆無別，決非當所為，

豈璧所增耶？」文貞之疑是矣。倫嘗因其言，考之《士相見》義，《公食大夫》義，《敘錄》用劉原甫所補，今此書二義所補者皆出《戴記》。《敘錄》成於蚤年，此書不載年譜，先後不可考。而《纂言》之成明年，公易簣矣。其可徵無疑也。凡《考注》所取經，若《諸侯釁廟》取諸大戴，而小戴《喪大記》亦載之，傳若《冠義》等取諸小戴者，《纂言》悉真不錄。今此書增入若《服義》《喪大記》《喪義》《祭法》《祭義》《學記》《樂記》諸篇，皆復出先後，取捨矛盾特甚。凡《敘錄》所載，若《冠義》《昏義》等篇，編注精審，文義粲然，其餘《士相見》《公食大夫》二義及所增十三篇者，綜匯混淆，注釋粗略，悉取陳氏《集說》中語，割裂而補綴之，可考也，非公手筆無疑矣。獨其以《曲禮》補《士相見》《公食大夫》二義，以《喪義》《祭義》等五篇補《喪》《祭》二禮之傳，傳外《曲禮》八篇，《盛德》言人君之禮，《入官》言人臣事君之禮，《立孝》言人子事親之禮，《內則》言女婦事父母舅姑之禮，《少儀》言少事長之禮，《表記》言揖讓進退之禮，而《學記》《樂記》為是書之終，又與《纂言》不異，其名篇取義似非後人所能及者。疑公定其篇目，未及成書，臨沒授其意於孫當，其謂是歟？故後人因而竄入之文，貞所聞其誠然耶？然與《纂言》不合，又未可深考也。公著述之功，未有大於此者，惜其書未及成，而為後人所亂者如此。成化庚寅，大理寺卿仁和夏公時正巡撫江右，得是本於憲副夏正夫，正夫得於編修張廷祥，廷祥得於祭酒胡若思，若思之本，其文貞之所錄者，與長樂謝公仲仁、時守建昌時正界繡梓以傳，且屬倫校讎之，乃訪善本於臨川文正之子孫，已不知有是書矣。書藏康氏，文貞所聞其亦然也。倫時臥病深山，僻無書籍，仲仁乃取通解注疏諸書旁正而訂之，善本未得，恐不無訛謬也。然聖賢之遺經，因是而傳焉。三公之用心亦可尚矣。河南監察使何廷秀謂予曰：「沅州劉有年永樂初守太平府，進《儀禮逸經》十八篇。《逸禮》唐初已亡，宋、元大儒皆未之見，有年何從而得哉！」然廷秀之言非妄也，好古君子上請逸經，繼類成編，傳以《戴記》，其不入傳者從《纂言》，所類別為記以附焉。則先王之典，庶乎無遺矣。（下略）」

〔六〕【史源】《經義考》卷一百二十按語云：「草廬吳氏諸經皆有《纂言》，惟《詩》及《周禮》未就，《周禮》則其孫當補之。今世所傳《三禮考注》非公書也。江西書坊專刊《周禮考注》十五卷以行，吳興閔氏復為鏤版，蓋晏璧所為也。」《經義考》卷一百六十四按語云：「草廬先生諸經解各有敘錄，余購得《周官禮》，乃先生孫當所補，其餘《儀禮》則有《逸經》，《戴記》則有《纂

言》。今所傳《三禮考注》,以驗對先生之書,論議、體例多有不合,其為晏
氏偽託無疑。」

朱彝尊《曝書亭集》卷四十二《吳氏周禮經傳跋》:「草廬吳氏諸經皆有
《纂言》,惟《詩》及《周禮》未就,《周禮》則其孫當伯尚補之。今世所傳
《三禮考注》非公書,蓋晏壁所為也。康熙丁丑五月,西吳書賈以抄本《周
禮經傳》十卷求售,紙墨甚舊,題曰吳澄著,中間多有改削,又有黏簽,其
議論、序次均不同於《考注》,疑是其孫伯尚之書,然無先公字樣,但有聞之
師曰之文,不審為誰所撰也。」

〔七〕【評論】其論吳澄《三禮考注》出於依託,極為精覈,蓋爾岐本長於禮,故剖
析鑿鑿,使盡如斯,則方駕《日知錄》可也。(《四庫全書總目》卷一百二十
九《蒿庵閒話提要》)

〔八〕【辨偽】關於此書的真偽問題,我們擬另題討論。彭元瑞《知聖道齋讀書跋》
卷一「三禮考注」條云:「是書抄於楊東里,有跋。刻於夏時正,而羅念庵序
之。此帙的係明槧。序跋皆不存,今從《經義考》抄出,及所引鄭瑗之說,
附著卷尾,俾讀者得以考其真贗云。」今按,《北京圖書館古籍珍本叢刊》本
據明成化九年謝士元刻本縮印。

111. 春秋左傳正義六十卷

周左邱明傳,晉杜預(222~284)注,唐孔穎達(574~653)疏。〔一〕

自劉向、劉歆、桓譚、班固皆以《春秋傳》出左邱明,左邱明受經於孔
子,魏晉以來儒者更無異議。至唐趙匡始謂左氏非邱明。蓋欲攻傳之不合經,
必先攻作傳之人非受經於孔子,與王柏欲攻《毛詩》,先攻《毛詩》不傳於子
夏,其智一也。宋、元諸儒相繼並起。王安石有《春秋解》一卷,證左氏非邱
明者十一事,陳振孫《書錄解題》謂出依託。今未見其書,不知十一事者何
據。其餘辯論,惟朱子謂「虞不臘矣」為秦人之語,葉夢得謂紀事終於智伯,
當為六國時人,似為近理。然考《史記‧秦本紀》稱:「惠文君十二年始臘。」
張守節《正義》稱:「秦惠文王始效中國為之。」明古有臘祭,秦至是始用,
非至是始創。閻若璩《古文尚書疏證》亦駁此說曰:「史稱秦文公始有史以記
事,秦宣公初志閏月,豈亦中國所無,待秦獨創哉?則臘為秦禮之說,未可
據也。」《左傳》載「預斷禍福,無不徵驗」,蓋不免從後傅合之。惟「哀公九
年」稱「趙氏其世有亂」,後竟不然,是未見後事之證也。經止獲麟〔二〕,而

弟子續至孔子卒。傳載智伯之亡〔三〕，殆亦後人所續。《史記‧司馬相如〔四〕傳》中有揚雄〔五〕之語，不能執是一事指司馬遷為後漢人也。則載及智伯之說，不足疑也。今仍定為左邱明作，以袪眾惑。

至其作傳之由，則劉知幾躬為國史之言最為確論。疏稱「大事書於策者，經之所書；小事書於簡者，傳之所載」。觀《晉史》之書趙盾，《齊史》之書崔杼及甯殖，所謂載在諸侯之籍者，其文體皆與經合。《墨子》稱《周春秋》載杜伯，《燕春秋》載莊子儀，《宋春秋》載祏觀辜，《齊春秋》載王里國中里，覈其文體，皆與傳合。經傳同因國史而修，斯為顯證，知說經去傳為捨近而求諸遠矣。

《漢志》載「《春秋古經》十二篇，經十一卷」，注曰：「《公羊》《穀梁》二家」，則左氏經文不著於錄。然杜預《集解序》稱：「分經之年與傳之年相附，比其義類，各隨而解之。」陸德明《經典釋文》曰：「舊夫子之經與邱明之傳各異，杜氏合而釋之。則《左傳》又自有經。考《漢志》之文，既曰《古經》十二篇矣，不應復云經十一卷。觀《公》《穀》二傳皆十一卷，與經十一卷相配，知十一卷為二傳之經，故有是注。」徐彥《公羊傳疏》曰：「《左氏》先著竹帛，故漢儒謂之古學，則所謂《古經》十二篇，即《左傳》之經，故謂之古。刻《漢書》者誤連二條為一耳。」今以《左傳》經文與二傳校勘，皆《左氏》義長，知手錄之本確於口授之本也。

言《左傳》者，孔奇、孔嘉之說久佚不傳，賈逵、服虔之說亦僅偶見他書，今世所傳惟杜《注》、孔《疏》為最古。杜《注》多強經以就傳〔六〕，孔《疏》亦多左杜而右劉，案：劉炫作《規過》以攻杜解，凡所駁正，孔《疏》皆以為非。是皆篤信專門之過，不能不謂之一失。然有注疏而後《左氏》之義明，《左氏》之義明，而後二百四十二年內善惡之跡一一有徵。後儒妄作聰明，以私臆談褒貶者，猶得據傳文以知其謬。則漢、晉以來藉《左氏》以知經義，宋、元以後更藉《左氏》以杜臆說矣。傳與注疏，均謂有大功於《春秋》可也。〔七〕（《四庫全書總目》卷二十六）

【注釋】

〔一〕【版本】足利學校藏宋一經堂刊本六十卷，被確認為「日本重要文化財」。（《日本藏漢籍珍本追蹤紀實》第228～230頁）《春秋正義》有《四部叢刊》本，張元濟跋云：「右為日本傳錄正宗寺舊抄卷子本，東方文化書院於去歲印行。」（《張元濟古籍書目序跋彙編》第874頁）

〔二〕【經止獲麟】《春秋經》從魯隱公元年（前 722）到哀公十四年（前 481）西狩獲麟。《春秋經》記事以魯國為中心。

〔三〕【傳載智伯之亡】《左傳》所載最晚之事為智伯之亡（周貞定王十六年，公元前 453 年），已在西狩獲麟之後二十八年。《左傳》記事以晉國為中心。

〔四〕【司馬相如】（約前 179～前 118），字長卿。蜀郡成都人。西漢文學家賦著名。

〔五〕【揚雄】（前 53～前 18），字子雲。明人輯有《揚侍郎集》。

〔六〕【評論】盧文弨云：「自晉杜元凱作《集解》，雖曰取前人之說而會通之，然其間輒以其私臆妄易故訓者多矣。而唐時作《正義》，顧乃棄賈、服之舊注，獨以杜氏為甲，其不可通處，必曲為之說，而以賈、服為非。」（《抱經堂文集》卷二）

〔七〕【整理與研究】清洪亮吉撰《春秋左傳詁》（中華書局 1987 年版），注解不夠完備。近代儀徵劉氏四代傳經，劉文淇、劉毓崧、劉壽曾、劉師培接力注解《春秋左傳傳舊注疏證》（科學出版社 1959 年版），都沒有完成。吳靜安先生續撰《春秋左傳傳舊注疏證續》（東北師範大學出版社 2005 年版），終成全璧。

楊伯峻先生撰《春秋左傳注》（中華書局 1990 年版），又與徐提合編《春秋左傳詞典》（中華書局 1985 年版），再命學生沈玉成譯出《左傳譯文》（中華書局 1981 年版），沈氏又與劉寧合撰《春秋左傳學史稿》（江蘇古籍出版社 1992 年版）。三代薪火相傳，形成了一個《左傳》整理與研究的立體模式——注釋、詞典、譯文和研究史，四個部分既各自獨立成書，又聯為一體，互相支撐，為專書整理與研究提供了樣板工程。幾乎所有重要的典籍都可以做出類似的系統工程，在此基礎上再開拓出無數新的專題研究。語云：「舉一隅，不以三隅反，則不復也。」若通敏兼人，細讀吾書，必收舉一反三之效。

此外，日人鎌田正撰《〈左傳〉的成立及其展開》（大修館 1963 年版），對劉逢祿、康有為、津田左右吉、飯島忠夫等人的錯誤說法一一予以駁斥，堅持認為《左傳》是先秦之作。

112. 春秋公羊傳注疏二十八卷

漢公羊壽傳，何休〔一〕（129～182）解詁，唐徐彥疏。

案《漢書‧藝文志》：「《公羊傳》十一卷。」班固自注曰：「公羊子，齊人。」案：《漢‧藝文志》不題顏師古名者，皆固之自注。顏師古注曰：「名高。」案：此據《春秋說題詞》之文，見徐彥《疏》所引。徐彥《疏》引戴宏序曰：「子夏傳與公

羊高，高傳與其子平，平傳與其子地，地傳與其子敢，敢傳與其子壽。至漢景帝時，壽乃與齊人胡母子都著於竹帛。」何休之注亦同（休說見「隱公二年紀子伯莒子盟於密」條下）。〔二〕今觀《傳》中有「子沈子曰」，「子司馬子曰」，「子女子曰」，「子北宮子曰」，又有「高子曰」，「魯子曰」，蓋皆傳授之經師，不盡出於公羊子。《定公元年傳》「正棺於兩楹之間」兩句，《穀梁傳》引之，直稱沈子，不稱公羊，是並其不著姓氏者，亦不盡出公羊子，且並有「子公羊子曰」，尤不出於高之明證。知傳確為壽撰，而胡母子都助成之。舊本首署高名，蓋未審也。又羅璧《識遺》稱：「公羊、穀梁自高、赤作傳外，更不見有此姓。」萬見春謂皆姜字切韻腳，疑為姜姓假託。案：鄒為邾婁，披為勃鞮，木為彌牟，殖為舌職，記載音訛，經典原有是事，至弟子記其先師，子孫述其祖父，必不至竟迷本字，別用合聲。璧之所言，殊為好異。至程端學《春秋本義》竟指高為漢初人，則講學家臆斷之詞，更不足與辨矣。

「三傳」與經文，《漢志》皆各為卷帙，以《左傳》附經，始於杜預。《公羊傳》附經，則不知始自何人。觀何休《解詁》，但釋傳而不釋經〔四〕，與杜異例，知漢末猶自別行。今所傳蔡邕石經殘字，《公羊傳》亦無經文，足以互證。今本以傳附經，或徐彥作疏之時所合併歟？

彥《疏》《文獻通考》作三十卷，今本乃作二十八卷，或彥本以經文並為二卷，別冠於前，後人又散入傳中，故少此二卷，亦未可知也。彥《疏》《唐志》不載，《崇文總目》始著錄，稱「不著撰人名氏，或云徐彥」。董逌《廣川藏書志》〔三〕亦稱「世傳徐彥，不知時代，意其在貞元、長慶之後，考《疏》中『邲之戰』一條，猶及見孫炎《爾雅注》完本，知在宋以前，又『葬桓王』一條，全襲用楊士勳《穀梁傳疏》，知在貞觀以後。中多自設問答，文繁語複，與邱光庭《兼明書》相近，亦唐末之文體」。董逌所云不為無理，故今從逌之說，定為唐人焉。〔五〕（《四庫全書總目》卷二十六）

【注釋】

〔一〕【作者研究】黃樸民撰《何休評傳》（南京大學出版社 1998 年版）。

〔二〕【成書時代】日人山田琢《春秋學的研究》認為，《公羊傳》「口授說」不足
　　　信，它是用既有的資料構成的，大體是由胡毋生周圍之手構成編輯的。（《日
　　　本漢學史》第 676 頁）

〔三〕【廣川書跋】宋董逌撰。逌字彥遠，東平人。題曰廣川，從郡望也。其人蓋不
　　　足道。然其賞鑒書畫，則至今推之。（《四庫全書總目》卷一一二）

〔四〕【評論】盧文弨《抱經堂文集》卷八《書公羊注疏》：「此書雖列《十三經》
中，能留意者絕少。蓋公羊氏以經生之見測聖人，而聖人幾為亂名改制之尤。
今當聖道大明之日，固夫人而知其說之謬矣……獨何氏之識遠不逮江都，故
其說多苛碎不經之談。而疏必為之依阿其間，不敢直斷以為非是，此猶是漢
人欲伸師學之見，要其謬戾亦不待摘抉而後見也。何氏文筆未善，故其言多
有晦僿難曉者，疏獨能通之。其所引《春秋說》與諸緯書俱已不傳，後世亦
賴是見其一二。廁諸疏中，視《論語》《孟子》猶當勝也。」（中華書局 1990
年版第 115 頁）馮友蘭認為：「何休的《解詁》，不僅作文字上的解釋，還發
展了公羊家的學說。他在注解中所說的，有許多是《公羊傳》沒有講過的。
例如他所說的歷史進化的三世——太平世、升平世、據亂世，就是原來《公
羊傳》所沒有的。」

〔五〕【整理與研究】清孔廣森撰《春秋公羊經傳通義》（《清經解》本），陳立撰《公
羊義疏》（南菁書院本）。

113. 春秋穀梁傳注疏二十卷〔一〕

　　晉范寧（339～401）集解，唐楊士勳疏。〔二〕其傳，則士勳《疏》稱：「穀
梁子，名俶，字元始，一名赤。受經於子夏，為經作傳。」則當為穀梁子所自
作。徐彥《公羊傳疏》又稱：「公羊高五世相授，至胡毋生，乃著竹帛，題其
親師，故曰：『公羊傳』，穀梁亦是書著竹帛者題其親師，故曰：『穀梁傳』。」
則當為傳其學者所作，案《公羊傳》「定公即位」一條，引「子沈子曰」，何休
《解詁》以為後師，案：此注在「隱公十一年」所引「子沈子」條下。此《傳》「定公
即位」一條，亦稱「沈子曰」，公羊、穀梁既同師子夏，不應及見後師。又「初
獻六羽」一條，稱「穀梁子曰」，傳既穀梁自作，不應自引己說。且此條又引
「尸子曰」，尸佼為商鞅之師，鞅既誅，佼逃於蜀，其人亦在穀梁後，不應預
為引據，疑徐彥之言為得其實。但誰著於竹帛，則不可考耳。

　　《漢書‧藝文志》載《公羊》《穀梁》二家經十一卷，傳亦各十一卷，則
經傳初亦別編。范寧《集解》乃並經注之，疑即寧之所合。「定公元年春王三
月」一條，發傳於「春王」二字之下，以「三月」別屬下文，頗疑其割裂。然
考劉向《說苑》稱「文王似元年，武王似春王，周公似正月」，向受《穀梁春
秋》，知《穀梁》經文以「春王」二字別為一節，故向有此讀。至「公觀魚於

棠」一條,「葬桓王」一條,「杞伯來逆叔姬之喪以歸」一條,「曹伯廬卒於師」一條,「天王殺其弟佞夫」一條,皆冠以「傳曰」字,惟「桓王」一條,與《左傳》合,餘皆不知所引何傳,疑寧以傳附經之時,每條皆冠以「傳曰」字,如鄭玄、王弼之《易》有「彖曰」、「象曰」之例,後傳寫者刪之,此五條其削除未盡者也。

　　寧注本十二卷,以兼載門生故吏子弟之說,各列其名,故曰「集解」〔三〕。《晉書》本傳稱:「寧此書為世所重。既而徐邈復為之注,世亦稱之。」今考書中,乃多引邈注,未詳其故。又自序有「商略名例」之句,《疏》稱寧別有《略例》十餘條,此本不載,然注中時有「傳例曰」字,或士勳割裂其文,散入注疏中歟?

　　士勳始末不可考。孔穎達《左傳正義序》稱:「與故四門博士楊士勳參定。」則亦貞觀中人。其書不及穎達書之賅洽,然諸儒言《左傳》者多,言《公》《穀》者少,既乏憑藉之資,又《左傳》成於眾手,此書出於一人,復鮮佐助之力,詳略殊觀,固其宜也。其《疏》「長狄眉見於軾」一條,連綴於「身橫九畝」句下,與注相離,蓋邢昺刊正之時,又多失其原第,亦不盡士勳之舊矣。〔四〕(《四庫全書總目》卷二十六)

【注釋】

〔一〕【成書時代】日人山田琢《春秋學的研究》認為,「《穀梁傳》完全是在《公羊傳》的影響下成立的」,「我是以『《公羊傳》──西漢公羊──《穀梁傳》』這樣的順序來看待《穀梁傳》的成立的也就是說,西漢公羊作為媒介存在」。(李慶先生《日本漢學史》第 677 頁)

〔二〕【注疏者】范寧(339~401),字武子。南陽人。事蹟具《晉書》范汪傳中。楊士勳,隋唐時人。官唐四門博士、國子助教。

〔三〕【集解】即《春秋穀梁集解》。羅振玉有《唐龍朔寫本春秋穀梁集解跋》。(《雪堂類稿》乙第 288~289 頁)

〔四〕【整理與研究】清柳興恩撰《穀梁大義述》(《續修四庫全書》本),鍾文烝《穀梁補注》(《續修四庫全書》本)。

114. 箴膏肓一卷起廢疾一卷發墨守一卷

　　漢鄭玄(127~200)撰。

《後漢書》玄本傳稱：「任城何休好公羊學，遂著《公羊墨守》《左氏膏肓》《穀梁廢疾》，玄乃《發墨守》《針膏肓》《起廢疾》。休見而歎曰：「康成入吾室，操吾（矛）〔戈〕，以伐我乎！」

其卷目之見《隋書·經籍志》者，有《左氏膏肓》十卷、《穀梁廢疾》三卷、《公羊墨守》十四卷，皆注「何休撰」。而又別出《穀梁廢疾》三卷，注云「鄭玄釋，張靖箋」。似鄭氏所釋，與休原本，隋以前本自別行。至《舊唐書·經籍志》所載《膏肓》《廢疾》二書，卷數並同，特《墨守》作二卷為稍異，其下並注「鄭玄箋」、「鄭玄發」、「鄭玄釋」云云，則已與休書合而為一。迨於宋世，漸以散佚，惟《崇文總目》有《左氏膏肓》九卷，而陳振孫所見本復闕。宣、定、哀三公，振孫謂其錯誤不可讀，疑為後人所錄，已非隋、唐《志》之舊。其後漢學益微，即振孫所云不全之《左氏膏肓》亦遂不可復見矣。

此本凡《箋膏肓》二十餘條，《起廢疾》四十餘條，《發墨守》四條，蓋從諸書所引掇拾成編，不知出自誰氏，或題為宋王應麟輯，亦別無顯據。殆因應麟嘗輯鄭氏《周易注》《齊魯韓三家詩考》，而以類推之歟？然《玉海》之末不附此書，不應其孫不見，而後來反有傳本也。今以諸書校勘，惟《詩·大明》篇疏所引「宋襄公戰泓」一條尚未收入，其餘並已搜採無遺。雖不出自應麟手，要亦究心古義者之所為矣。謹為掇拾補綴，著之於錄。雖視原書不及什之一二，而排比薈萃，略存梗概，為鄭氏之學者或亦有所考焉。〔一〕（《四庫全書總目》卷二十六）

【注釋】

〔一〕【整理與研究】清桂文燦撰《針膏肓》一卷、《發墨守》一卷。

115. 春秋釋例十五卷

晉杜預（222～284）撰。預事蹟詳《晉書》本傳。

是書以經之條貫必出於傳，傳之義例歸總於「凡」。《左傳》稱「凡者五十，其別四十有九，皆周公之垂法，史書之舊章，仲尼因而修之，以成一經之通體。諸稱「書」、「不書」、「先書」、「故書」、「不言」、「不稱」、「書曰」之類，皆所以起新舊，發大義，謂之變例。亦有舊史所不書，適合仲尼之意者，仲尼即以為義。非互相比較，則褒貶不明，故別集諸例及地名、譜第、曆數相與為部。先列經傳數條，以包通其餘，而傳所述之「凡」繫焉，更以己意申

之，名曰《釋例》。地名本之泰始郡國圖，《世族譜》本之劉向《世本》〔一〕，與《集解》一經一緯，相為表裏。

《晉書》稱：「預自平吳後，從容無事，乃著《集解》，又參考眾家譜第，謂之《釋例》，又作《盟會圖》《春秋長曆》，備成一家之學，比老乃成。」今考《土地名》篇，稱「孫氏僭號於吳，故江表所記特略」，則其屬稿實在平吳以前，故所列多兩漢、三國之郡縣，與晉時不盡合。至《盟會圖》《長曆》，則皆書中之一篇，非別為一書。觀預所作《集解序》，可見史所言者未詳。《晉書》又稱，當時論者謂預文義質直，世人未之重，惟秘書監摯虞賞之〔二〕。考嵇含《南方草木狀》稱，晉武帝賜杜預蜜香紙萬番，寫《春秋釋例》及《經傳集解》〔三〕，則當時固重其書，史所言者亦未盡確也。其書自《隋書·經籍志》而後並著於錄，均止十五卷，惟元吳萊作後序云四十卷，豈元時所行之本卷次獨分析乎？

自明以來，是書久佚，惟《永樂大典》中尚存三十篇，並有唐劉賁原序。其六篇有《釋例》而無《經傳》，餘亦多有闕文。謹隨篇掇拾，取孔穎達《正義》及諸書所引《釋例》之文補之，校其訛謬，釐為二十七篇，仍分十五卷，以還其舊，吳萊後序亦並附焉。案預《集解序》云「《釋例》凡四十部」，《崇文總目》云「凡五十三例」，而孔穎達《正義》則云：「《釋例》事同則為部，小異則附出，孤經不及例者聚於終篇。四十部次第，從隱即位為首，先有其事、則先次之，世族、土地事既非例，故退之終篇之前。是《土地名》起於『宋衛遇於垂』，《世族譜》起於『無駭卒』，無駭卒在遇垂之後，故地名在世族前。」今是書原目不可考，故因孔氏所述之大旨推而廣之，取其事之見經先後為序，《長曆》一篇，則次之《土地名》《世族譜》後，以《集解序》述曆數在地名、譜第後也。《土地名》篇釋例云：「據今天下郡國縣邑之名，山川道途之實，爰及四表，皆圖而備之，然後以《春秋》諸國邑、盟會地名附列之。名曰《古今書春秋盟會圖別集疏》一卷，附之《釋例》。」「所畫圖本依官司空圖，據泰始之初郡國為正。孫氏初平，江表十四郡皆貢圖籍，荊、揚、徐三州皆改從今為正，不復依用司空圖。」則是書應有圖，而今已佚。又有附《盟會圖疏》，臚載郡縣，皆是元魏、隋、唐建置地名，非晉初所有，而「陽城」一條且記唐武后事，當是預本書已佚，而唐人補輯；又《土地名》所釋亦有後人增益之語，今仍錄原文，而各加辯證於下方。

　　考預書雖有曲從左氏之失，而用心周密，後人無以復加，其例亦皆參考經文，得其體要、非公、穀二家穿鑿月日者比。摯虞謂「左邱明本為《春秋》作傳，而《左傳》遂自孤行。《釋例》本為傳設，而所發明何但《左傳》，故亦孤行。」案：「故」字文義未明，疑為「當」字之訛，以《晉書》原本如是，姑仍其舊文。良非虛美。且《永樂大典》所載猶宋時古本。觀《夫人內女歸寧例》一篇末云：「凡若干字，經傳若干字，《釋例》若干字。」當時校讎精當，概可想見。如《長曆》載：「文公四年十有二月壬寅，夫人風氏薨。」杜云：「十二月庚午朔無壬寅。」近刻注疏本並作十有一月。案：十一月庚子朔，三日得壬寅，不可謂無壬寅也。又「襄公六年」經文本云：「十有二月，齊侯滅萊。」而近刻《左傳》本前則曰：「十一月，齊侯滅萊，萊恃謀也。」後則曰：「晏弱圍棠，十一月丙辰而滅之。」今考《長曆》十一月丁丑朔，是月無丙辰。十二月丁未朔，十日得丙辰，杜預繫此日於十二月下，不言日月有誤，可見今本傳文兩言「十一月」皆「十二月」之訛也。如此之類，可以校訂舛訛者，不可縷數。

　　《春秋》以《左傳》為根本，《左傳》以杜《解》為門徑，《集解》又以是書為羽翼。緣是以求筆削之旨，亦可云考古之津梁，窮經之淵藪矣。（《四庫全書總目》卷二十六）

【注釋】

〔一〕【世本】為依據古代各國史官長期積累下的材料寫成的史書。材料屬於先秦，
　　　至西漢劉向始校定。原書失傳，近有輯本《世本八種》傳世。有關輯本情況，
　　　可參閱王欣夫《蛾術軒篋存善本書錄》第 96～97 頁。

〔二〕【史源】《晉書》卷三十四。

〔三〕【經傳集解】即杜預的《春秋經傳集解》。羅振玉有《唐六朝寫本〈春秋經傳
　　　集解〉跋》（《雪堂類稿》乙冊第 287 頁）國內存此書宋本九種，其中二種為
　　　全本，七種為殘本。日本有唐人寫本殘本一種，今存藤井齊成會有鄰館，被
　　　日本文化財保護委員會確認為「日本國寶」；另有宋本九種，其中六種全本。
　　　（詳見《日本藏漢籍珍本追蹤紀實》第 7 頁）

〔四〕【整理與研究】劉坤鵬《杜預〈春秋釋例〉「諸例」研究》（河南大學 2018 年
　　　碩士論文）認為，西晉時期，杜預在繼承前人推衍方法的基礎上，將史學的
　　　因素注入到《左傳》例中，構造了一套周密的《左傳》例理論，《春秋釋例》
　　　「諸例」正是杜預《左傳》例理論的具體實踐。杜預的《左傳》例理論將例
　　　分為三種，一是「正例」，是周公制訂的有關史書書寫的具體規則。二是「變

例」，是孔子通過文辭變化表現《春秋》大義的方式。三是「非例」，僅敘述歷史史實，不含任何褒貶之義。杜預以這三種例的內容作為基礎，結合《左傳》中的史實，歸納出了《春秋釋例》「諸例」。《春秋釋例》「諸例」是對《春秋》經文記事原則及其蘊含微言大義的總結，共有四十二條。根據內容的區別，「諸例」可分為禮儀類、軍事政務類兩大類，其中禮儀類「諸例」與春秋時期吉禮、凶禮、嘉禮的禮儀制度相關，軍事政務類「諸例」與《春秋》記載軍務、戰事的用字規則相關。

116. 春秋集傳纂例十卷

唐陸淳（？～805）撰。蓋釋其師啖助（724～770）並趙匡之說也。助字叔佐，本趙州（今屬河北石家莊市）人，徙關中，官潤州（今江蘇鎮江）丹陽縣主簿；匡字伯循，河東（今山西太原）人，官洋州（今屬陝西）刺史；淳字伯沖，吳郡（今江蘇蘇州）人，官至給事中，後避憲宗諱，改名質。事蹟具《唐書·儒學傳》。

案：《二程遺書》、陳振孫《書錄解題》及朱臨作是編《後序》皆云：「淳師助、匡。」《舊唐書》云：「淳師匡，匡師助。」《新唐書》則云：「趙匡、陸淳，皆助高弟。」案《呂溫集》〔一〕有《代人進書表》，稱以啖助為嚴師，趙匡為益友〔二〕。又淳自作《修傳始終記》，稱助為啖先生，稱匡為趙子，餘文或稱為趙氏。《重修集傳義》又云：「淳秉筆執簡，侍於啖先生左右十有一年。」而不及匡。又柳宗元作淳墓表，亦稱助、匡為淳師友。當時序述，顯然明白，劉昫以下諸家並傳聞之誤也。

助之說《春秋》，務在考三家得失，彌縫漏闕，故其論多異先儒。如論《左傳》非邱明所作；《漢書》「邱明授魯曾申，申傳吳起，自起六傳至賈誼」等說，亦皆附會，「公羊名高，穀梁名赤」，未必是實。又云：「《春秋》之文簡易，先儒各守一傳，不肯相通，互相彈射，其弊滋甚。《左傳》序周、晉、齊、宋、楚、鄭之事獨詳，乃後代學者因師授衍而通之，編次年月，以為傳記。又雜採各國諸卿家傳及卜書、夢書、占書、縱橫、小說。故序事雖多，釋經殊少，猶不如公、穀之於經為密。」其說未免一偏，故歐陽修、晁公武諸人皆不滿之，而程子則稱其「絕出諸家，有攘異端開正途之功」。蓋捨傳求經，實導宋人之先路，生臆斷之弊，其過不可掩，破附會之失，其功亦不可沒也。

助書本名《春秋統例》，僅六卷。卒後淳與其子異裒錄遺文，請匡損益，始名《纂例》，成於大曆乙卯（775）。定著四十篇，分為十卷。《唐書·藝文志》亦同。此本卷數相符，蓋猶舊帙。其第一篇至第八篇為全書總義，第九篇為魯十二公並世緒，第三十六篇以下為經傳文字脫謬及人名、國名、地名。其發明筆削之例者，實止中間二十六篇而已。袁桷後序稱「此書廢已久，所得為寶章桂公校本。聞蜀有小字本，惜未之見」，吳萊、柳貫二後序皆稱得平陽府所刊金泰和三年（1203）禮部尚書趙秉文家本，是元時已為難得。其流傳至今，亦可謂巋然獨存矣。（《四庫全書總目》卷二十六）

【注釋】

〔一〕【呂衡州集】唐呂溫（772～811）撰。溫字和叔，一字化光。河中人貞元十四年（798）進士。事蹟具《唐書》本傳。

〔二〕【史源】《呂衡州集》卷四《代國子陸博士進集注春秋表》：「以故潤州丹陽縣主簿臣啖助為嚴師，以故洋州刺史臣趙匡為益友。」

117. 春秋集傳辨疑十卷

唐陸淳所述啖、趙兩家攻駁「三傳」之言也。

柳宗元作淳墓誌稱《辨疑》七篇，《唐書·藝文志》同。吳萊作序亦稱七卷。此本十卷，亦不知何人所分。刊本於萊序之末附載延祐五年（1318）十一月集賢學士克酬（原作曲出，今改正）言：「唐陸淳所著《春秋纂例》《辨疑》《微旨》三書，有益後學，請令江西行省鋟梓（云云）。」其分於是時歟？

淳所述《纂例》一書，蓋啖助排比科條，自發筆削之旨，其攻擊「三傳」，總舉大意而已。此書乃舉傳文之不入纂例者，縷列其失一字一句而詰之，故曰「辨疑」。所述趙說為多，啖說次之，冠以《凡例》一篇〔一〕，計十七條，但明所以刪節經文、傳文之故。其去取之義，則仍經文年月以次說之。中如「鄭伯克段」傳，啖氏謂「鄭伯必不因母」，殊嫌臆斷，以是為例，豈復有可信之史？況大隧故跡，《水經注》具有明文，得指為左氏之虛撰？如斯之類，不免過於疑古。又如「齊衛胥命」傳，其說與《荀子》相符。當時去聖未遠，必有所受，而趙氏以為「譏其無禮」。如斯之類，多未免有意求瑕。又如「叔姬歸於紀」傳，《穀梁》以為「不言逆，逆之道微」，淳則謂「不言逆者，皆夫自逆」。夫禮聞送媵，不聞逆媵，傳則失之。禮聞親迎妻，不聞親迎娣姪，淳說亦未為得。如斯之類，亦不免愈辨而愈非。

　　然《左氏》事實有本，而論斷多疏，《公羊》《穀梁》每多曲說，而《公羊》尤甚。漢以來各守專門，論甘者忌辛，是丹者非素。自是書與《微旨》出，抵隙蹈瑕，往往中其竅會。雖瑕瑜互見，要其精覈之處實有漢以來諸儒未發者，固與鑿空杜撰、橫生枝節者異矣。（《四庫全書總目》卷二十六）

【注釋】

〔一〕《春秋集傳辨疑凡例》見庫本卷首。

118. 春秋經解十二卷

　　宋崔子方撰。子方，涪陵（今屬重慶市）人，字彥直，號西疇居士。晁說之集〔一〕又稱其字伯直，蓋有二字也。朱彝尊《經義考》稱其嘗知滁州（今屬安徽），曾子開為作《茶仙亭記》。

　　《經解》諸書，皆罷官後所作。考子方《宋史》無傳，惟李心傳《建炎以來繫年要錄》稱其於紹聖間三上疏，乞置《春秋》博士，不報，乃隱居真州（今四川茂縣）六合縣，杜門著書者三十餘年。陳振孫《書錄解題》所載，大略相同。朱震《進書札子》亦稱為「東川布衣」。彝尊之說不知何據。惟《永樂大典》引《儀真志》一條云：「子方與蘇、黃遊，嘗為知滁州曾子開作《茶仙亭記》，刻石醉翁亭側。黃庭堅稱為「六合佳士」。殆彝尊誤記是事，故云然歟？

　　考子方著是書時，王安石之說方盛行，故不能表見於世，至南渡以後其書始顯。王應麟《玉海》載：「建炎二年（1128）六月，江端友請下湖州，取崔子方所著《春秋傳》藏秘書。紹興六年（1136）八月，子方之孫若上之。」是時朱震為翰林學士，亦有札子上請〔二〕。當時蓋甚重其書矣。子方自序云：「聖人欲以繩當世之是非著來世之懲勸，故辭之難明者著例以見之，例不可盡，故有日月之例，有變例。慎思精考，若網在綱。」〔三〕又後序一篇，具述其疏解之宗旨，大抵推本經義，於「三傳」多所糾正。如以「晉文圍鄭」，謂討其不會翟泉；以「郕伯來奔」，為見迫於齊；以「齊侯滅萊」不書名，辨《禮記》諸侯滅同姓名之誤。類皆諸家所未發。雖其中過泥日月之例，持論不無偏駁，而條其長義實足自成一家。

　　所撰凡《經解》《本例》《例要》三書，《通志堂經解》刊本僅有《本例》。今從《永樂大典》裒輯成編，各還其舊。自僖公十四年秋至三十二年，襄公十六年夏至三十一年，《永樂大典》並闕，則取黃震《日抄》所引《本例》補之。

其他《本例》所釋，有引申此書所未發，或與此書小有異同者，並節取附錄，而卷帙、書名則並遵《宋史》。至子方原書經文已不可見，今以所解參證，知大略皆從《左氏》，而亦間有從《公》《穀》者，故與胡安國《春秋傳》或有異同焉。(《四庫全書總目》卷二十七)

【注釋】

〔一〕【景迂生集】宋晁說之撰。說之博極群籍，尤長經術，著書數十種，靖康中至兵燹不存，其孫子健訪輯遺文，編為一十二卷，又續廣為二十卷。其中辯證經史，多極精當。《星紀譜》乃取司馬光《元曆》、邵雍《元圖》而合譜之，以七十二候、六十四卦相配而成，蓋《潛虛》之流也。(《四庫全書總目》卷一五四)

今按，晁說之，字以道，巨野(今屬山東)人。少慕司馬光之為人，光晚號迂叟，說之因自號曰景迂。元豐五年(1082)進士。蘇軾以著述科薦之。元符中，以上書入邪等。靖康初，召為著作郎，試中書舍人，兼太子詹事。建炎初，擢徽猷閣待制，高宗惡其作書非《孟子》，勒令致仕。

又按，《嵩山文集》有《四部叢刊》本。張元濟跋云：「《四庫》著錄亦十二卷，編次悉同，惟館臣泥於時忌，遇原書詆斥金人詞句，無不竄改，甚至顛倒序次，變易意義。其不易更動者，則故作闕文，或加以刪削，有多至數百字者……雖是本訛文脫字，庫本間可訂補，然館臣既有臆改，故寧從闕疑，未敢據以是正焉。」(《張元濟古籍書目序跋彙編》第911～912頁)

〔二〕【朱震札子】故東川布衣崔子方，當熙寧間宰相王安石用事，不喜《春秋》之學，正經「三傳」不列學官。是時潁陰處士常秩號知《春秋》，盡譁其學，追逐時好，況不知者乎？逮於元豐，習已成俗，莫敢議其非者。而子方獨抱遺經，閉門研究，著《春秋經解》《本例》《例要》三書，相為表裏，自成一家之言，以遺子孫。

〔三〕【崔子方自序】始余讀《左氏》，愛其文辭，知有《左氏》，而不知有《春秋》也。其後益讀《公羊》《穀梁》，愛其論說，又知有二書，而不知有《春秋》也。左氏之事證於前，二家之例明於後，以為當世之事與聖人之意，舉在乎是矣。然考其事，則於情有不合，稽其意，則於理有不通。意者傳之妄而求之過歟？乃取《春秋》之經治之，伏讀三年，然後知所書之事與所以書之之意，是非、成敗、褒貶、勸誡之說具在，夫萬有八千言之間，雖無傳者一言之辯，而《春秋》了可知也。或曰，捨「三傳」，則《春秋》之事不見。不見

其事，而自為之說，是誣也。雖然，彼惡知三家之善誣也哉？或先經以始其事，或後經以終其說，曰某日為某事，某人為某辭，其詳至於數百千言，又臆聖人之意，此某事也，諱之而後云某也，此某為之也，欲有所見而後云，某也觀之經，則簡略而難知，尋之傳，則明白而易見，故後之學者甘心於見誣，而有志之士，雖有疑於其說，欲質之而莫得其術，於是是非蜂起，各習其師，務立朋黨，以相詆訾，甚於操戈戟而相伐也。豈不悲哉！彼惡知古今雖異時，然情之歸則一也。聖賢雖異用，然理之致則一也。合情與理，舉而錯諸天下之事無難矣。且嘗謂聖人之辭至約也，然而不懼後之人惑者，何也？恃情與理，以自託其言而傳之於後世。後之賢者亦恃情與理，而能知聖人於千百世之上，而不疑「六經」之傳由此道也。且聖人之有作，欲以繩當時之是非，著來世之懲勸，使人皆知善之可就，而罪之可避也，故明著之經。今曰考之經而無見，必待傳者之說而後明。是聖人之經徒為虛文而已，且聖人豈必後世有三家者為之傳乎？其無為傳，則《春秋》遂無用於世矣。假如聖人知後世必有為之傳者，豈不曰：「吾經之不明，則傳者得為異說以紛綸吾辭，吾辭將不信於後世，安得不為此慮也耶？」是故其辭必完具於一經之間，其事必完具於一辭之中。雖然，聖人豈敢以一辭之約，而使後世之人曉然知吾之所喻哉？故辭之難明者，則著例以見之。例不可盡也，則又有日月之例焉，又有變例以為言者，然後褒貶是非之意見矣。夫事之多變，則辭之不同，例之不一，與日月之參差不齊，蓋不可勝視。及其慎思而精考，則若網在綱，舉而振焉，順乎其有條理也。聖人以辭與例成其書，以情與理而自託其言，則所以慮後世者亦至矣。辭與例，其文也；情與理，其質也。文質不備，君子不為完人。文質不備，《春秋》不為完經。世之學者，捨情理而專求乎辭例之間，是以多惑而至於失也。左氏之失也淺，公羊之失也險，穀梁之失也迂。左氏求聖人之意而不得，一皆以事言之，而略其褒貶，故常取於近，而失之淺。公羊謂聖人欲以成後世法，必有驚動人之耳目而難言者，故常志於難而失之險。穀梁謂聖人苟致意焉，不當淺近易知，必有委曲而深者，故常求於遠，而失之迂。雖然，是三家之失，其又有說。左氏自以為所傳當時之事，足以取信於後世，雖失之淺而不嫌。公羊、穀梁自以為傳當時之事略矣，不得不為險迂之論以自見。嗚呼！學聖人之道，而方且以自見為心，宜其不合而多失也。今余非固薄三家之論，以為三家之論不去，則學者之疑不決，而聖人之經終不可復見。故度當時之事以情，考聖人之言以理。情理之不違，

然後辭可明而例可通也。於經之下，各析而解之，名曰《春秋經解》。噫！後之君子，其有意於情理之說乎？吾言其有取焉爾。其無意於情理之說乎？吾言其有罪焉爾。

119. 春秋本例二十卷

宋崔子方撰。

是書大旨，以為聖人之書，編年以為體，舉時以為名，著日月以為例。而日月之例又其本，故曰《本例》。凡一十六門，皆以日、月、時推之，而分著例、變例二則。州分部居，自成條理。〔一〕

考《公羊》《穀梁》二傳，專以日月為例，固有穿鑿破碎之病。然經書「公子益師卒」，《左傳》稱：「公不與小斂，故不書日。」則日月為例，已在二傳之前，疑其時去聖未遠，必有所受，但予奪筆削，寓義宏深，日月特其中之一例。故二家所說，時亦有合，而推之以概全經，則支離轇轕，而不盡通，至於必不可通，於是委曲遷就，變例生焉。此非日為例之過，而全以日月為例之過也。亦猶《易》中互體，未嘗非取象之一義，必卦卦以互體求象，則穿鑿遂甚耳。啖助、趙匡一掃諸例而空之，豈非有激而然、如王弼之棄象言《易》乎？

子方此書，陳振孫《書錄解題》稱：「其學辨正『三傳』之是非，而專以日月為例，則正蹈其失而不悟。」所論甚允。然依據舊傳，雖嫌墨守，要猶愈於放言高論，逞私臆而亂聖經。說《春秋》者古來有此一家，今亦未能遽廢焉。（《四庫全書總目》卷二十七）

【注釋】

〔一〕【春秋本例序】《春秋》之法，以為天下有中外，侯國有大小，位有尊卑，情有疏戚，不可得而齊也。是故詳中夏而略外域，詳大國而略小國，詳內而略外，詳君而略臣，此《春秋》之義，而日月之例所從生也。著日以為詳，著時以為略，又以詳略之中而著月焉，此例之常也。然而事固有輕重矣，安可不詳所重而略所輕乎？其概所重者日，其次者月，又其次者時，此亦易明爾。然而以事之輕重，錯於大小、尊卑、疏戚之間，又有變例以為言者，此日月之例，至於參差不齊，而後世之論所以不能合也。今考之《春秋》之法，權事之輕重，而著為之例，分其類而條次之，可以具見而不疑。若夫事有疑於

其例者，則備論焉。且嘗論聖人之書，編年以為體，舉時以為名，著日月以為例，《春秋》固有例也，而日月之例蓋其本也，故號《本例》。嗚呼！學者苟通乎此，則於《春秋》之義斯過半矣。

120. 春秋傳三十卷

宋胡安國（1074～1138）撰。安國事蹟詳《宋史・儒林傳》。

案《玉海》載：「紹興五年（1135）四月詔：『徽猷閣待制胡安國，經筵舊臣，令以所著《春秋傳》纂述成書進入。』十年（1140）三月，書成，上之。詔獎諭，除寶文閣直學士，賜銀幣。」是安國此書，久已屬稿。自奉敕撰進，又復訂五年而後成也。〔一〕俞文豹《吹劍錄》稱其「自草創至於成書，初稿不留一字」，其用意亦勤矣。

顧其書作於南渡之後，故感激時事，往往借《春秋》以寓意，不必一一悉合於經旨〔二〕。《朱子語錄》曰：「胡氏《春秋傳》有牽強處，然議論有開合精神。」亦千古之定評也。明初定科舉之制，大略承元舊式，宗法程、朱，而程子《春秋傳》僅成二卷，闕略太甚，朱子亦無成書。以安國之學出程氏，張洽之學出朱氏，故《春秋》定用二家。蓋重其淵源，不必定以其書也。後洽《傳》漸不行用，遂獨用安國書，漸乃棄經不讀，惟以安國之《傳》為主。當時所謂經義者，實安國之《傳》義而已。故有明一代，《春秋》之學為最弊。馮夢龍《春秋大全凡例》有曰：「諸儒議論，盡有勝胡氏者。然業已尊胡，自難並收，以亂耳目。」則風尚可知矣。

爰逮本朝，敦崇經術，《欽定春秋傳說匯纂》於安國舊說始多所駁正，棄瑕取瑜，擷其精粹，已足以綜括原書。第其書行世已久，亦未可竟廢。謹校而錄之，以存一家之言，若其中紕漏之處，則《欽定匯纂》中業已抉摘無遺，昭示海內，茲不復論辨焉。（《四庫全書總目》卷二十七）

【注釋】

〔一〕【版本】此書有《四部叢刊》本。張元濟《宋本春秋胡氏傳跋》云：「今按安國《進書表》實在紹興六年十二月，館臣未見此表，致沿《玉海》之訛，疏矣。是本宋諱避至慎字，當為孝宗時刻本。其《自序》《進書表》《論名諱札子》及《述綱領》《明類例》《謹始例》《敘傳授》四篇，涵芬樓舊藏元刊汪氏《纂疏》本尚存，惟《進書表》首尾已多刪削。至毛氏汲古閣刻本則盡遺之，全失舊本之真矣。」（《張元濟古籍書目序跋彙編》第886頁）

〔二〕【自序】知孔子者，謂此書之作，遏人欲於橫流，存天理於既滅，為後世慮至深遠也。罪孔子者，謂無其位而託二百四十二年南面之權，使亂臣賊子禁其欲，而不得肆，則戚矣。是故《春秋》見諸行事，非空言比也。公好惡，則發乎《詩》之情；酌古今，則貫乎《書》之事；興常典，則體乎《禮》之經；本忠恕，則導乎《樂》之和；著權制，則盡乎《易》之變。百王之法度，萬世之準繩，皆在此書，故君子以謂《五經》之有《春秋》，猶法律之有斷例也。學是經者，信窮理之要矣，不學是經，而處大事，決大疑，能不惑者鮮矣。近世推隆王氏新說，按為國是，獨於《春秋》貢舉不以取士，庠序不以設官，經筵不以進讀，斷國論者無所折衷，天下不知所適，人欲日長，天理日消，其效使逆亂肆行，莫之遏也。噫！至此極矣！仲尼親手筆削，撥亂反正之書亦可以行矣。天縱聖學，崇信是經，乃於斯時奉承詔旨，輒不自揆，謹述所聞，為之說以獻，雖微辭奧義或未貫通，然尊君父、討亂賊、辟邪說、正人心、用夏變夷大法略具，庶幾聖王經世之志小有補云。

今按，胡氏此書，成於南渡之後，激於時事，語多感憤。胡氏當日無非對證發藥之言。（《張元濟古籍書目序跋彙編》第 886 頁）

〔三〕【整理與研究】閆雲《〈春秋〉「第四傳」何以形成——從道統論看〈春秋胡氏傳〉的經典化》（《船山學刊》2020 年第 2 期）認為，程朱道統的追述與建構對胡氏學地位的上升有促進作用。胡安國《春秋》學地位的確立與儒家道統的建構有關。「程～朱」道統譜系追述與續接，是具有經學範式意義的「胡氏學」確立其理論特性的思想基礎，也是《春秋胡氏傳》經典化為《春秋》「第四傳」的根本原因。

121. 春秋三傳辨疑二十卷

元程端學〔一〕（1280～1336）撰。

是書以攻駁「三傳」為主。凡端學以為可疑者，皆摘錄經文、傳文而疏辨於下。大抵先存一必欲廢傳之心，而百計以求其瑕纇，求之不得，則以「不可信」一語概之。蓋不信「三傳」之說，創於啖助、趙匡。案：韓愈《贈盧仝》詩有《春秋》三傳束高閣，獨抱遺經究終始」之句。仝與啖、趙同時，蓋亦宗二家之說者。以所作《春秋摘微》已佚，故今據現存之書，惟稱啖、趙。其後析為三派：孫復《尊王發微》以下，棄傳而不駁傳者也；劉敞《春秋權衡》以下，駁「三傳」之義例者也；葉夢得《春秋讞》以下，駁「三傳」之典故者也。至於端學，乃兼

三派而用之，且並以《左傳》為偽撰，變本加厲，罔顧其安，至是而橫流極矣。

平心而論，左氏身為國史，記錄最真，公羊、穀梁，去聖人未遠，見聞較近，必斥其一無可信，世寧復有可信之書？此真妄構虛辭，深誣先哲。至於褒貶之義例，則左氏所見原疏，公、穀兩家書，由口授經師附益，不免私增，誠不及後來之精密。端學此書於研求書法，糾正是非，亦千慮不無一得，固未可惡其剛愎，遂概屏其說也。

《通志堂經解》所刊，有《本義》，有《或問》，而不及此書。據納喇性德之序，蓋以殘闕而置之。此本為浙江吳玉墀家所藏。第一卷蠹蝕最甚，有每行惟存數字者，然第二卷以下，則尚皆完整。今以《永樂大典》所載，校補其文，遂復為全帙。吳本於《左氏》所載諸軼事，每條之下俱注「非本義，不錄」字，疑為端學定稿之時加以簽題，俾從刪削，而繕寫者仍誤存之也。以原本如是，今亦姑仍其舊焉。（《四庫全書總目》卷二十八）

【注釋】

〔一〕【程端學】字時叔，號積齋，浙江慶元人。事蹟附載《元史・儒學傳》韓性傳中。

〔二〕【整理與研究】周國琴《元儒程端學對〈春秋〉三傳的辯駁》（《內蒙古民族大學學報》2007 年第 5 期）認為，《三傳辨疑》是攻駁「三傳」的一部力作，程端學綜合宋儒孫復、劉敞、葉夢得三派的手法，對「三傳」極盡其攻駁之能事。

122. 春秋屬辭十五卷

元趙汸〔一〕（1319～1369）撰。

汸於《春秋》用力至深。至正丁酉（1357）既定《集傳》初稿，又因《禮記經解》之語，悟《春秋》之義在於比事屬辭，因復推筆削之旨，定著此書。其為例凡八：一曰「存策書之大體」，二曰「假筆削以行權」，三曰「變文以示義」，四曰「辨名實之際」，五曰「謹內外之辨」，六曰「特筆以正名」，七曰「因日月以明類」，八曰「辭從主人」。其說以杜預《釋例》、陳傅良《後傳》為本，而亦多所補正。

汸《東山集》有《與朱楓林書》曰：「謂《春秋》隨事筆削，決無凡例，前輩言此亦多。至丹陽洪氏之說出，則此段公案不容再舉矣。其言曰：『《春秋》本無例，學者因行事之跡以為例，猶天本無度，曆家即周天之數以為度。』

此論甚當。至黃先生則謂『魯史有例,聖經無例,非無例也,以義為例,隱而不彰』,則又精矣。今泛所纂述,卻是比事屬辭法,其間異同、詳略、觸事貫通,自成義例,與先儒所纂所釋者殊不同。然後知以例說經,固不足以知聖人。為一切之說以自欺,而漫無統紀者,亦不足以言《春秋》也。是故但以『屬辭』名書。」又有《與趙伯友書》曰:「承筆削行狀,作黃先生傳,特奉納《師說》一部,《屬辭》一部,尊兄既熟行狀,又觀《師說》,則於『六經』復古之學,艱苦之由,已得大概。然後細看《屬辭》一過,乃知區區抱此二十餘年,非得已不已,強自附於傳注家,以徼名當世之謂也。其書參互錯綜,若未易觀,然其入處只是屬辭比事法,無一義出於杜撰(云云)。」其論義例頗確,其自命亦甚高。

今觀其書,刪除繁瑣,區以八門,較諸家為有緒。而目多者失之糾紛,目少者失之強配,其病亦略相等。至日月一例,不出《公》《穀》之窠臼,尤嫌繳繞,故仍為卓爾康〔二〕所譏(語見爾康《春秋辨義》〔三〕)。蓋言之易而為之難也。顧其書淹通貫穿,據傳求經,多由考證得之,終不似他家之臆說。故附會穿鑿,雖不能盡免,而宏綱大旨則可取者為多。前有宋濂序,所論《春秋》五變,均切中枵腹遊談之病。今並錄之,俾憑臆說經者知情狀不可掩焉。〔四〕(《四庫全書總目》卷二十八)

【注釋】

〔一〕【趙汸】字子常,號東山,安徽休寧人。事蹟具《明史·儒林傳》。今按,《四庫全書》全文收錄元人《春秋》學著作 16 種,其中署名為趙汸的有 5 種,分別為《春秋集傳》《春秋師說》《春秋左氏傳補注》《春秋金鎖匙》和《春秋屬辭》。趙汸成為《四庫全書》全文收錄《春秋》學著作種數最多的學者。據吳慶豐博士考證,《春秋金鎖匙》非元人趙汸撰著考,詳見《人文論叢》2017 年第 1 期。又據王星考證,《海月岩詩》非元人趙汸作,詳見《湖北師範學院學報》2009 年第 6 期。

〔二〕【卓爾康】字去病,浙江仁和人。萬曆壬子(1612)舉人。官至工部屯田司郎中,謫常州府檢校,後終於兩淮鹽運通判。《明史·藝文志》著錄《易學》五十卷。另有《農山文集》三十卷。

〔三〕【春秋辨義】明卓爾康撰。是書大旨分為六義:曰經義,曰傳義,曰書義,曰不書義,曰時義,曰地義。持論皆為醇正。(《四庫全書總目》卷二八)

〔四〕【整理與研究】李建《趙汸〈春秋〉義例學研究》（曲阜師範大學 2016 年博
士論文）認為，趙汸是「以例解經」的代表人物，他不僅構建了一套精密的
以「策書之例」和「筆削之義」為核心的《春秋》義例學說體系，而且以其
系統的義例學說解說《春秋》，從而形成了獨具特色的「以例解經」的《春秋》
詮釋學系統。

123. 日講春秋解義六十四卷

謹案：是書為聖祖仁皇帝經筵舊稿，世宗憲皇帝復加考論，乃編次成帙。

說《春秋》者莫夥於兩宋，其為進講而作者，《宋史·藝文志》有王葆《春
秋講義》二卷，今已散佚，張九成《橫浦集》有《春秋講義》一卷，《永樂大
典》有戴溪《春秋講義》三卷〔一〕，大抵皆演繹經文，指陳正理，與章句之學
迥殊。是非惟崇政邇英，奏御之體裁如是。亦以統馭之柄，在慎其賞罰；賞罰
之要，在當其功罪。而別嫌疑、明是非、定猶豫者，則莫精於《春秋》。聖人
筆削之旨實在於是也。故孟子曰：「《春秋》，天子之事也。」公扈子曰：「有國
者不可以不學《春秋》。《春秋》，國之鑒也。」董仲舒推演《公羊》之旨，得
二百三十二條，作《春秋決事》十六篇，其義蓋有所受矣。

是編因宋儒進御舊體，以闡發微言，每條先列《左氏》之事蹟，而不取
其浮誇；次明《公》《穀》之義例，而不取其穿鑿。反覆演繹大旨，歸本於王
道，允足明聖經之書法，而探帝學之本原。聖祖仁皇帝、世宗憲皇帝，聖聖相
承，鄭重分明，以成此一編，豈非以經世之樞要具在斯乎？（《四庫全書總目》卷
二十九）

【注釋】

〔一〕【春秋講義】宋戴溪撰。書中如以「齊襄迫紀侯去國」為託復仇以欺諸侯，
以「秦與楚滅庸」為由巴蜀通道，以屢書「公如晉至河乃復」為晉人啟季氏
出君之漸，以「定公戊辰即位」為季氏有不立定公之心，皆具有理解。而時
當韓侂胄北伐敗衄，和議再成，故於內修外攘、交鄰經武之道，尤惓惓焉……
其序稱是書「期於啟沃君聽，天下學士不可得而聞，蓋非經生訓詁家言，故
流傳未廣」。今外間絕無傳本，惟《永樂大典》所采，尚散見各條經文之下。
（《四庫全書總目》卷二十七）

今按，臺北「中央圖書館」藏有抄本，黃群將此書刊入《敬鄉樓叢書》，
其跋見《溫州經籍志》第 157 頁。

124. 欽定春秋傳說匯纂三十八卷

康熙三十八年（1699）奉敕撰。〔一〕

初，胡安國作《春秋傳》，張栻已頗有異議，朱子編《南軒集》，存而不刪，蓋亦以栻說為然。至元延祐中，復科舉法，始以安國之《傳》懸為功令，而有明一代因之。故元吳澄作俞皋《春秋集傳序》稱：「兼列胡氏，以從時尚。」明馮夢龍作《春秋大全凡例》稱：「諸儒議論，盡有勝胡《傳》者。然業以胡《傳》為宗，自難並收，以亂耳目。」豈非限於科律，明知其誤而從之歟？

欽惟聖祖仁皇帝，道契天經，心符聖義，於尼山筆削，洞鑒精微，雖俯念士子久誦胡《傳》，難以驟更，仍綴於「三傳」之末，而指授儒臣，詳為考證，凡其中有乖經義者，一一駁正，多所刊除。至於先儒舊說，世以不合胡《傳》擯棄弗習者，亦一一採錄表章。闡明古學，蓋以聖人之德，居天子之位，故能蕩滌門戶，辯別是非，挽數百年積重之勢，而反之於正也。自時厥後，能不為胡《傳》所錮者，如徐庭垣之《春秋管窺》、焦袁熹之《春秋闕如編》，響然並作，不可殫數。衮鉞之義，遂皦若三光，維風維草之效，誠有自來矣。臣等繕校之餘，為《春秋》幸，尤為天下萬世讀《春秋》者幸也。（《四庫全書總目》卷二十九）

【注釋】

〔一〕【考證】王豐先《〈欽定春秋傳說匯纂〉纂修時間考正》（《中國典籍與文化》
2009 年第 2 期）認為，《欽定春秋傳說匯纂》是康熙朝所修御纂「四經」之
一，從纂修背景與緣起、總裁王與纂修人三個方面，依託檔案材料，分析其
敕修的時間，提出其敕修不應在康熙三十八年，而在康熙五十四年。

125. 御纂春秋直解十五卷

乾隆二十三年（1758）奉敕撰。

以十二公為十二卷，莊公、僖公、襄公篇頁稍繁，各析一子卷，實十一卷。大旨在發明尼山本義，而剷除種種迂曲之說，故賜名曰「直解」。冠以御製序文，揭胡安國《傳》之傅會臆斷，以明詔天下，與《欽定春秋傳說匯纂》宗旨同符。考班彪之論《春秋》曰：「平易正直，《春秋》之義也。」王充之論《春秋》曰：「《公羊》《穀梁》之傳，日月不具，輒為意使。平常之事有怪異

之說，徑直之文有曲折之義，非孔子之心。」蘇軾之論《春秋》曰：「《春秋》儒者本務，然此書有妙用，儒者罕能領會，多求之繩約中，乃近法家者流，苟細繳繞，竟亦何用？」朱子之論《春秋》亦曰：「聖人作《春秋》，不過直書其事，而善惡自見。」又曰：「《春秋》傳例多不可信，聖人紀事安有許多義例？」然則聖經之法戒，本共聞其見；聖人之勸懲，亦易知易從。

　　自啖助、趙匡倡為「廢傳解經」之說，使人人各以臆見私相揣度，務為新奇以相勝，而《春秋》以荒。自孫復倡為「有貶無褒」之說，說《春秋》者必事事求其所以貶，求其所以貶而不得，則鍛鍊周內以成其罪，而《春秋》益荒。俞汝言《春秋平義序》謂：「傳經之失，不在於淺，而在於深，《春秋》尤甚。」可謂片言居要矣。

　　是編恭承訓示，務斟酌情理之平，以求聖經之微意。凡諸家所說，穿鑿破碎者悉斥不採，而筆削大義愈以炳。然學者恭讀《御纂春秋傳說匯纂》，以辨訂其是非，復恭讀是編，以融會其精要，《春秋》之學已更無餘蘊矣。（《四庫全書總目》卷二十九）

【注釋】

　　〔一〕此書總裁為傅恒、來保、劉統勳等人，纂修官為梁錫璵。

126. 左傳杜解補正三卷

　　國朝顧炎武（1613～1682）撰。炎武一名絳，字寧人，崑山（今屬江蘇蘇州市）人。博極群書，精於考證。國初稱學有根柢者，以炎武為最。〔一〕李光地嘗為作《小傳》，今載《榕村集》中。

　　是書以杜預《左傳集解》時有闕失，賈逵、服虔之《注》，樂遜之《春秋序義》，今又不傳，於是博稽載籍，作為此書〔二〕。至邵寶《左觽》等書，苟有合者亦皆採輯。若「室如懸磬」取諸《國語》，「肉謂之羹」取諸《爾雅》，「車之有輔」取諸《呂覽》，「田祿其子」取諸《楚辭》，「千畝原之在晉州」取諸鄭康成，「祔為廟主」取諸《說文》，「石四為鼓」取諸王肅《家語注》，「祝其之為萊蕪」取諸《水經注》，凡此之類，皆有根據。其他推求文義，研究訓詁，亦多得左氏之意。昔隋劉炫作《杜解規過》，其書不傳，惟散見孔穎達《正義》中。然孔《疏》之例，務主一家，故凡炫所規皆遭排斥，一字一句無不劉曲而杜直，未協至公。炎武甚重杜《解》，而又能彌縫其闕失。可謂掃除門戶，能持是非之平矣。近時惠棟作《左傳補注》，糾正此書「尨涼」一條、「大司馬

固」一條、「文馬百駟」一條、「使封人慮事」一條、「遇艮之八」一條、「豆區釜鍾」一條。然其中「文馬」之說，究以炎武為是。棟又摘其引古《春秋左氏說》，但舉《漢書・五行志》之名，又摘其「禮為鄰國闕」一條，用服虔之說而不著所自。案：**徵引佚書，當以所載之書為據。棟引《世本》不標《史記注》，引京相璠土地名不標《水經注》，正體例之疏，未可反譏炎武。**至服虔一條，當由偶忘出典。棟注「昭公二十九年，賦晉國一鼓鐵」，證以王肅《家語注》，亦明馮時可之說，未標時可之名也，是固不以掠美論矣。〔三〕（《四庫全書總目》卷二十九）

【注釋】

〔一〕【作者研究】顧炎武年譜較多，顧衍生、吳映奎、胡虔、徐松、周中孚、徐嘉、錢邦彥、郭遠欽、鄧之誠等皆做過，北京圖書館出版社 1997 年曾出版《顧亭林先生年譜三種》。目前較為通行者有張穆的《顧亭林先生年譜》（《叢書集成》本）、謝國楨的《顧亭林學譜》（商務印書館 1957 年版）及周可真的《顧炎武年譜》（蘇州大學出版社 1998 年版）。楊向奎《清儒學案新編》第一卷內有顧炎武《亭林學案》。許蘇民教授撰《顧炎武評傳》（南京大學出版社 2006 年版）。

〔二〕【治經方法】潘景鄭《著硯樓讀書記》云：「《左傳》經杜、林臆說，穿鑿附會，古誼晦矣。亭林先生申明漢儒詁訓，創為《補正》之業，而古誼昭然可舉。吾先師餘杭章先生（太炎——引者），早歲亦致力左氏之學，長遍尋荀卿、賈生、太史公、張子高、劉子政諸家左氏古義，勒為《左傳讀》一書，其精覈殆不亞於斯書也。先師晚年嘗詔治經之法，確守漢、魏舊誼，勿信謬說以入歧途；又以吾吳惠氏家法，最為謹嚴，能恪守其道，庶無失耳。」（第 13～14 頁）今按，楊伯峻先生對《左傳讀》一書評論甚低，認為「只有一小部分是正確的」。（張世林編《學林春秋》第 193 頁，中華書局 1998 年版）

〔三〕【整理與研究】陳颯颯撰《左傳杜解補正研究》（華東師範大學 2010 年碩士論文）。

127. 左傳事緯十二卷附錄八卷

國朝馬驌（1621～1673）撰。驌字驄御，又字宛斯，鄒平（今屬山東）人。順治己亥（1659）進士。官淮安府（今屬江蘇）推官，終於靈璧縣知縣。〔一〕

是書取《左傳》事類，分為百有八篇，篇加論斷。首載晉杜預、唐孔穎達《序論》，及自作《〔左〕邱明小傳》一卷，《〔左氏〕辨例》三卷，《（圖表）〔左傳圖說〕》一卷，《覽左隨筆》一卷，《〔春秋〕名氏譜》一卷，《左傳（字奇）〔事釋〕》一卷，合《事緯》為二十卷。內地輿有說無圖，蓋未成也。王士禛《池北偶談》〔二〕稱其博雅嗜古，尤精《春秋》左氏學，載所著諸書與此本並同〔三〕，惟無《字奇》及《事緯》，豈士禛偶未見歟？「三傳」之中，《左氏》親觀國史，事蹟為真，而褒貶則多參俗議；《公羊》《穀梁》二家得自傳聞，記載頗謬，而義例則多有師承。《朱子語錄》謂：「《左氏》史學，事詳而理差；《公》《穀》經學，理精而事謬。」〔四〕蓋篤論也。驌作是書，必謂《左氏》義例在《公》《穀》之上，是亦偏好之言。然驌於《左氏》，實能融會貫通，故所論具有條理，其《圖表》亦皆考證精詳，可以知**專門之學與涉獵者相去遠矣**。（《四庫全書總目》卷二十九）

【注釋】

〔一〕【作者研究】楊向奎先生有《馬驌〈宛斯學案〉》，載《清儒學案新編》第三冊（齊魯書社 1994 年版）。

〔二〕【池北偶談】成於康熙二十八年（1689），取樂天池北書庫之名名之。

〔三〕【馬驌】字聰御，一字宛斯，濟南鄒平人。順治己亥（1659）進士。仕為淮安推官，終靈壁令。生而清羸，博雅嗜古，尤精《春秋》左氏學。撰《辨例》三卷、《圖表》一卷、《隨筆》一卷、《名氏譜》一卷，又著《繹史》……其書最為精博，時人稱為「馬三代」。崑山顧亭林炎武尤服之。（《池北偶談》卷九）

〔四〕【評論】《朱子語類》卷八十三：「以『三傳』言之，《左氏》是史學，《公》《穀》是經學。史學者，記得事卻詳，於道理上便差；經學者，於義理上有功，然記事多誤。」

128. 春秋毛氏傳三十六卷

國朝毛奇齡〔一〕（1623～1713）撰。奇齡有《仲氏易》〔二〕，已著錄。

自昔說《春秋》者，但明義例，至宋張大亨始分五禮。而元吳澄因之，然粗具梗概而已。奇齡是書分改元、即位、生子、立君、朝聘、盟會、侵伐、遷滅、昏覯、享唁、喪期、祭祀、搜狩、興作、甲兵、田賦、豐凶、災祥、出國、入國、盜殺、刑戮，凡二十二門。又總該以四例：曰禮例，曰事例，曰文例，曰義例。然門例雖分，而卷之先後依經為次，無割裂分隸之嫌，較他家體例

為善。其說以《左傳》為主，間及他家，而最攻擊者莫若胡安國《傳》。其論安國開卷說「春王正月」，已辭窮理屈，可謂確論。然《左傳》「元年春，王周正月」之文，本以《周禮》正歲、正月兼用夏正，夏正亦屬王制，故變文稱「王周正月」，以為「建子」之明文。而奇齡乃讀「春王」為一句，「周正月」為一句，謂「王」字乃「木王於春」之「王」，而非「天王」之「王」，其為乖謬殆更甚於安國。又如鄭康成《中庸注》：「策，簡也。」蔡邕《獨斷》亦曰：「策者，簡也。其制長二尺，短者半之。」《春秋正義》曰：「大事書於策者，經之所書也，小事書於簡者，傳之所載也。」又曰：「大事後雖在策，其初亦記於簡。」據此，則經傳「簡」、「策」並無定名，故「崔杼」之事稱「南史氏執簡」，而「華督」之事稱「名在諸侯之策」，其文互見，奇齡乃以簡書、策書為經、傳之分，亦為武斷。然其書一反胡《傳》之深文，而衡以事理，多不失平允之意。其義例皆有徵據，而典禮尤所該洽。自吳澄《纂言》以後，說《春秋》者罕有倫比，非其說《詩》說《書》，好逞臆見者比〔三〕。至於喧呼叫呶，則其結習所成，千篇一律，置之不議不論可矣。（《四庫全書總目》卷二十九）

【注釋】

〔一〕【毛奇齡】一名甡，字大可，號秋晴，一曰初晴，又以郡望稱西河，浙江蕭山人。

〔二〕【仲氏易】大旨謂：《易》兼五義：一曰『變易』。一曰『交易』，是為伏羲之《易》，猶前人之所知。一曰『反易』，謂相其順逆，審其向背而反見之，如《屯》轉為《蒙》，《咸》轉為《恒》之類。一曰『對易』，謂比其陰陽，絜其剛柔而對觀之，如上經《需》《訟》與下經《晉》《明夷》對，上經《同人》《大有》與下經《夬》《姤》對之類，一曰『移易』，謂審其分聚，計其往來而推移上下之，如《泰》為陰陽類聚之卦，移三爻為上爻，三陽往而上陰來，則為《損》；《否》為陰陽類聚之卦，移四爻為初爻，四陽來而初陰往，則為《益》之類。是為文王、周公之《易》，實漢、晉以來所未知，故以《序卦》為用『反易』，以分篇為用『對易』，以演《易·繫辭》為用『移易』。其言甚辨，雖不免牽合附會、以詞求勝之失，而大致引據古人，終不同於冥心臆測者也。（《四庫全書總目》卷六）

〔三〕【評論】毛奇齡《春秋毛氏傳》卷一：「宋儒無學，襲唐儒啖助、趙匡之說，重訾《左氏傳》為秦後偽書，且摘不更庶長諸秦官為辭，此真不讀《春秋》，不識《左傳》為策書舊本，而妄為是言。予既已辨之詳矣，見《論語稽求篇》。」

〔四〕【整理與研究】孔令杜撰《春秋毛氏傳研究》（山東師範大學 2015 年碩士論
　　文）認為，毛奇齡主張注經必藉實據，注重史實的考證和校勘，提倡以經解
　　經，追求解經的實證性和客觀性，一定程度上促進了清初治經之風由宋明空
　　虛之學走向實學。

129. 春秋通論四卷

　　國朝方苞（1668～1749）撰。苞有《周官集注》，已著錄。

　　是編本《孟子》「其文則史，其義則某竊取」之意，貫穿全經，按所屬之
辭，合其所比之事，辯其孰為舊文，孰為筆削，分類排比，為篇四十。每篇之
內又各以類從。凡分章九十有九。〔一〕考筆削之跡，自古無徵。《公羊傳》曰：
「不修《春秋》曰：『霣星不及地尺而復』，君子修之曰：『星隕如雨。』」原本、
改本並存者，此一條耳。《左傳》寧殖曰：「載在諸侯之策曰『孫林父、寧殖出
其君。』」經文則曰：「衛侯衎出奔齊。」其為聖人所改與否，已不可定。至《左
傳》稱仲尼謂「以臣召君，不可以訓，書曰『天王狩於河陽。』」則但有改本，
不知原本為何語矣。故黃澤曰：「《春秋》所以難看，乃是失卻不修《春秋》，
若有不修《春秋》互相比證，則史官記載，仲尼所以筆削者正自顯然易見。」
是自昔通儒已以不見魯史無從辯別為憾。苞乃於二千餘載之後據文臆斷，知其
孰為原書，孰為聖筆，如親見尼山之操觚，此其說未足為信。惟其掃《公》《穀》
穿鑿之談，滌孫、胡鍥薄之見，息心靜氣，以經求經，多有協於情理之平，則
實非俗儒所可及〔二〕。譬諸前修，其吳澄之流亞歟？（《四庫全書總目》卷二十九）

【注釋】

〔一〕【春秋通論序】《記》曰：「屬辭比事，《春秋》教也。」凡先儒之說，就其一
　　節，非不持之有故，言之成理也，而比以異事而同形者，則不可通者十八九
　　矣。惟程子心知其意，故曰《春秋》不可每事必求異義，但一字異則義必異
　　焉。然經之異文，有裁自聖心而特立者，如魯夫人入各異書之類是也；有沿
　　舊史而不能革者，稱人，稱爵，稱字，稱名，或氏，或不氏之類是也；其間
　　毫茫之辨，乍言之若無可稽，尋及通前後而考其義類，則表裏具見，固無可
　　疑者；抑嘗考詩書之文，作者非一，而篇自為首尾，雖有不通，無害乎其可
　　通者。若《春秋》，則孔子所自作，而義貫於全經。譬諸人身，引其毛髮，則
　　心必覺焉。苟其說有一節之未安，則知全經之義俱未貫也。又凡諸經之義可
　　依文以求，而《春秋》之義，則隱寓於文之所不載，或筆或削，或詳或略，

或同或異，參互相抵，而義出於其間，所以考世變之流，極測聖心之裁制，具在於此，非通全經而論之，末由得其間也。余竊不自忖，謹師戴《記》與程子之意，別其類為三十有六，而通論其大體，凡九十章。又通例七章，使學者知所從入，至盡其義類，與聖心同揆，而無一節之不安，則願後之君子繼事焉耳。（方苞《望溪集》卷六）

〔二〕【通例】比事屬辭，《春秋》教也。先儒褒貶之例多不可通，以未嘗按全經之辭而比其事耳。以是知凡此類皆舊史之文，隨時勢以變更，而非有典法者也。

130. 春秋大事表五十卷輿圖一卷附錄一卷

國朝顧棟高（1679～1759）撰。棟高有《尚書質疑》，已著錄。

是書以《春秋》列國諸事比而為表，曰時令、曰朔閏、曰長曆拾遺、曰疆域、曰爵姓存滅、曰列國地理犬牙相錯、曰都邑、曰山川、曰險要、曰官制、曰姓氏、曰世系、曰刑賞、曰田賦、曰吉禮、曰凶禮、曰賓禮、曰軍禮、曰嘉禮、曰王跡拾遺、曰魯政下逮、曰晉中軍、曰楚令尹、曰宋執政曰、鄭執政、曰爭盟、曰交兵、曰城築、曰四裔、曰天文、曰五行、曰三傳異同、曰闕文、曰吞滅、曰亂賊、曰兵謀、曰引據、曰杜注正訛、曰人物、曰列女。其《險要表》後附以《地形口號》，《五禮表》後附以《五禮源流口號》。《輿圖》則用朱字、墨字以分別古、今地名。《附錄》則皆諸表序並表中所未及者。又為《辯論》以訂舊說之訛，凡百三十一篇。

考宋程公說作《春秋分紀》，以傳文類聚區分，極為精密，刊版久佚，抄本流傳亦罕。棟高蓋未見其書，故體例之間往往互相出入。又表之為體，昉於周譜，旁行斜上，經緯成文，使參錯者歸於條貫。若其首尾一事，可以循次而書者，原可無庸立表，棟高事事表之，亦未免繁碎。〔一〕至參以七言歌括，於著書之體亦乖。然條理詳明，考證典核，較公說書實為過之。其《辯論》諸篇皆引據博洽，議論精確，多發前人所未發，亦非公說所可及。其《朔閏》一表用杜預「隱公元年正月起辛巳朔」之說，與陳厚耀所推《長曆》退一閏者不合。蓋厚耀之書，棟高亦未之見，故稍有異同云〔二〕。（《四庫全書總目》卷二十九）

【注釋】

〔一〕【評論】楊向奎先生《顧棟高〈震滄學案〉》：「顧氏之《春秋大事表》條理分
明，有表以列其繁，有論以扼其要，為後世治史者提供方便，可以無譏矣。」
（《清儒學案新編》第三卷第 90 頁）

〔二〕【評論】王樹民先生云：「與《春秋大事表》性質相近者，首推陳厚耀所著的
《春秋長曆》與《春秋世族譜》二書。二人著書的時代相近而互不相通，所
以成就也各有所長，可以互相補充。」（《中國史學史綱要》第 165 頁）
【整理與研究】陳廖安撰《顧棟高春秋曆學研究》（臺北新文豐出版公司 2010
年版）。

131. 春秋繁露十七卷

漢董仲舒〔一〕（前 192～前 104）撰。

「繁」或作「蕃」，蓋古字相通。其立名之義不可解。《中興館閣書目》
謂：「繁露，冕之所垂，有聯貫之象。《春秋》比事屬辭，〔仲舒〕立名，或取
諸此。」亦以意為說也。其書發揮《春秋》之旨，多主《公羊》，而往往及陰
陽、五行。考仲舒本傳，《蕃露》《玉杯》《竹林》皆所著書名，而今本《玉杯》
《竹林》乃在此書之中。故《崇文總目》頗疑之〔二〕，而程大昌攻之尤力〔三〕。
今觀其文，雖未必全出仲舒，然中多根極理要之言，非後人所能依託也。〔四〕

是書宋代已有四本，多寡不同，至樓鑰所校〔五〕，乃為定本。鑰本原闕三
篇，明人重刻又闕第五十五篇及第五十六篇首三百九十八字，第七十五篇中
一百七十九字，第四十八篇中二十四字，又第二十五篇顛倒一頁，遂不可讀。
其餘訛脫不可勝舉。蓋海內藏書之家不見完本三四百年於茲矣。今以《永樂
大典》所存樓鑰本，詳為勘訂，凡補一千一百二十一字，刪一百二十一字，改
定一千八百二十九字，神明煥然，頓還舊笈。雖曰習見之書，實則絕無僅有
之本也。倘非幸遇聖朝右文稽古，使已湮舊籍復發幽光，則此十七卷者竟終
沈於蠹簡中矣，豈非萬世一遇哉！〔六〕

案：《春秋繁露》雖頗本《春秋》以立論，而無關經義者多，實《尚書大傳》《詩外傳》
之類，向來列之經解中，非其實也，今亦置之於附錄。（《四庫全書總目》卷二十九）

【注釋】

〔一〕【作者研究】鄧紅教授撰《董仲舒思想之研究》（人與文化出版社 1995 年日
文版）。王永祥撰《董仲舒評傳》（南京大學出版社 1995 年版），書末附錄《董

仲舒年譜》。今按，馮友蘭認為，董仲舒把孔子神聖化，把儒家宗教化，把封建統治階級的理論系統化，成為漢代的主要理論家。李澤厚先生也認為，董仲舒在中國思想史上的地位非常重要。

〔二〕【史源】《崇文總目》卷二。

〔三〕【史源】程大昌曰：「右《繁露》十七卷，紹興間董某所進。臣觀其書，辭意淺薄，間掇取董仲舒策語，雜置其中，輒不相倫比，臣固疑非董氏本書矣。又班固記其說《春秋》凡數十篇，《玉杯》《繁露》《清明》《竹林》各為之名，似非一書，今董某進本通以《繁露》冠書，而《玉杯》《清明》《竹林》特各居其篇卷之一，愈益可疑。他日讀《太平寰宇記》及杜佑《通典》，頗見所引《繁露》語言，顧董氏今書無之……諸如此類，亦皆附物著理，無憑虛發語者，然後益自信予所正定不謬也。《御覽》，太平興國間編輯，此時《繁露》之書尚存，今遂逸不傳，可歎也已。」

〔四〕【辨偽】譚獻《復堂日記》云：「本書散失，後人掇拾，以有此本。」劉咸炘云：「是書自是出於掇拾而成，譚說是也。《四庫提要》直謂其文未必全出仲舒，蘇輿亦從程大昌、朱子之言，謂其非盡本真，又疑《堯舜不擅移篇》乃轅固說，非董子文，此則過矣。朱子言《繁露》《玉杯》等篇多非其實，語殊渾淪，大昌則書名之得失，逸文之有無，語意之純駁，皆不足以證書之真偽也。」（《劉咸炘學術論集·子學編》第412～413頁）

〔五〕【史源】樓鑰云：「竊疑《竹林》《玉杯》等名，與其書不相關。後見尚書程公跋語，亦以篇名為疑。又以《通典》《太平御覽》《太平寰宇記》所引《繁露》之書，今書皆無之，遂以為非董氏本書，且以其名謂必類小說家後自為一編，記雜事，名《演繁露》行於世。（下略）」

今按，黃樸民教授認為，樓鑰有力地考實了《春秋繁露》的可信性。（《天人合一》第43頁）

〔六〕【整理與研究】清盧文弨校刊本，以聚珍本為主，收集了當時學者的校訂成果。清凌曙撰《春秋繁露注》（《清經解續編》本），是最早的注本。近人蘇輿撰《春秋繁露義證》（中華書局1992年版），較凌注為優。鍾肇鵬主編《春秋繁露校釋》（河北人民出版社2005年版），煌煌兩巨冊，頗為翔實。愛新覺羅·毓鋆口述、陳絪記錄《毓老師說春秋繁露》（花山文藝出版社2019年版）。

132. 春秋道統二卷

是書僅分上、下二卷,而抄本細字乃八巨冊。不著撰人名氏,惟冠以乾道八年(1172)晉江傅伯成序,稱為元祐間《春秋》博士劉絢質夫所作。

考陳振孫《書錄解題》載劉絢《春秋傳》,無「道統」二字之名。《文獻通考》作十二卷,《玉海》作五卷,與二卷之數亦不合。又振孫稱「所解明正簡切」〔一〕,而此本並無解經之語,止抄撮《左氏傳》,間及《公》《穀》《國語》,及略採諸家一二條。且不特傳文多所刪節,即經文亦止摘錄一二字,如明代坊本之標題,宋人經說亦無此例。

序中以「何休學」連為人名,其陋已極。又稱後之有功於《春秋》者,有杜預、林堯叟。林堯叟乃在南宋中年,伯成此序作於南宋之初,何由得見?且杜、林合注是明末坊間所刻,伯成又何由以杜、林並稱乎?又伯成慶元初為太府丞,寶慶初始加龍圖閣學士,此序既曰「乾道八年壬辰」,是時伯成方舉進士,何得先以龍圖閣學士結銜?訛謬種種,不可殫述。訛書之拙,無過是矣。其卷首收藏諸印,亦一手偽造,不足信也。〔二〕(《四庫全書總目》卷三十)

【注釋】

〔一〕【史源】《直齋書錄解題》卷三:「《春秋傳》十二卷,劉絢質夫撰。二程門人,其師亟稱之,所解明正簡切。」

〔二〕【考證】崔富章教授云:「是書傳本僅浙江館藏一部,題作《劉絢質夫春秋通義》十二卷,存十卷(三至十二),三家皆著錄劉氏書,且極推重,是確有其書矣。然今未見傳本。《總目》據兩江總督採進本著錄,書名、卷數不同姑且不論,訛謬層出,質量陋劣,斷非劉氏書甚明。」(《四庫提要補正》第180～181頁)

133. 春秋私考三十六卷

明季本〔一〕(1485～1563)撰。本有《易學四同》〔二〕,已著錄。

本不信「三傳」,故釋經處謬戾不可勝舉。如言「惠公仲子非桓公之母」,「盜殺鄭三卿,乃晉人使刺客殺之」,「晉文公歸國,非秦伯所納」,諸如此類,皆無稽之談。夫孫復諸人之棄傳,特不從其褒貶義例而已。程端學諸人之疑傳,不過以所記為不實而已。未有於二千餘年之後,杜撰事蹟,以改易舊文者。蓋講學家之恣橫至明代而極矣。〔三〕(《四庫全書總目》卷三十)

【注釋】

〔一〕【季本】字明德，號彭山，山陰（今浙江紹興）人。明正德十二年（1517）成進士，官至長沙知府。為陽明第子之一。

〔二〕【易學四同】是編以「四同」為名，蓋以朱子《本義》首列九圖，謂「有天地自然之《易》，有伏羲之《易》，有文王之《易》，有孔子之《易》，四者不同。」本極以其說為不然，故以「四同」標目，亦間有闡發。然其大旨乃主於發明楊簡之《易》，以標心學之宗，則仍不免墮於虛渺。至於祖歐陽修之說，以《繫辭》為講師所傳，非孔子所作，故多割裂經文，從吳澄所定之本。（《總目》卷七）今按，《續修四庫全書》影印《易學四同》八卷（北京大學圖書館藏明嘉靖刻本）。

〔三〕【評論】唐順之序云：「間以語彭山季君，君欣然是之，於是出其所著《春秋私考》示余，則《公》《穀》之義例，《左氏》之事實，諸家紛紛之說，一切摧破，而獨身處其地，以推見當時事情，而定其是非，雖其千載之上不可億知，然以斯人直道而行之心，準之要，無甚遠者。余是以益自信余之說有合於君也。君嘗師陽明王先生，聞致知之說，為能信斯人直道之心，與聖人無毀譽之心同。其《春秋》大旨亦多本之師說，故其所見直截如此。至於地理古今之沿革，姓名氏族之流派，星曆之數度，禘郊嘗社禮樂兵賦之纖悉，古今之所聚訟，皆辨析毫釐，務極核實，昔人所稱經師，莫之及也。」

《經義考》卷二百一云：「《私考》駁正近代之經學，鑿空杜撰，紕繆不經，未有甚於季本者也。本著《春秋私考》……何異於中風病鬼，而世儒猶傳道之，不亦悲乎！傳《春秋》者三家，杜預出而左氏幾孤行於世，自韓愈之稱盧全，以為『《春秋》三傳束高閣，獨抱遺經究終始』。世遠言湮，訛以承訛，而季氏之徒出焉。孟子曰：『始作俑者，其無後乎？』太和添丁之禍，其殆高閣三傳之報與？季於《詩經》《三禮》皆有書，其鄙倍略同。有志於經學者，見即當焚棄之，勿令謬種流傳，貽禍後生也。」

今按，考《四庫全書總目》持論，幾與《經義考》同調。季本之書在晚明為傑作，在清初則為禍根。

又按，現在對於季本的詩經學研究較多，哲學思想研究也有王巧生做過碩士論文，而春秋學方面還沒有見到專題研究。王子初認為，明中葉心學在《左傳》研究上有季本、湛若水代表的兩種傾向，季本發展了王守仁直覺解經的觀點，將《春秋》看做孔子脫離舊史的獨創，以自己設定的孔子直書標

準去取左氏其事其義；湛若水將《春秋》看做舊史的標題，繼承《左傳》史學義例的部分而排斥其引申字例的部分，在敘事上呈現左氏敘事和義理為本並重的二元傾向。二人以《左傳》解經的不同路徑是其心學觀點的反映。心學在《左傳》解經上的分歧體現出，以史解經既是《春秋左傳》學發展的方向，同時其自身也需要義理以外的科學方法的更新。（《明中葉心學〈左傳〉研究中的二趨向》，《白城師範學院學報》2019 年增刊）

134. 古文孝經孔氏傳一卷附宋本古文孝經一卷

舊本題漢孔安國傳，日本信陽太宰純音。

據卷末乾隆丙申（1776）歙縣鮑廷博新刊跋，稱其友汪翼滄附市舶至日本，得於彼國之長崎澳。覈其紀歲干支，乃康熙十一年（1672）所刊。〔一〕前有太宰純序稱：「古書亡於中夏、存於日本者頗多。昔僧奝然適宋，獻鄭注《孝經》一本。今去其世七百餘年，古書之散逸者亦不少，而孔傳《古文孝經》全然尚存。惟是經國人相傳之久，不知歷幾人書寫，是以文字訛謬，魚魯不辨。純既以數本校讎，且旁採他書所引，苟有足徵者，莫不參考，十更裘葛，乃成定本。其經文與宋人所謂古文者亦不全同，今不敢從彼改此。傳中間有不成語，雖疑其有誤，然諸本皆同，無所取正，故姑傳疑，以俟君子。今文唐陸元朗嘗音之，古文則否。今因依陸氏音例，並音經傳，庶乎令讀者不誤其音（云云）。」考世傳海外之本，別有所謂《七經孟子考文》者，亦日本人所刊，稱西條掌書記山井鼎輯，東都講官物觀補遺，中有《古文孝經》一卷，亦云《古文孔傳》中華所不傳，而其邦獨存。又云：「其真偽不可辨，末學微淺，不敢輕議（云云）。」則日本相傳，原有是書，非鮑氏新刊贗造。

此本覈其文句，與山井鼎等所考大抵相應，惟山井鼎等稱每章題下有劉炫直解，其字極細寫之，與注文粗細弗類。又有引及邢昺《正義》者，為後人附錄，此本無之，為少異耳。其傳文雖證以《論衡》《經典釋文》《唐會要》所引，亦頗相合。然淺陋冗漫，不類漢儒釋經之體，並不類唐、宋、元以前人語。殆市舶流通，頗得中國書籍，有桀黠知文義者撮諸書所引孔《傳》影附為之，以自誇圖籍之富歟？考元王惲《中堂紀事》有曰：「中統二年，高麗世子植來朝，宴於中書省，問曰『傳聞汝邦有《古文尚書》及海外異書，答曰與中國書不殊。」高麗、日本比鄰相接，海東經典大概可知。使果有之，何以奝然不與鄭《注》並獻，至今日而乃出，足徵彼國之本出自宋、元以後。觀由井鼎

亦疑之，則其事固可知矣。特以海外秘文，人所樂睹，使不實見其書，終不知所謂《古文孝經孔傳》不過如此，轉為好古者之所惜。故特錄存之，而具列其始末如右。（《四庫全書總目》卷三十二）

【注釋】

〔一〕【新刻古文孝經孔氏傳序】《孝經》有古今文，鄭康成注者，今文也；孔安國傳者，古文也。五代之際，二家並亡。宋雍熙中，嘗得今文鄭氏注於日本矣，今又不傳。新安鮑君以文，篤學好古，意彼國之尚有是書也，屬以市易往者訪求之，顧鄭氏不可得，而所得者乃《古文孔氏傳》，遂攜以入中國。此書亡逸殆及千年，而一旦復得之，此豈非天下學士所同聲稱快者哉！余按傳文以求之⋯⋯其文義典核，又與《釋文》《會要》《舊唐書》所載一一符會，必非近人之所能撰造。（盧文弨《抱經堂文集》卷二）

〔二〕【整理與研究】何蘭若、王振華合撰《〈古文孝經孔氏傳〉的回傳》（《文獻》1998 年第 3 期），譚德興撰《論鄭珍對日本〈古文孝經孔氏傳〉之辨偽》（《遵義師範學院學報》2007 年第 4 期），司領超撰《日傳本〈古文孝經孔氏傳〉考》（碩士論文）。按，日本學者太宰純於享保十七年（1732）刊行《古文孝經孔氏傳》，隨後此書由鮑廷博好友汪鵬在日本長崎購得並帶回國內。日傳本《古文孝經孔氏傳》的回傳，引起了清代學者對孔《傳》真偽問題的討論，盧文弨、王鳴盛等人認為此書是中國久已失傳的古籍，如阮元、孫志祖等人懷疑此書為日本人偽作，也有人認為此書雖是中國古籍，但懷疑其作者非孔安國，如鄭珍認為此書是劉炫偽作，丁晏認為是王肅偽作。然而孔《傳》並非日本人偽作，確為中土古籍，這一點由隋代劉炫《孝經述議》可得證實。劉炫推崇孔《傳》，曾作《孝經述議》以解孔《傳》。

135. 孝經正義三卷

唐玄宗明皇帝（685～762）御注，宋邢昺（932～？）疏。

案《唐會要》：「開元十年（722）六月，上注《孝經》，頒天下及國子學〔一〕。天寶二年（743）五月上重注，亦頒天下。」《舊唐·經籍志》：「《孝經》一卷，玄宗注。」《唐書·藝文志》：「《今上孝經制旨》一卷，注曰玄宗。其稱制旨者，猶梁武帝《中庸義》之稱制旨，實一書也。」趙明誠《金石錄》載明皇注《孝經》四卷，陳振孫《書錄解題》亦稱家有此刻，為四大軸。蓋天寶四載（745）九月以御注刻石於太學，謂之「石臺孝經」，今尚在西安府學中〔二〕。

為碑凡四，故拓本稱四卷耳。玄宗御製序末稱：「一章之中凡有數句，一句之內義有兼明，具載則文繁，略之則義闕。今存於疏，用廣發揮。」《唐書·元行沖傳》稱，玄宗自注《孝經》，詔行沖為疏，立於學官。〔三〕《唐會要》又載：天寶五載（746），詔《孝經》書疏雖粗發明，未能該備，今更敷暢，以廣闕文，令集賢院寫頒中外。是注凡再修疏亦再修，其疏《唐志》作二卷，《宋志》則作三卷，殆續增一卷歟？宋咸平中，邢昺所修之疏，即據行沖書為藍本。然孰為舊文，孰為新說，今已不可辨別矣。

《孝經》有今、文古文二本。今文稱鄭玄注〔四〕，其說傳自荀昶，而《鄭志》不載其名；古文稱孔安國注，其書出自劉炫，而《隋書》已言其偽。至唐開元七年（719）三月，詔令群儒質定，右庶子劉知幾主古文，立十二驗以駁鄭；國子祭酒司馬貞主今文，摘《閨門章》文句凡鄙，《庶人章》割裂舊文，妄加「子曰」字，及注中「脫衣就功」諸語以駁孔。其文具載《唐會要》中。闕後今文行而古文廢。元熊禾作董鼎《孝經大義序》，遂謂貞去《閨門》一章，卒啟玄宗無禮無度之禍。明孫本作《孝經辨疑》，並謂唐宮闈不肅，貞削《閨門》一章，乃為國諱。夫削《閨門》一章，遂啟幸蜀之釁，使當時行用古文，果無天寶之亂乎？唐宮闈不肅誠有之，至於《閨門章》二十四字，則絕與武、韋不相涉，指為避諱，不知所避何諱也，況知幾與貞兩議並上，《會要》載當時之詔，乃鄭依舊行用，孔注傳習者稀，亦存繼絕之典。是未因知幾而廢鄭，亦未因貞而廢孔。迨時閱三年，乃有御注太學刻石，署名者三十六人，貞不預列。御注既行，孔、鄭兩家遂並廢，亦未聞貞更建議廢孔也。禾等徒以朱子《刊誤》偶用古文，遂以不用古文為大罪，又不能知唐時典故，徒聞《中興書目》有「議者排毀，古文遂廢」之語，遂沿其誤說，憒憒然歸罪於貞。不知以注而論，則孔佚鄭亦佚，孔佚罪貞，鄭佚又罪誰乎？以經而論，則鄭存孔亦存，古文並未因貞一議亡也，貞又何罪焉？

今詳考源流，明今文之立，自玄宗此注始。玄宗此注之立，自宋詔邢昺等修此疏始。眾說喧呶，皆揣摩影響之談，置之不論不議可矣。〔五〕（《四庫全書總目》卷三十二）

【注釋】

〔一〕【國子學】學校名。與太學同為最高學府。唐代國子學隸屬國子監，招收三品以上及國公子孫，從二品以上曾孫300人入學。置博士、助教各5人，直講4人，分別講授「五經」，每經各60人。

〔二〕【石臺孝經】石經名。碑額「大唐開元天寶聖文神武皇帝注孝經臺」十六字。
　　　宋元祐五年（1090），移置於府學之北。今存陝西西安碑林博物館。

〔三〕【元行沖】（653～729），唐代學者。主編《群書四部錄》二百卷。為唐玄宗所
　　　注《孝經》作疏，今僅存一卷。

〔四〕【孝經鄭玄注】日人林秀一撰《關於復原〈孝經鄭注〉的研究》（文求堂書店
　　　1953 年版）。

〔五〕【成書時代】日人板野長八認為，根據中國和日本的學者，如王正己、蔡汝
　　　坤、津田左右吉等的考證，《孝經》的成立不可能在漢初年以後。就其內容來
　　　說，有一部分在《呂氏春秋》以前就存在。（《儒教成立史研究》第 5 頁）

136. 古文孝經指解一卷

　　不著編輯者名氏。以宋司馬光（1019～1086）、范祖禹（1041～1098）之說合
為一書。

　　案《宋中興藝文志》曰：自唐明皇時議者排毀古文，以《閨門》一章為鄙
俗，而古文遂廢。案：此說舛誤，辨已見《孝經正義》條下。至司馬光始取古文為《指
解》，又范祖禹《進孝經說札子》曰：「仁宗朝，司馬光在館閣為《古文指解》
表上之。臣妄以所見，又為之說。」《書錄解題》載光書、祖禹書各一卷。此
本殆以二書相因而作，故合編也。王應麟《玉海》載光書進於至和元年（1054），
時為殿中丞直秘閣，與祖禹說小異。然光集所載進表稱：「嘗撰《古文孝經指
解》，皇祐中獻於仁宗皇帝。竊慮歲久不存，今繕寫為一卷上進（云云）。」則
祖禹所說者初進之本，應麟所說者重進之本耳。

　　《孝經》今文、古文，自《隋志》所載王劭、劉炫以來，即紛紛聚訟，至
唐而劉知幾主古文，司馬貞主今文，其彼此駁議，《唐會要》具載其詞。至今
說經之家亦多遞相左右。然所爭者不過字句之間。觀光從古文，而句下乃備
載唐玄宗今文之注，使二本南轅北轍，可移今文之注以注古文乎？宋黃震《日
抄》有曰：「案《孝經》一爾，古文、今文特所傳微有不同。如首章今文云：
『仲尼居，曾子侍。』古文則云：『仲尼閒居，曾子侍坐。』今文云：『子曰：
先王有至德要道。』古文則曰：『子曰：參，先王有至德要道。』今文云：『夫
孝，德之本也，教之所由生也。』古文則曰：『夫孝，德之本，教之所由生。』
文之或增或減，不過如此，於大義固無不同。至於分章之多寡，今文《三才
章》『其政不嚴而治』與『先王見教之可以化民』通為一章，古文則分為二章；

今文《聖治章》第九『其所因者，本也』與『父子之道天性』通為一章，古文則分為二章；『不愛其親而愛他人者』，古文又分為一章。章句之分合，率不過如此，於大義亦無不同。古文又云：『閨門之內具禮矣乎，嚴父嚴兄，妻子臣妾，猶百姓徒役也。』此二十二字，今文全無之，而古文自為一章，與前之分章者三，共增為二十二。所異者又不過如是，非今文與古文各為一書也。」〔一〕其說可為持平。光所解及祖禹所說，讀者觀其宏旨，以求天經地義之原，足矣。其今文、古文之爭，直謂賢者之過，可也。胡穎《拾遺錄》嘗譏祖禹所說，以光注「言之不通也」句誤為經文，今證以朱子《刊誤》，穎說信然，然亦非大義所繫。今姑仍原本錄之，而附存穎說，以糾其失焉。〔二〕

　　案：注《孝經》者，駁今文而遵古文，自此書始；五六百年門戶相持，則自朱子用此本作《刊誤》始，皆逐其末而遺其本也。今特全錄黃震之言，發其大凡，以著詬爭之無謂。餘一切紛紜之說，後不復載，亦不復辨焉。（《四庫全書總目》卷三十二）

【注釋】

〔一〕【史源】《黃氏日抄》卷一「讀孝經」條。

〔二〕【整理與研究】舒大剛教授認為，北宋司馬光《古文孝經指解》所據經文是
　　　　目前傳世最早的《古文孝經》，南宋以來凡談《古文孝經》者都依本於此。清
　　　　鮑廷博還將「指解本」經文提出來，冠以「宋本古文孝經」之名刻入《知不
　　　　足齋叢書》之中，《四庫全書》也照樣收錄。今人還用傳世「指解本」與日本
　　　　傳《古文孝經》相比較，認為「日本傳本比『指解本』時代更早、內容也更
　　　　可靠」。舒大剛通過考察傳世「指解本」《孝經》和大足石刻范祖禹書《古文
　　　　孝經》，發現今傳《古文孝經指解》並非司馬光的原本，而是經過後人改編，
　　　　將其與范祖禹《古文孝經說》、唐玄宗《今文孝經注》相合併，在經文上已有
　　　　很大改動，已不再是司馬光作《指解》時的原本了。後人根據傳本《指解》
　　　　經文來考察《孝經》的今古文問題是非常靠不住的。為了恢復司馬光原書的
　　　　舊貌，應以大足石刻本「古文」對傳世《指解》進行重新整理和校正。（《今
　　　　傳〈古文孝經指解〉並非司馬光原本考》，《中華文化論壇》2002 年第 2 期）

137. 孝經刊誤一卷

　　宋朱子（1130～1200）撰。

　　書成於淳熙十三年（1186），朱子年五十七，主管華州雲臺觀時作也。取古文《孝經》分為經一章，傳十四章，刪舊文二百二十三字。後有自記曰：「熹

舊見衡山胡侍郎《論語說》，案：胡宏高宗時為禮部侍郎，居衡州，故曰衡山。所著有《五峰論語指南》一卷。疑《孝經》引《詩》，非經本文。初甚駭焉，徐而察之，始悟胡公之言為信。而《孝經》之可疑者，不但此也。因以書質之沙隨程可久丈。案：可久，程迥之字也。程答書曰：『頃見玉山汪端明，案：汪應辰，孝宗時為端明殿學士。亦以此書多出後人附會。』於是乃知前輩讀書精審，其論固已及此，竊幸有所因述，而得免於鑿空妄言之罪（云云）。」今以《朱子語錄》考之，黃𦒎記云：「《孝經》除了後人所添前面『子曰』，及後面引《詩》，便有首尾。」又云：「『以順則逆，民無則焉』，是季文子之詞。言『斯可道，行斯可樂』一段，是北宮文子論令尹之威儀，在《左傳》中自有首尾，載入《孝經》都不接續，全無意思。」〔一〕又葉賀孫記云：「古文《孝經》有不似今文順者，如『父母生之，續莫大焉』，又著一個『子曰』字，方說『不愛其親，而愛他人者，謂之悖德』，此本是一段，以『子曰』分為二，恐不是。」〔二〕又輔廣記云：「孝莫大於嚴父，嚴父莫大於配天。豈不害理？如此則須是如武王、周公方能盡孝道，尋常人都無分，豈不啟人僭亂之心？」〔三〕是朱子詆毀此書已非一日，特不欲自居於改經，故託之胡宏、汪應辰耳。

　　歐陽修《詩本義》曰：「刪《詩》云者，非止全篇刪去也，或篇刪其章，或章刪其句，或句刪其字。」引《唐棣》《君子偕老》《節南山》三詩為證。〔四〕朱子蓋陰用是例也。陳振孫《書錄解題》載此書，注其下曰：「抱遺經於千載之後，而能卓然悟疑辨惑，非豪傑特起獨立之士，何以及此？此後學所不敢仿傚，而亦不敢擬議也。」〔五〕斯言允矣。南宋以後作注者多用此本，故今特著於錄，見諸儒淵源之所自與門戶之所以分焉。〔六〕（《四庫全書總目》卷三十二）

【注釋】

〔一〕〔二〕〔三〕【史源】《朱子語類》卷八十二。

〔四〕【史源】《經義考》卷九十八引歐陽修曰：「刪《詩》云者，非止全篇刪去也，或篇刪其章，或章刪其句，或句刪其字，如《唐棣之華》『偏其反而，豈不爾思，室是遠而』，此小雅《唐棣》之詩也。夫子謂其以室為遠，害於兄弟之義，故篇刪其章也。『衣錦尚絅，文之著也』，邶鄘風《君子偕老》之詩也。夫子謂其盡飾之過，恐其流而不返，故章刪其句也。『誰能秉國成，不自為政，卒勞百姓』，此小雅《節南山》之詩也。夫子以『能』之一字為意之害，故句刪其字也。」

　　今檢四庫本《詩本義》無此文，似轉引自《經義考》。

〔五〕【史源】《直齋書錄解題》卷三。

〔六〕【評論】朱熹從「信經」「疑經」到「刊經」，前後歷時五十年，而翁方綱評
曰：「獨《孝經刊誤》為朱子著書之累，莫有敢糾正者。」

【整理與研究】張馨睿撰《朱熹〈孝經刊誤〉研究》（曲阜師範大學 2016 年
碩士論文），唐文明撰《朱熹〈孝經刊誤〉析論》（《雲南大學學報》2014 年
第 2 期），周懷宇撰《朱熹〈孝經刊誤〉研究》（《徽學》2011 年卷）。

138. 駁五經異義一卷補遺一卷

漢鄭玄（127～200）所駁許慎《五經異義》之文也。

考《後漢書·許慎傳》稱：「慎以《五經》傳說，臧否不同，於是撰為《五
經異義》，傳於世。」《鄭玄傳》載玄所著百餘萬言，亦有《駁許慎五經異義》
之名。《隋書·經籍志》有「《五經異義》十卷，後漢太尉祭酒許慎撰」，而不
及鄭玄之《駁議》。《舊唐書·經籍志》：「《五經異義》十卷，許慎撰，鄭玄駁。」
《新唐書·藝文志》並同。蓋鄭氏所駁之文，即附見於許氏原本之內，非別為
一書，故史志所載亦互有詳略。至《宋史·藝文志》遂無此書之名，則自唐以
來失傳久矣。學者所見《異義》僅出於《初學記》《通典》《太平御覽》諸書所
引，而鄭氏《駁議》則自《三禮正義》而外，所存亦復寥寥。此本從諸書採綴
而成，或題宋王應麟編，然無確據。其間有單詞隻句，「駁」存而「義」闕者，
原本錯雜相參，頗失條理，今詳加釐正，以「義」、「駁」兩全者匯列於前，其
僅存駁義者，則附錄以備參考。又近時朱彝尊《經義考》內亦嘗旁引鄭駁數
條〔一〕，而長洲惠氏所輯則搜羅益為廣備，往往多此本所未及。今以二家所採，
參互考證，除其重複，定著五十七條，別為《補遺》一卷，附之於後。其間有
《異義》而鄭無駁者，則鄭與許同者也。〔二〕

兩漢經學，號為極盛，若許若鄭，尤皆一代通儒。大敵相當，輸攻墨守，
非後來一知半解所可望其津涯。此編雖散佚之餘，十不存一，而引經據古，
猶見典型，殘章斷簡，固遠勝於後儒之累牘連篇矣。（《四庫全書總目》卷三十
三）

【注釋】

〔一〕【史源】《經義考》卷二百三十九。

〔二〕【史源】潘景鄭《著硯樓讀書記》有「錢竹汀先生收校舊抄本鄭氏遺書」條
（第 16 頁）。

〔三〕【整理與研究】皮錫瑞撰《駁五經異義疏證》。王紅成撰《鄭玄〈駁五經異義〉
　　文獻研究》（《語文教學通訊》2018 年第 3 期）。

139. 鄭志三卷補遺一卷

　　案《隋書・經籍志》：「《鄭志》十一卷，魏侍中鄭小同撰，《鄭記》六卷，
鄭玄弟子撰，《後漢書》鄭玄本傳則稱，門生相與撰玄答弟子，依《論語》作
《鄭志》八篇。」劉知幾《史通》亦稱：「鄭弟子追論師說及應答，謂之《鄭
志》；分授門徒各述師言，更不問答，謂之《鄭記》。」案：《通典》及《初學記》
所引《鄭記》均有王贊答詞，與知幾所云「更不問答」者不合。考《孝經疏》引此文作「各述
師言，更為問答」，知「不」字乃「為」字之訛。王應麟《玉海》、朱彝尊《經義考》並沿用誤
本，殊失訂正。又《通典》所引《鄭志》皆玄與門人問答之詞，所引《鄭記》皆其門人互相問
答之詞，知「志」之與「記」其別在此。《曲禮正義》引《鄭志》有崇精之問，焦氏之答；《月
令正義》引《鄭志》有王權之問，焦喬之答；焦氏之問，張逸之答。疑本《鄭記》之文，校刊
者惟據《史通》「更不問答」之說，改為《鄭志》也。其說不同。然范蔚宗去漢未遠，
其說當必有徵。《隋志》根據《七錄》，亦阮孝緒等所考定，非唐、宋諸志動輒
疏舛者比，斷無移甲入乙之事。疑追錄之者諸弟子，編次成帙者則小同。《後
漢書》原其始，《隋書》要其終。觀八篇分為十一卷，知非諸弟子之舊本也。
新、舊《唐書》載《鄭記》六卷，尚與《隋志》相同。而此書則作九卷，已佚
二卷，至《崇文總目》始不著錄，則全佚於北宋初矣。此本三卷，莫考其出自
誰氏，觀書中《禮運・注》「澄酒」一條，答趙商之問者，前後兩見，而詳略
小異。又陳鑠之名前後兩見，而後一條注「一作鏗」，知為好鄭氏之學者，惜
其散佚，於諸經《正義》裒輯而成。然如所載「弼成五服答趙商問」一條，不
稱《益稷》而稱《皋陶謨》，則正合孔《疏》所云鄭氏之本。又卷首「冷剛問
《大畜》童牛之牿」一條，今《周易正義》中不見，而《周禮正義》引之，較
此少「冷剛問云」以下六十餘字。《周禮正義》引「答孫晧問」一條，較此少
「夏二月仲春太簇用事，陽氣出、地始溫，故禮應開冰，先薦寢廟」五句。其
《皋陶謨注》與《經典釋文》及《正義》所引，亦互有詳略，而《堯典注》一
條乃不載《正義》中。則亦博採諸書，有今日所不盡見者，非僅剽剟《正義》。
又《玉海》十八卷引《定之方中》詩，張逸問：「仲梁子何時人？」答曰：「先
師魯人。」此本「先師」之下多一「云」字，方知「先師」非指仲梁子。如此

之類，亦較他書所載為長，足證為舊人所輯，非近時所新編也。間有搜採未盡者，諸經《正義》及《魏書・禮志》《南齊書・禮志》《續漢書・郡國志注》《藝文類聚》諸書所引尚有三十六條。又《鄭記》一書，亦久散佚，今可以考見者，尚有《初學記》《通典》《太平御覽》所引三條，並附錄之，以存鄭學之梗概，並以見漢代經師專門授受，師弟子反覆研求，而後筆之為傳注，其既詳且慎至於如此。昔朱子與胡紘爭寧宗持禫之禮，反覆辨難，終無據以折之，後讀《禮記・喪服小記・疏》所引《鄭志》一條，方得明白證驗，因自書於《本議》之後，記其始末，有「向使無鄭康成，則此事終未有所斷決」語，是朱子議禮，未嘗不折服於玄矣。後之臆斷談經，而動輒排斥鄭學者，亦多見其不知量也。〔一〕（《四庫全書總目》卷三十三）

【注釋】

〔一〕【整理與研究】清惠棟、段玉裁、丁傑等遞有校補、考證，晚近皮錫瑞撰《鄭志疏證》。按，清代有多種《鄭志》輯本，主要有殿本三卷本、孔廣林八卷本兩大體系。

140. 經典釋文三十卷

　　唐陸元朗（約550～630）撰。元朗，字德明，以字行，吳人。貞觀中官國子博士兼太子中允。事蹟具《唐書》本傳。

　　此書前有自序云：「癸卯之歲，承乏上庠，因撰集《五典》《孝經》《論語》及《老》《莊》《爾雅》等音，古今並錄，經注畢詳，訓義兼辯，示傳一家之學。」〔一〕考癸卯為陳後主至德元年（583），豈德明年甫弱冠，即能如是淹博耶？或積久成書之後，追紀其草創之始也？

　　首為《序錄》一卷，次《周易》一卷，《古文尚書》二卷，《毛詩》三卷，《周禮》二卷，《儀禮》一卷，《禮記》四卷，《春秋左氏》六卷，《公羊》一卷，《穀梁》一卷，《孝經》一卷，《論語》一卷，《老子》一卷，《莊子》三卷，《爾雅》二卷。其列《老》《莊》於經典，而不取《孟子》，頗不可解。蓋北宋以前《孟子》不列於經，而《老》《莊》則自西晉以來為士大夫所推尚。德明生於陳季，猶沿六代之餘波也。

　　其例：諸經皆摘字為音，惟《孝經》以童蒙始學，《老子》以眾本多乖，各摘全句。原本音經者用墨書，音注者用朱書，以示分別。今本則經、注通為

一例，蓋刊版不能備朱、墨，又文句繁夥，不能如《本草》之作陰陽字，自宋以來已混而並之矣。所採漢魏六朝音切凡二百三十餘家，又兼載諸儒之訓詁，證各本之異同，後來得以考見古義者，注疏以外，惟賴此書之存。真所謂殘膏剩馥，沾漑無窮者也。自宋代監本注疏，即析附諸經之末，故《文獻通考》分見各門後，又散附注疏之中，往往與注相淆，不可辨別。此為通志堂刻本，猶其原帙。何焯點校《經解目錄》，頗嗤顧湄校勘之疏。然字句偶訛，規模自在。研經之士，終以是為考證之根柢焉。〔二〕（《四庫全書總目》卷三十三）

【注釋】

〔一〕【自序】夫書音之作，作者多矣。前儒撰著，光乎篇籍，其來既久，誠無間然。但降聖已還，不免偏尚質文，詳略互有不同。漢魏迄今，遺文可見，或專出己意，或祖述舊音，各師成心，製作如面，加以楚夏聲異，南北語殊，是非信其所聞輕重，因其所習，後學鑽仰，罕逢指要。夫筌蹄所寄，唯在文言。差若毫釐，謬便千里。夫子有言：「必也正名乎！名不正，則言不順；言不順，則事不成。故君子名之必可言也，言之必可行也。」斯富哉言乎！大矣！盛矣！無得而稱矣！然人稟二儀之淳和，含五行之秀氣，雖復挺生天縱，必資學以知道，故唐堯師於許由，周文學於虢叔，上聖且猶有學，而況其餘乎？至於處鮑居蘭，玩所先入。染絲斫梓，功在初變。器成採定，難復改移。一薰一蕕，十年有臭。豈可易哉！豈可易哉！余少愛墳典，留意藝文，雖志懷物外，而情存著述。粵以癸卯之歲，承乏上庠，循省舊音，苦其太簡。況微言久絕，大義愈乖，攻乎異端，競生穿鑿。不在其位，不謀其政。既職司其憂，寧可視成而已？遂因暇景，救其不逮。研精六籍，採撮九流，搜訪異同，校之蒼雅，輒撰集《五典》《孝經》《論語》及《老》《莊》《爾雅》等音，合為三袟三十卷，號曰《經典釋文》，古今並錄，括其樞要，經注畢詳，訓義兼辯，質而不野，繁而非蕪，示傳一家之學，用貽後嗣，令奉以周旋，不敢墜失。與我同志，亦無隱焉。但代匠指南，固取誚於博識。既述而不作，言其所用復何傷乎云爾。

〔二〕【整理與研究】黃焯先生撰《經典釋文匯校》（中華書局 1980 年版）。《經典釋文》為治經者必讀之書，故清儒多用力於此，但他們都未見到真宋刻。黃焯先生據宋本校勘，因而所得較乾嘉諸老（如惠棟、江艮庭、盧文弨、段玉裁、顧千里）為多，他還參考了黃侃、吳承仕等人的研究成果。《續修四庫全書》影印《周易經典釋文殘卷》（法國國家圖書館藏卷）。饒宗頤先生晚年提

出「新經學」的構想，倡議整理一個新的《經典釋文》，即集大成、去瑣碎而重大義的新經學文本。

141. 七經孟子考文補遺二百六卷

原本題「西條掌書記山井鼎撰，東都講官物觀校勘」。詳其序文，蓋鼎先為考文，而觀補其遺也。二人皆不知何許人〔一〕。驗其版式、紙色，蓋日本國所刊〔二〕。

凡為《易》十卷，《書》二十卷，附《古文考》一卷，《詩》二十卷，《左傳》六十卷，《禮記》六十三卷，《論語》十卷，《孝經》一卷，《孟子》十四卷。別《孟子》於七經之外者，考日本自唐始通中國，殆猶用唐制歟？

前有凡例，稱其國足利學有宋版《五經正義》一通，又有《古文周易》三通，《略例》一通，《毛詩》二通，皇侃《論語義疏》一通，《古文孝經》一通，《孟子》一通。又有足利本《禮記》一通，《周易》《論語》《孟子》各一通。又有正德、嘉靖、萬曆、崇禎《十三經注疏》本。崇禎本即汲古閣本也。

其例：首經、次注、次疏、次釋文，專以汲古閣本為主，而以諸本考其異同。凡有五目：曰考異、曰補闕、曰補脫、曰謹案、曰存舊。按：所稱古本為唐以前博士所傳，足利本乃其國足利學印行活字版，今皆無可考信。書中所稱宋版《五經正義》，今以毛居正《六經正誤》及岳珂《九經三傳沿革例》〔三〕所引宋本參校，如《尚書・益稷篇》注「粉若粟冰」，《六經正誤》引紹興本作「粟冰」，監本作「粟水」，興國軍本作「粟米」，今汲古閣本作「粟冰」，而此書不引「粟水」、「粟米」二條。《毛詩・鴞鴞》章「予尾翛翛」，《經傳沿革例》引監本、蜀本、越本作「修修」，今汲古閣作「翛翛」，而此書不引「修修」一條。《生民》章箋「訐謂張口鳴呼」，《經傳沿革例》引余仁仲本「鳴」作「鳴」，今汲古閣本作「鳴」，而是書不引「鳴」字一條。《春秋・左氏傳》隱四年「老夫耄矣」，《六經正誤》引潭本「耄」作「耄」，今汲古閣本作「耄」，而此書引「耄」字一條。襄三十一年「夭厲不戒」，《六經正誤》引臨川本「夭」作「天」，今汲古閣本作「夭」，而此書不引「天」字一條。《禮記・曲禮》「二名不偏諱」，《經傳沿革例》引蜀大字本，興國本「偏」作「遍」，今汲古閣本作「偏」，而此書不引「遍」字一條。悉與毛、岳兩家所稱宋本不符，不知所據宋本定出誰氏？然如《周易・小過》九四注「不為責主」，此書引宋版「責」作「貴」，與《六經正誤》所引善本合。又《春秋傳》昭十二年「昔我先王熊

釋與呂級」，此書引宋永懷堂本，「級」用「伋」，與《六經正誤》所引興國本合。昭二十四年注「不佞獻王」，此書引宋版「王」作「玉」，與《六經正誤》所引臨川本合。僖三十一年，注「濟水，滎陽東，過魯之西」，此書引宋永懷堂本「滎」作「熒」，與《經傳沿革例》所據之善本合。僖二十三年「懷其安實敗名」，此書引宋永懷堂本「其」作「與」，與《經傳沿革例》所引監本、蜀本及諸善本合。《禮記・曾子問》注「則卒哭而致事」，此書引宋版「則」作「周」。《喪服小記》「殤無變文不縞」，此書謂「縞」乃「緦」字之誤，皆與《經傳沿革例》所引興國本合。考《經傳沿革例》所載宋版二十一種，多不附釋文。其附釋文者，獨有建本及蜀中大字本。此書載宋版《毛詩》《左傳》獨附釋文，則或為建本及蜀中大字本歟？又鼎稱足利本乃統括古本，而所引古本如《尚書・舜典》注云：「使各陳進治理之言。」古「理」作「禮」，而《六經正誤》所引監本亦云「理」作「禮」，則知古本非無稽也。至所正釋文錯誤，多稱元文，不知元文為何本？今以通志堂所刊考之，一一皆合。蓋徐本未出以前，其書已傳入彼國矣。

　　歐陽修作《日本刀歌》曰：「徐福行時書未焚，遺書百篇今尚存。」〔四〕今考此書所列《尚書》與中國之本無異，又明豐坊偽造諸經，皆稱海外之本，今考此書與坊本亦無一同，是亦足釋千古之疑也。（《四庫全書總目》卷三十三）

【注釋】

〔一〕【山井鼎】當為康熙年間。（楊守敬《日本訪書志》卷一）

〔二〕【版本】彭元瑞《知聖道齋讀書跋》卷一：「此本抄自海估，猶可見唐時經典舊文。足以與陸氏《釋文》、唐氏《字樣》參互。其中傳寫之誤，以館中檄取刻本校正之。歐陽公《日本刀歌》：『徐福行時書未焚，逸書百篇今尚存。令嚴不許傳中國，舉世無人識古文。』觀卷中《尚書》，與中國本無不同者，足徵詩人託興之語，不可泥鑿也。」

〔三〕【九經三傳沿革例】宋岳珂撰。鄂忠武王飛之孫，敷文閣待制霖之子也。官至戶部侍郎、淮東總領制置使。宋時《九經》刊版，以建安余氏、興國于氏二本為善。廖剛又釐訂重刻，當時稱為精審。珂復取廖本《九經》增以《公》《穀》二傳及《春秋年表》《春秋名號歸一圖》二書，校刊於相臺書塾，並述校刊之意，作《總例》一卷。余仁仲《左傳字辨》嘗論其誤，以杜《注》「不皆與今說詩者同」，倒寫為「皆不與今說詩者同」，則尚見原刻。今則諸經印本率已罕傳，僅王弼《易注》有翻刻之本，已失其真。《春秋年表》及《名號

歸一圖》有重刻之本，亦頗非其舊，惟此《總例》一卷，尚行於世。其目一曰書本，二曰字畫，三曰注文，四曰音釋，五曰句讀，六曰脫簡，七曰考異，皆參訂同異、考證精博、釐舛辨疑，使讀者有所據依，實為有功於經學。其「論字畫」一條，酌古準今，尤屬通人之論也。(《四庫全書總目》卷三十三)

今按，彭元瑞《知聖道齋讀書跋》卷一「刊正九經三傳沿革例」條：「古人有所作，必先立例，匪特著書，即刻書亦然。此荊溪家塾刻經例也。」又按，張政烺謂相臺本群經，乃元初義興岳濬據廖瑩中世綵堂本校正重刊，與岳珂無涉。荊溪為義興古名，元屬常州路，故稱荊溪家塾。

〔四〕【史源】歐陽修《文忠集》卷五十四。

〔五〕【整理與研究】日本漢學家狩野直喜撰《〈七經孟子考文補遺〉考》，考證作者生平、成書經過及傳入中國始末。顧永新撰《〈七經孟子考文補遺〉考述》(《北京大學學報》2002 年第 2 期)，主要論述其學術背景、卷數問題，重點是學術價值的認定和異文校勘。

142. 九經古義十六卷

國朝惠棟（1697～1758）撰。棟有《周易述》，已著錄。

是編所解，凡周易》《尚書》《毛詩》《周禮》《儀禮》《禮記》《左傳》《公羊》《穀梁》《論語》十經。其《左傳》六卷，復更名曰「補注」，刊版別行，故惟存其九。曰「古義」者，漢儒專門訓詁之學得以考見於今者也。古者漆書竹簡，傳寫為艱，師弟相傳，多由口授，往往同音異字輾轉多岐。又六體孳生，形聲漸備，毫釐辨別，後世乃詳。古人字數無多，多相假借，沿流承襲，遂開通用一門。談經者不考其源，每以近代之形聲，究古書之義旨，穿鑿附會，多起於斯。故士生唐、宋以後，而操管摛文，動作奇字，則生今反古，是曰亂常。至於讀古人之書，則當先通古人之字，庶明其文句，而義理可以漸求。棟作是書，皆搜採舊文，互相參證。〔一〕

其中愛博嗜奇，不能割愛者。如《易》之《需卦》，據《歸藏》作「溽」，於《象傳》「飲食」之義固符，於爻詞「需泥」、「需沙」則義不相協。《書》之「曰若稽古」，用鄭康成之義，實則訓「古」為「天」，經典更無佐證。《儀禮·士昏禮》之「皇舅某子」，申注疏張子、李子之義，駁顧炎武之說，實則《春秋傳》所謂男婦辨姓，乃指婚姻，不指稱號。《禮記·檀弓》之「子夏喪明」，漢冀州從事郭君碑作「喪名」，實係假借之字，乃引《爾雅》「目上為名」，謂

「名為目珠」，實則目珠不在眉目之間。《公羊・隱十一年傳》，蔡邕《石經》以「弒」為「試」，引《白虎通》證之，已屬附會，又引《荀子・議兵篇》「威厲而不試，刑措而不用」句為證，實則此「試」字又別一意，蔡邕所書，義不緣此。《成二年傳》：「是土齊也。」自以何休注文為正解，而引《周禮》《司馬法》解土為杜，實則盡東其畝，原非杜塞鄰國之交通。《論語》之「詠而歸」，據鄭康成、王充之說，以「歸」為「饋」，實則風雩無饋祭之理。如斯之類，皆不免曲徇古人，失之拘執。又如據《周禮・牛人》謂任器字出於經文，不出子史，駁宋祁《筆記》之誤，則體同《說部》，與經訓無關。引《荀子》《墨子》證《學記》之撞鐘，引《荀子》證秦穆公之能變，引《墨子》證許止不嘗藥，引楊方《五經鉤沈》證《論語》生知，亦皆牽引旁文，無關訓詁，未免為例不純。然自此數條以外，大抵元元本本，精覈者多。較王應麟《詩考》《鄭氏易注》諸書，有其過之無不及也。（《四庫全書總目》卷三十三）

【注釋】

〔一〕【自序】漢人通經有家法，故有「五經」師。訓詁之學，皆師所口授，其後乃著竹帛，所以漢經師之說，立於學官，與經並行。「五經」出於屋壁，多古字古言，非經師不能辨。經之義存乎訓，識字審音，乃知其義，是故古訓不可改也，經師不可廢也。余家四世傳經，咸通古義，守專室，呻稿簡，日有省也，月有得也，歲有記也。顧念諸兒尚幼，日久失其讀，有不殖將落之憂，因述家學，作《九經古義》一書。吾子孫其世傳之，毋墮（《東吳三惠詩文集》第 300 頁作「隳」——引者）名家韻也。松厓惠棟識。

　　今按，清張通理《讀書識小錄序》曰：「漢人說經，必守家法。家法者，墨守一家之學，而不為異說所歧也。夫學而不難於墨守，而難於兼綜；不難於兼綜，而難於獨斷。兩漢經師，惟北海鄭君則主於獨斷，故其為功也尤巨。」司馬按，初學者首先需擇一經師，師所口授，墨而識之，由一無所知到墨守一家之學，此乃入門工夫；入門之後，須由約返博，轉益多師，兼綜眾說，由一家之學到百家之學；最後，須主於獨斷，由博返約，會而通之，由百家之學再到一家之言。墨守、兼綜，實為繼承前人成果，是「照著說」；獨斷，即在前人基礎上有所創新，是「接著說」。墨守、兼綜、獨斷，實為治學的三階段。墨守者，正也；兼綜者，反也；獨斷者，合也。三者實暗合辯證之理。鄭玄最初也要走墨守之路，循兼綜之途，最後才能獨斷。

治經學之法如是，治任何一門傳統學問的方法無不如是。今人多喜言創新，而恥言墨守。古人尊師，與父祖等。師之所存，道之所存。現代師道不尊，師法不存，家法蕩然，學問之道亦不復存焉。創新固佳，但須基點。若不從墨守一家之學始，則無從入門，更無所謂創新矣。後有知者，必不以吾言為河漢也。盧文弨云：「蓋說經之道，貴於擇善而從，不可以專家自囿。」（《抱經堂文集》卷二）黃侃云：「治經之法，先宜主一家之說以解經文，繼則兼通數家之說而無所是非。」王欣夫亦云：「昔人讀書必先有所主，然後博覽群書，若九派之朝宗于海，真積力久而後成書。」（《蛾術軒篋存善本書錄》第385頁）善哉斯言！

143. 古經解鉤沉三十卷

國朝余蕭客〔一〕（1729～1777）撰。蕭客字仲林，長洲（今江蘇蘇州）人。

是編採錄唐以前諸儒訓詁。首為《敘錄》一卷，次《周易》一卷，《尚書》三卷，《毛詩》二卷，《周禮》一卷，《儀禮》二卷，《禮記》四卷，《左傳》七卷，《公羊傳》一卷，《穀梁傳》一卷，《孝經》一卷，《論語》一卷，《孟子》二卷，《爾雅》三卷，共三十卷。而《敘錄》《周易》《左傳》均各分一子卷，實三十三卷也。

自宋學大行，唐以前訓詁之傳率遭掊擊，其書亦日就散亡，沿及明人，說經者遂憑臆空談，或蕩軼於規距之外。國朝儒術昌明，士敦實學，復仰逢我皇上稽古右文，詔校刊《十三經注疏》，頒行天下。風教觀摩，凡著述之家，爭奪發而求及於古，蕭客是書其一也。其《敘錄》〔二〕備述先儒名氏、爵里及所著義訓，其書尚存者不載，或名存而其說不傳者亦不載，餘則自諸家經解所引，旁及史傳類書，凡唐以前之舊說有片語單詞可考者悉著其目。雖有人名而無書名、有書名而無人名者亦皆登載。又以傳從經，鉤稽排比，一一各著其所出之書。並仿《資暇集》《龍龕手鏡》之例，兼著其書之卷第，以示有徵。又經文同異，皆以北宋精本參校，正前明監版之訛闕。自序謂創始於己卯（1759），成稿於壬午（1762），晝夜手錄，幾於左目青盲，而後成帙〔三〕，其用力亦可謂勤矣。至梁皇侃《論語義疏》，日本尚有全帙，又唐史徵《周易口訣義》，今《永樂大典》尚存遺說。是書列皇氏書於佚亡，而史氏書亦未採，蓋海外之本是時尚未至中國，而天祿之珍庋藏清秘，非下里寒儒力所能睹也。然經生耳目之所及者，則捃摭亦可謂備矣。（《四庫全書總目》卷三十三）

【注釋】

〔一〕【余蕭客】《國朝漢學師承記》卷二有傳。

〔二〕【敘錄】漢人、宋人說經殊旨，鴻溝東西，大約在李唐限斷，然盧全、啖趙《春秋》開棄傳之宗，王弼、何晏《易》象有空文之注，遞相祖述；宋學要亦本自西京董仲舒、東京馬融。今集散失，盡取唐前，非欲獨宗漢學，實存稽古之思。

〔三〕【後序】己卯杪秋，蕭客從事鉤沉，載寒暑易，《尚書》古注旁搜略遍，而《周易》五卷既削稿其後，得交朱太學文遊，學博思精，所藏宋、元精本率前日所未見，及所求而不得，若王應麟集鄭玄《尚書注》之類，莫不畢具傳本，往還一觚無費。越一歲辛巳，遂下榻滋蘭精舍，丹鉛朝夕，樂不為疲，至於左目幾成青盲，而《鉤沉》得信而有徵，於先儒言匪面命之，言提其耳焉。壬午二月，目疾甚，百方自療。四月未盡，復轉入虛損，頭不得俯，不得回顧行，不得盤旋回顧，盤旋眩暈，耳鳴輒通夕不止。人壽河清，半須藥物尚可，懼吳祐汗青之責，同子建論文之書，要之，皓首非今日之論哉！昔蘭臺歷載二十，《漢志》弗成；西鄉受詔期月，注文精密。故知練《三都》者十年，研《兩京》以一紀。大率作輟用兼，旁雜人事。蕭客擯絕交遊，五年專力，窮則腴代樵蘇，愁則娛同絲竹，上慚食時期月之敏，下非《兩京》《三都》之精，然蜜蜂以兼採為味，秋菊則落英可餐，繪事以眾色成文，濰渙則餘波未絕。《周易二十二家集解序》《上三國志注表》二書所言有庶幾之合。本名《古注疏鉤沉》，文遊曰：「疏以命名，始吳陸璣，其作注下之注，始劉宋張該，不若經解之目，本后蒼《曲臺記》義。」雖不同，新舊《唐書》已相承分類，遂定今名。前序曰《古經解鉤沉》者，亦今所追改也。前序體例今不盡同者，具出於例，欲見撰集本意，故復並存，不必隱括繩墨，盡與本書合也。

144. 古微書三十六卷

明孫瑴編。瑴字子雙，華容人。

考劉向《七略》，不著緯書。然民間私相傳習，則自秦以來有之。非惟盧生所上，見《史記·秦本紀》，即呂不韋十二月紀稱「某令失則某災至」，伏生《洪範五行傳》稱「某事失則某徵見」，皆讖緯之說也。《漢書·儒林傳》稱：「孟喜得《易》家侯陰陽災變書。」尤其明證。荀爽謂起自哀、平，據其盛行之日言之耳。《隋志》著錄八十一篇。燔燒之後，湮滅者多。至今僅有傳本者，

朱彝尊《經義考》稱《易乾鑿度》〔一〕《乾坤鑿度》〔二〕《禮含文嘉》猶存；顧炎武《日知錄》又稱見《孝經援神契》。然《含文嘉》乃宋張師禹所撰，非其舊文；《援神契》則自宋以來不著於錄，殆炎武一時筆誤，實無此書。則傳於世者僅《乾鑿度》《乾坤鑿度》二書耳。皇上光崇文治，四庫宏開，二酉秘藏，罔弗津逮，又於《永樂大典》之中搜得《易緯稽覽圖》〔三〕《通卦驗》〔四〕《坤靈圖》〔五〕《是類謀》〔六〕《辨終備》〔七〕《乾元序制記》〔八〕六書，為數百年通儒所未見，其餘則仍不可稽，蓋遺編殘圖，十不存其一矣。殼嘗雜採舊文，分為四部，總謂之《微書》。一曰《焚微》，輯秦以前逸書；一曰《線微》，輯漢晉間箋疏；一曰《闕微》，徵皇古七十二代之文；一曰《刪微》，即此書。今三書皆不傳，惟此編在，遂獨被「微書」之名，實其中之一種也。

所採凡《尚書》十一種、《春秋》十六種、《易》八種、《禮》三種、《樂》三種、《詩》三種、《論語》四種、《孝經》九種、《河圖》十種、《洛書》五種。以今所得完本校之，殼不過粗存梗概。又唐瞿曇悉達《開元占經》，去隋未遠，所引諸緯，如《河圖聖洽符》《孝經雌雄圖》之類，多者百餘條，少者數十條。殼亦未睹其書，故多所遺漏。又摘伏勝《尚書大傳》中《洪範五行傳》一篇，指為神禹所作，尤屬杜撰。然其採摭編綴，使學者生於千百年後，猶見東京以上之遺文，以資考證，其功亦不可沒。《經義考》「毖緯」一門所引據，出殼書者十之八九，則用力亦可謂勤矣。

緯與經，名雖相輔，實各自為書。卦氣之說，孟喜始據以詁《易》，何休、鄭玄援引尤多。宋歐陽修《乞校正五經札子》欲於注疏中全削其文，而說不果用。魏了翁〔九〕作《九經正義》，始盡削除。此實說經家謹嚴之旨，與孫復說《春秋》而廢《傳》，鄭樵說《詩》而廢《序》，深文巧詆，務排漢學者不同。然義理則當尊正軌，考證則不廢旁稽。如鄭玄注《禮》，五天帝具有姓名，此與道家符籙何異？宋儒闢之是也。至於蔡沈《書集傳》所稱「周天三百六十五度四分度之一」，實《洛書甄耀度》《尚書考靈耀》之文，「黑道二去黃道北，赤道二去黃道南，白道二去黃道西；青道二去黃道東」，實《河圖帝覽嬉》之文。朱子注《楚辭》：「崑崙者，地之中也，地下有八柱，互相牽制，名山大川，孔穴相通。」實《河圖括地象》之文。「三足烏，陽精也。」實《春秋元命包》之文。案：此四條皆朱彝尊《經義考》之說。以至「七日來復」，自王弼以來承用，「六日七分」之說，朱子作《易本義》亦弗能易，實《易稽覽圖》之文。《洛書》四十五點，邵子以來，傳為秘鑰，其法出於

太乙九宮，實《易乾鑿度》之文。是宋儒亦未能盡廢之。然則綴輯此編，於經義亦不無所稗，未可盡斥為好異，故今仍附著五經總義之末焉。〔十〕（《四庫全書總目》卷三十三）

【注釋】

〔一〕【周易乾鑿度】鄭康成注。說者稱其書出於先秦，自《後漢書》、南北朝諸史，及唐人撰《五經正義》，李鼎祚作《周易集解》，徵引最多，皆於《易》旨有所發明，較他緯獨為醇正。（《四庫全書總目》卷六）

〔二〕【乾坤鑿度】其書分上、下二篇。上篇論四門、四正，取象，取物，以至卦爻蓍策之數。下篇謂「坤有十性」，而推及於《蕩配陵》，又雜引《萬形經》《地形經》《制靈經》《蓍成經》《含靈孕》諸緯文，詞多聱牙不易曉。故晁公武疑為宋人依託，胡應麟亦以為《元包》《洞極》之流，而胡一桂則謂漢去古未遠，尚有祖述，有裨《易》教。評騭紛然，真偽莫辨。（《四庫全書總目》卷六）

〔三〕【易緯稽覽圖】自宋以後，其書亦久佚弗傳。今《永樂大典》載有《稽覽圖》一卷，謹以《後漢書‧郎顗、楊賜傳》《隋書‧王劭傳》所見緯文及注參校，無不符合，其為鄭注原書無疑。（《四庫全書總目》卷六）

〔四〕【易緯通卦驗】朱彝尊《經義考》則以為久佚。今載於《說郛》者，皆從類書中湊合而成，不逮什之二三，蓋是書之失傳久矣。上明稽應之理，下言卦氣之徵驗也。至其中訛脫頗多，注與正文往往相混。其字句與諸經注疏、《續漢書》劉昭補注、歐陽詢《藝文類聚》、徐堅《初學記》、宋白《太平御覽》、孫轂《古微書》等書所徵引，亦互有異同。（《四庫全書總目》卷六）

〔五〕【易緯坤靈圖】馬氏《經籍考》著錄一卷，今僅存論《乾》《无妄》《大畜卦》辭，及史注所引「日月連璧」數語，則其闕佚者蓋已夥矣。

〔六〕【易緯是類謀】其書通以韻語綴輯成文，古質錯綜，別為一體。《藝文類聚》《太平御覽》諸書引其文頗多，與此本參校併合，蓋視諸《緯》略稱完備。其間多言禨祥驗，並及於姓輔名號，與《乾鑿度》所引《易曆》者義相發明。（《四庫全書總目》卷六）

〔七〕【易緯辨終備】今《永樂大典》所載，僅寥寥數十言，已非完本。且其文頗近《是類謀》，而《史記正義》所引《辨中備》，孔子與子貢言世應之說，與此反不類。或其書先佚，而後人雜取他緯以成之者，亦未可定也。（《四庫全書總目》卷六）

〔八〕【易緯乾元序制記】《後漢書》注《七緯》名並無其目。馬氏《經籍考》始見
　　一卷，陳振孫疑為後世術士附益之書。疑本古緯所無，而後人於各緯中分析
　　以成此書者。晁公武謂其本出於李淑，當亦唐、宋間人所妄題耳。(《四庫全
　　書總目》卷六)

〔九〕【魏了翁】(1178～1237)，字華父。邛州蒲江人。著有《鶴山先生大全文集》。

〔十〕【版本】李梅訓撰《〈古微書〉版本源流述略》(《文獻》2003年第4期)。

145. 拙存堂經質二卷

　　明冒起宗撰。起宗，字宗起，如皋(今屬江蘇南通市)人。崇禎戊辰(1628)
進士。官至湖廣布政使參議。

　　是書凡九十六篇，分條考辨，其中頗有典核之條。如辨《書》「七政」〔一〕
皆右旋，蔡《傳》未為實測。《詩小序》與經傳多相符，申公《詩說》不合於
《魯詩》者凡數端，《國風》非徒詩，程大昌《詩議》頗誤。引《方言》「東齊
土作謂之杼，木作謂之柚」證《詩》「杼柚其空」。引《史記》《國語》證趙朔
生年。其他考《書》與《春秋》輿地者亦見根據。他如謂：「《大司徒》《小司
徒》等止言都鄙，而不及鄉遂，以都鄙即鄉遂也。《鄉師》言六鄉，《遂人》言
六遂，而不及都鄙，以鄉遂即都鄙也。」且謂：「六鄉七萬五千家，六遂亦如
之。則十五萬家一人受百畝，百里之國，田九百萬畝。除公田外，僅八萬家，
其餘七萬家將於何處受田？若都鄙在鄉遂外，彼公、侯、伯等國、卿大夫、士
之埰地將何所受？」今考《大司徒》曰：「辨其邦國都鄙之數。」又曰：「帥六
鄉之眾。」《小司徒》曰：「以稽國中及四郊都鄙之夫家九比之數。」又曰：「乃
頒比法於六鄉之大夫。」則一職之內，都鄙與六鄉並舉，何得謂《大司徒》
《小司徒》等止言都鄙而不及鄉遂耶？至謂百里之國尚不能容六鄉六遂之夫
田，何得更有都鄙？不知天子六鄉六遂，大國止有三鄉三遂，次國二鄉二遂，
小國一鄉一遂。《費誓》「魯三郊三遂」，是其明證。且鄉遂之制，既據《周禮》，
即當以《周禮》封國之數為正。如公五百里，開方百里者五五二十五。侯四百
里，開方百里者四四十六。大國三鄉，止三萬七千五百家，合三遂止七萬五
千家，二十五同而容七萬五千家，僅得三十五分之一，豈此外更不容有都鄙
乎？起宗誤以侯國亦六鄉六遂，與天子同制，而又不用《周禮》封國之數，宜
乎以百里之國不能容六鄉六遂也！《春秋‧襄七年傳》：「叔仲昭伯為隧正。」
「隧」與「遂」通，則有「遂」之名；又《襄九年傳》曰：「二師令四鄉正敬

享。」則有「鄉」之名；《莊二十八年傳》曰：「凡邑有宗廟先君之王曰都。」則有「都」之名；又《莊二十八年傳》曰：「群公子皆鄙。」《昭二十年傳》曰：「縣鄙之人。」則有「鄙」之名；《襄三十年傳》曰：「子產使都鄙有章。」則有「都鄙」之名。何謂諸侯有鄉遂即不得有都鄙乎？起宗徒以遂官所統之縣正、鄙師與稍縣之縣、都鄙之鄙名稱相混，遂謂都鄙統於鄉遂，不知《周禮》名同者不一而足。閭師之名與閭胥同，縣師之名與縣正同，豈得謂閭師、縣師即閭胥、縣正乎？又《周禮》有都宗人、家宗人、都司馬、家司馬，皆都鄙之官也，而起宗謂《周禮》有鄉遂之官，無都鄙之官，誤矣。又《雜記》曰：「大夫為其父母兄弟之未為大夫者之喪，服大士服。」注：「大夫雖尊，不以其服服父母兄弟，嫌若逾之於禮。」其意最精，而起宗乃以為訾。又於《書》則極尊《古文尚書》，力詆梅鷟；於《春秋》謂周不用子正長，謂秦不用亥正。此皆誤襲前人之說，而不知所擇，以致失其綱要也。（《四庫全書總目》卷三十四）

【注釋】

〔一〕【七政】古人把日月和金木水火土五星合起來稱為七政。或稱春、秋、冬、夏、天文、地理、人道。（唐文編《鄭玄辭典》）

146. 孟子正義十四卷

漢趙岐（約108～201）注，其疏則舊本題宋孫奭（962～1033）撰。岐字邠卿，京兆長陵（今陝西咸陽）人。初名嘉，字臺卿。永興二年（154）辟司空掾，遷皮氏長。延熹元年（158）中常侍唐衡兄玹為京兆尹，與岐夙隙，岐避禍逃避四方，乃自改名字，後遇赦得出，拜并州（今山西太原）刺史，又遭黨錮十餘歲，中平元年（184）徵拜議郎，舉燉煌太守，後遷太僕，終太常。事蹟具《後漢書》本傳。奭字宗古，博平（今屬山東聊城市）人。太宗端拱中九經及第。仁宗時官至兵部侍郎、龍圖閣學士。事蹟具《宋史》本傳。

是注即岐避難北海時在孫賓家夾柱中所作〔一〕。漢儒注經，多明訓詁名物。惟此注箋釋文句，乃似後世之口義，與古學稍殊。然孔安國、馬融、鄭玄之注《論語》，今載於何晏《集解》者，體亦如是。蓋《易》《書》文皆最古，非通其訓詁則不明。《詩》《禮》語皆徵實，非明其名物亦不解。《論語》《孟子》詞旨顯明，惟闡其義理而止。所謂言各有當也。其中如謂宰予、子貢、有若緣孔子聖德高美而盛稱之，孟子知其太過，故貶謂之污下之類，紕謬殊甚。以屈原憔悴為徵於色，以寧戚扣角為發於聲之類，亦比擬不倫。然朱子作《孟

子集注》《或問》，於岐說不甚掊擊。至於書中人名，惟盆成括、告子不從其學
於孟子之說，季孫子叔不從其二弟子之說，餘皆從之。書中字義，惟「折枝」
訓「按摩」之類，不取其說，餘亦多取之。蓋其說雖不及後來之精密，而開闢
荒蕪，俾後來得循途而深造，其功要不可泯也。胡爌《拾遺錄》據李善《文選
注》引《孟子》曰：「墨子兼愛，摩頂致於踵。」趙岐曰：「致，至也。」知今
本經文及注均與唐本不同。今證以孫奭《音義》所音岐注，亦多不相應（語詳
《孟子音義》條下），蓋已非舊本。至於《盡心》下篇「夫子之設科也」，注稱孟
子曰：「夫我設教授之科（云云）。」則顯為「予」字，今本乃作「夫子」；又「萬
子曰」句，注稱「萬子，萬章也」，則顯為「子」字，今本乃作「萬章」，是又
注文未改，而經文誤刊者矣。

其疏雖稱孫奭作，而《朱子語錄》則謂邵武士人假託〔二〕，蔡季通識其人。
今考《宋史‧邢昺傳》稱，昺於咸平二年（999）受詔，與杜鎬、舒雅、孫奭、
李慕清、崔偓佺等校定《周禮》《儀禮》《公羊》《穀梁春秋傳》《孝經》《論語》
《爾雅義疏》，不云有《孟子正義》。《涑水紀聞》載奭所定著，有《論語》《孝
經》《爾雅正義》，亦不云有《孟子正義》。其不出奭手，確然可信。其疏皆敷
衍語氣，如鄉塾講章，故《朱子語錄》謂其全不似疏體，不曾解出名物制度，
只繞纏趙岐之說。至岐注好用古事為比，疏多不得其根據。如注謂非禮之禮，
若陳質娶妻而長拜之，非義之義，若藉交報仇，此誠不得其出典。案：藉交報仇，
似謂藉交遊之力以報仇，如朱家、郭解，非有人姓藉名交也。疑不能明，謹附識於此。至於單
豹養其內而虎食其外，事出《莊子》，亦不能舉，則弇陋太甚。朱彝尊《經義
考》摘其欲見西施者人輸金錢一文事，詭稱《史記》。今考注以尾生為不虞之
譽，以陳不瞻為求全之毀，疏亦並稱《史記》。尾生事實見《莊子》，陳不瞻事
實見《說苑》，案：《說苑》作陳不占，蓋古字同音假借。皆《史記》所無。如斯之類，
益影撰無稽矣。以久列學官，姑仍舊本錄之爾。〔三〕（《四庫全書總目》卷三十五）

【注釋】

〔一〕【孟子題辭】《孟子題辭》者，所以題號孟子之書，本末指義，文辭之表也。
孟，姓也。子者，男子之通稱也。此書孟子之所作也，故總謂之《孟子》。其
篇目則各自有名。孟子，鄒人也，名軻，字則未聞也。鄒本春秋邾子之國，
至孟子時改曰鄒矣。國近魯，後為魯所。並又言邾為楚所併，非魯也。今鄒
縣是也。或曰，孟子，魯公族孟孫之後，故孟子仕於齊，喪母而歸葬於魯也。
三桓子孫既以衰微，分適他國。孟子生有淑質，夙喪其父，幼被慈母三遷之

教，長師孔子之孫子思，治儒術之道，通五經，尤長於《詩》《書》。周衰之末，戰國縱橫，用兵爭強，以相侵奪。當世取士，務先權謀，以為上賢。先王大道，陵遲隳廢，異端並起，若楊朱、墨翟放蕩之言，以干時惑眾者非一。孟子閔悼堯、舜、湯、文、周、孔之業，將遂湮微。正塗壅底，仁義荒怠。佞偽馳騁，紅紫亂朱。於是則慕仲尼，周流憂世。遂以儒道遊於諸侯，思濟斯民。然由不肯枉尺直尋，時君咸謂之迂闊於事，終莫能聽納其說。孟子亦自知遭蒼姬之訖錄，值炎劉之未奮，進不得佐興唐虞雍熙之和，退不能信三代之餘風，恥沒世而無聞焉，是故垂憲言以詒後人。仲尼有云：「我欲託之空言，不如載之行事之深切著明也。」於是退而論集所與高第弟子公孫丑萬章之徒難疑答問。又自撰其法度之言，著書七篇，二百六十一章，三萬四千六百八十五字。包羅天地，揆敘萬類，仁義道德，性命禍福，粲然靡所不載。帝王公侯遵之，則可以致隆平，頌清廟。卿大夫士蹈之，則可以尊君父，立忠信。守志厲操者儀之，則可以崇高節，抗浮雲。有風人之託物二雅之正言，可謂直而不倨，曲而不屈，命世亞聖之大才者也。孔子自衛反魯，然後樂正，雅頌各得其所，乃刪《詩》，定《書》，繫《周易》，作《春秋》。孟子退自齊梁，述堯舜之道，而著作焉。此大賢擬聖而作者也。七十子之疇，會集夫子所言，以為《論語》。《論語》者，五經之錧鎋，六藝之喉衿也。孟子之書，則而象之。衛靈公問陳於孔子，孔子答以俎豆；梁惠王問利國，孟子對以仁義。宋桓魋欲害孔子，孔子稱「天生德於予」；魯臧倉毀鬲孟子，孟子曰：「臧氏之子焉能使予不遇哉！」旨意合同，若此者眾。又有《外書》四篇，《性善》《辯文》《說孝經》《為正》，其文不能弘深，不與內篇相似，似非《孟子》本真，後世依放而託之者也。孟子既沒之後，大道遂絀。逮至亡秦，焚滅經術，坑戮儒生，孟子徒黨盡矣。其書號為諸子，故篇籍得不泯絕。漢興，除秦虐禁，開延道德。孝文皇帝欲廣遊學之路，《論語》《孝經》《孟子》《爾雅》皆置博士。後罷傳記博士，獨立「五經」而已。訖今諸經通義得引《孟子》以明事，謂之博文。孟子長於譬喻，辭不迫切，而意以獨至。其言曰：「說詩者不以文害辭，不以辭害志，以意逆志，為得之矣。」斯言殆欲使後人深求其意，以解其文，不但施於說詩也。今諸解者往往摭取而說之，其說又多乖異不同。孟子以來五百餘載，傳之者亦已眾多。余生西京，世尋丕祚，有自來矣。少蒙義方，訓涉典文。知命之際，嬰戚於天，遘屯離蹇，詭姓遁身。經營八紘之內，十有餘年。心剿形瘵，何勤如焉。嘗息肩弛擔於濟、岱之間，或有溫故知

新，雅德君子，矜我劬瘁，睠我皓首，訪論稽古，慰以大道。余困否之中，精
神遐漂，靡所濟集。聊欲繫志於翰墨，得以亂思遺老也。惟六籍之學，先覺
之士釋而辯之者，既已詳矣。儒家惟有《孟子》，閎遠微妙，縕奧難見，宜在
條理之科。於是乃述己所聞，證以經傳，為之章句。具載本文，章別其旨，分
為上下，凡十四卷。究而言之，不敢以當達者。施於新學，可以寤疑辯惑，愚
亦未能審於是非。後之明者，見其違闕，倘改而正諸，不亦宜乎！

〔二〕【辨偽】錢大昕云：「《孟子正義》，朱文公謂邵武士人所作。卷首載孫奭序一
篇，全錄《音義序》，僅添三四語耳。其淺妄不學如此。晁公武《讀書志》有
孫奭《音義》而無《正義》，蓋其時偽書未出，至陳振孫《書錄解題》始並載
之。馬端臨《經籍考》並兩書為一條，云《孟子音義正義》十六卷……馬氏既
不能辨《正義》之偽託，乃改竄晁語以實之，不知晁《志》本無《正義》也。」
（《十駕齋養新錄》卷二「孟子正義非孫宣公作」條）盧文弨《抱經堂文集》
卷八云：「疏非孫宣公所撰，而假託其名。宣公有《音義序》，作疏者即略改數
語，便以為《正義序》。此尤為作偽之明驗。昔人譏其疏陋不足觀，非過論也。」

〔三〕【整理與研究】盧文弨有《孟子注疏校本》，《抱經堂文集》卷八載跋一篇。
（中華書局 1990 年版第 121 頁）

147. 論語義疏十卷

魏何晏〔一〕（190～249）注，梁皇侃（？～545）疏。書前有奏進《論語集解
序》，題光祿大夫關內侯孫邕、光祿大夫鄭沖、散騎常侍中領軍安鄉亭侯曹羲、
侍中荀顗、尚書駙馬都尉關內侯何晏五人之名。《晉書》載，鄭沖與孫邕、何
晏、曹羲、荀顗等共集《論語》諸家訓詁之善者，義有不安，輒改易之，名
《集解》，亦兼稱五人，今本乃獨稱何晏。考陸德明《經典釋文》，於「學而第
一」下題「集解」二字。注曰：「一本作何晏《集解》。」又《序錄》曰：「何
晏集孔安國、包咸、周氏、馬融、鄭玄、陳群、王肅、周生烈之說，並下己
意，為《集解》，正始中上之，盛行於世，今以為主（云云）。」是獨題晏名，
其來久矣，殆晏以親貴總領其事歟？邕字宗儒，樂安青州人。沖字文和，榮
陽開封人。羲，沛國譙人，魏宗室子。顗字景倩，荀彧之子。晏字平叔，南陽
宛人，何進之孫，何咸之子也。侃，《梁書》作偘，蓋字異文，吳郡人。青州
刺史，皇象九世孫，武帝時官國子助教，尋拜散騎侍郎，兼助教如故，大同十
一年（545）卒。事蹟具《梁書·儒林傳》。

　　傳稱所撰《禮記義》五十卷、《論語義》十卷。《禮記義》久佚，此書《宋國史志》《中興書目》、晁公武《讀書志》、尤袤《遂初堂書目》皆尚著錄。《國史志》稱侃疏雖時有鄙近，然博極群言，補諸書之未至，為後學所宗〔三〕。蓋是時講學之風尚未甚熾，儒者說經亦尚未盡廢古義，故史臣之論云爾。迨乾、淳以後，講學家門戶日堅，羽翼日眾，剷除異己，惟恐有一字之遺，遂無復稱引之者，而陳氏《書錄解題》亦遂不著錄，知其佚在南宋時矣。惟唐時舊本流傳，存於海外。康熙九年（1670），日本國山井鼎等作《七經孟子考文》，自稱其國有是書，然中國無得其本者，故朱彝尊《經義考》注曰「未見」。今恭逢我皇上右文稽古，經籍道昌，乃發其光於鯨波鮫室之中，藉海舶而登秘閣，殆若有神物撝訶，存漢、晉經學之一線，俾待聖世而復顯者。其應運而來，信有非偶然者矣。據《中興書目》稱：「侃以何晏《集解》去取為《疏》十卷，又列晉衛瓘、繆播、欒肇、郭象、蔡謨、袁宏、江淳、蔡系、李充、孫綽、周瑰、范寧、王瑉等十三人爵里於前，云此十三家是江熙所集，其解釋於何集，案：何集二字不甚可解，蓋《何氏集解》之省文，今姑仍原本錄之。無妨者亦引取為說，以示廣聞（云云）。」此本之前，列十三人爵里，數與《中興書目》合。惟江厚作江淳、蔡溪作蔡系、周懷作周瑰，殆傳寫異文歟？其經文與今亦多有異同，如「舉一隅」句下有「而示之」三字，頗為冗贅，然與《文獻通考》所引《石經論語》合。「夫子之言性與天道不可得而聞也」下有「已矣」二字，亦與錢曾《讀書敏求記》所引高麗古本合。其疏文與余蕭客《古經解鉤沈》所引雖字句或有小異，而大旨悉合。知其確為古本，不出依託。觀《古文孝經》孔安國傳，鮑氏知不足齋刻本信以為真，而《七經孟子考文》乃自言其偽，則彼國於授受源流，分明有考，可據以為信也。至「臨之以莊則敬」作「臨民之以莊則敬」，《七經孟子考文》亦疑其「民」字為誤衍，然謹守古本而不敢改，知彼國遞相傳寫，偶然訛舛或有之，亦未嘗有所竄易矣。至《何氏集解》，異同尤夥。雖其中以「包氏」為「苞氏」，以「陳恒」為「陳桓」之類不可據者有之，而勝於明刻監本者亦復不少，尤可以旁資考證也。〔四〕（《四庫全書總目》卷三十五）

【注釋】

〔一〕【作者研究】王曉毅撰《何晏評傳》（南京大學出版社 2002 年版）。

〔二〕【論語集解敍】漢中壘校尉劉向言：《魯論語》二十篇，皆孔子弟子記諸善言也。太子太傅夏侯勝、前將軍蕭望之、丞相韋賢及子玄成等傳之。《齊論語》

二十二篇，其二十篇中章句頗多於《魯論》。瑯琊王卿及膠東庸生昌邑中尉王吉皆以教授之。故有《魯論》，有《齊論》。魯恭王時嘗欲以孔子宅為宮，壞，得古文《論語》。《齊論》有《問王》《知道》，多於《魯論》二篇，《古論》亦無此二篇，分堯曰下章子張問以為一篇，有兩子張，凡二十一篇，篇次不與齊、魯《論》同。安昌侯張禹本受《魯論》，兼講齊說，善者從之，號曰「張侯論」，為世所貴。苞氏、周氏章句出焉。《古論》唯博士孔安國為之訓說，而世不傳。至順帝之時，南郡太守馬融亦為之訓說，漢末大司農鄭玄，就《魯論》篇章，考之齊、古，以為之注。近故司空陳群、太常王肅、博士周生烈皆為之義說。前世傳受師說雖有異同，不為之訓解。中間為之訓解，至於今多矣。所見不同，互有得失。今集諸家之善說，記其姓名，有不安者，頗為改易，名曰《論語集解》。

〔三〕【評論】馮友蘭云：「研究玄學家們怎樣把孔子玄學化，皇侃的《論語義疏》是一部很好的資料。」（《中國哲學史史料學》第89頁）

〔四〕【整理與研究】清桂文燦撰《論語皇疏考證》，吳兔床撰《論語義疏參訂》，近儒吳承仕撰《論語皇疏校理》。

148. 論語正義二十卷

魏何晏（190～249）注，宋邢昺（932～1010）疏。昺字叔明，曹州濟陰（今屬山東）人。太平興國中擢九經及第。官至禮部尚書。事蹟具《宋史》本傳。

是書蓋咸平二年（999）詔昺改定舊疏，頒列學官。至今承用，而傳刻頗訛。《集解》所引十三家，今本各題曰「某氏」，皇侃《義疏》則均題其名。案：奏進序中稱集諸家之善，記其姓名，侃《疏》亦曰：「何集注皆呼人名，惟包獨言『氏』者，包名咸，何家諱咸，故不言也。」與序文合，知今本為後來刊版之省文。然周氏與周生烈遂不可分，殊不如皇本之有別。考邢昺疏中亦載皇侃何氏諱咸之語，其疏記其姓名句則云：「注但記其姓，而此連言名者，以著其姓所以名其人，非謂名字之『名』也。」是昺所見之本已惟題姓，故有是曲說。

《七經孟子考文》稱其國皇侃《義疏》本為唐代所傳，是亦一證矣。其文與皇侃所載亦異同不一，大抵互有短長。如《學而》篇「不患人之不已知」章，皇疏有王肅注一條，《里仁》篇「君子之於天下也」章，皇疏有何晏注一條，今本皆無。觀顧炎武《石經考》，以《石經儀禮》校監版，或並經文全節

漏落，則今本《集解》傳刻佚脫，蓋所不免。然蔡邕《石經論語》於「而在蕭牆之內」句，兩本並存，見於《隸釋》。陸德明《經典釋文》於諸本同異，亦皆並存。蓋唐以前經師授受，各守專門，雖經文亦不能畫一，無論注文固不必以此改彼，亦不必以彼改此。今乃從今本錄之，所以各存其舊也。

邢《疏》，《宋志》作十卷，今本二十卷，蓋後人依《論語》篇第析之。晁公武《讀書志》稱其亦因皇侃所採諸儒之說刊定而成。今觀其書，大抵翦皇氏之枝蔓，而稍傅以義理。漢學、宋學，茲其轉關。是疏出而皇疏微，迨伊洛之說出而是疏又微。故《中興書目》曰：「其書於章句訓詁名物之際詳矣。」蓋徵言其未造精微也。然先有是疏，而後講學諸儒得沿溯以窺其奧。祭先河而後海，亦何可以後來居上，遂盡廢其功乎？〔一〕（《四庫全書總目》卷三十五）

【注釋】

〔一〕【整理與研究】清戴望注本（同治十年刊），劉寶楠撰《論語正義》，楊伯峻撰《論語譯注》（中華書局 1980 年第 2 版）。

149. 論語筆解二卷

舊本題唐韓愈〔一〕（768～824）、李翱〔二〕（772～841）同注。中間所注以「韓曰」、「李曰」為別。

考張籍集祭韓愈詩有「《論語》未訖注，手跡今微茫」句〔三〕。邵博《聞見後錄》遂引為《論語注》未成之證〔四〕。而李漢作《韓愈集序》，則稱有《論語注》十卷〔五〕，與籍詩異。王楙《野客叢談》又引為已成之證〔六〕。晁公武《讀書志》稱《四庫》《邯鄲書目》皆無之，獨《田氏書目》有《韓氏論語》十卷、《筆解》兩卷〔七〕。是《論語注》外別出《筆解》矣。《新唐書·藝文志》載愈《論語注》十卷，亦無《筆解》。惟鄭樵《通志》著錄二卷〔八〕，與今本同，意其書出於北宋之末。然唐李匡乂，宣宗大中時人也，所作《資暇錄》一條云：「《論語》『宰予晝寢』，梁武帝讀為寢室之『寢』，晝作『胡卦反』，且云當為『畫』字，言其繪畫寢室。今人罕知其由，咸以為韓文公所訓解。」又一條云：「『傷人乎？不問馬。』今亦謂韓文公讀『不』為『否』。」〔九〕然則大中之前已有此本，未可謂為宋人偽撰。且「晝寢」一條，今本有之，「廄焚」一條，今本不載。使作偽者剽掇此文，不應兩條相連，摭其一而遺其一，又未可謂因此依託也。以意推之，疑愈注《論語》時，或先於簡

端有所記錄，翱亦間相討論，附書其間。迨書成之後，後人得其稿本，採注中所未載者，別錄為二卷行之。如程子有《易傳》，而《遺書》之中又別有論《易》諸條；朱子有《詩傳》，而朱鑒又為《詩傳遺說》之例。題曰「筆解」，明非所自編也。

　　其今本或有或無者，則由王存以前世無刊本，傳寫或有異同。邵博所稱「三月字作音」一條，王楙所見本亦無之，則諸本互異之明證矣。王存本今未見。魏仲舉刻《韓文五百家注》，以此書附末，今傳本亦稀。此本為明范欽從許勃本傳刻，前載勃序〔十〕，仍稱《筆解論語》一十卷，疑字誤也。又趙希弁《讀書附志》曰：「其間『翱曰』者，李習之也。」〔十一〕明舊本愈不著名，而翱所說則題名以別之。此本改稱「韓曰」、「李曰」，亦非其舊矣。〔十二〕（《四庫全書總目》卷三十五）

【注釋】

〔一〕【作者研究】陳克明撰《韓愈年譜及詩文繫年》（巴蜀書社 1999 年版），卞孝萱等撰《韓愈評傳》（南京大學出版社 1998 年版）。

〔二〕【作者研究】閻琦等撰《李翱評傳》（南京大學出版社 1998 年版）。

〔三〕【張籍《祭退之》】公比欲為書，遺約有修章。令我署其末，以為後事程。家人號於前，其書不果成。子符奉其言，甚於親使令。《魯論》未訖注，手跡今微茫。新亭成未登，閉在莊西廂。書札與詩文，重疊我笥盈。（見《全唐詩》卷三百八十三）

〔四〕【張籍《祭韓退之詩》】「《魯論》未訖注，手跡今微茫。」是退之嘗有《論語傳》未成也。（《聞見後錄》卷十三）

〔五〕【史源】陳景雲《韓集點勘》卷一「李序」：「《注論語》十卷。張水部《祭韓子詩》：『《魯論》未訖注，手跡猶微茫。』則此云十卷者乃未成之書也。今所傳《論語筆解》出後人偽託。」

〔六〕【史源】《經義考》卷二百十三引王楙曰：「李漢序退之集云：有《論語注》十卷，後世罕傳，然搢紳先生往往有道其三義者。近時錢塘汪充家有是本，王公存刻於會稽郡齋，目曰《韓文公論語筆解》，自『學而』至『堯曰』二十篇，文公與李翱指謫大義，以破孔氏之注正。所謂三義者，觀此不可謂『《魯論》未訖注，後世罕傳』也。然《觀聞見錄》引三月不知肉味，三月作音字，今所行《筆解》無此語，往往亦多遺佚，或謂文公所解，多改本文，近於鑿，僕又觀退之別集答侯生問論語一書，有曰：『愈昔注解其書，不敢過求其意，

取聖人之旨而合之，則足以取信後生輩耳。』韓公以此自謂，夫豈用意於鑿乎？」

〔七〕【史源】《郡齋讀書志》卷四。

〔八〕【史源】《通志》卷六十三。

〔九〕【史源】《資暇集》卷上。

〔十〕【論語筆解序】昌黎文公著《筆解論語》一十卷，其間「翱曰」者，蓋李習之同與切磨。世所傳率多訛舛。始愈筆大義則示翱，翱從而交相明辨，非獨韓製此書也。噫！齊魯之門人所記善言，既有同異，漢、魏學者注集繁闊，罕造其精。今觀韓、李二學，勤拳淵微，可謂窺聖人之堂奧矣。豈章句之技所可究極其旨哉！予繕校舊本數家，得其純粹，欲以廣傳，故序以發之。

《玉海》卷四十一：宋咸增注《論語》十卷，序云：「韓愈注《論語》與《筆解》，大概多竊先儒義，而遷易其辭，因擇二書是否，並舊注未安辨正焉。劉正叟謂《筆解》皆後人之學，託韓愈名以求行，徒坫前賢，悉無所取，為重注十卷，以祛學者之惑。」程大中《四書逸箋》卷一亦云：「《論語筆解》一卷，託名昌黎，文義甚粗淺。」

〔十一〕【史源】趙希弁《郡齋讀書志附志》卷五上。

〔十二〕【辨偽】卞孝萱先生認為：「韓愈《答侯生問論語書》中說：『愈昔注解其書，而不敢過求其意，取聖人之旨而合之，則足以信後生輩耳。』用他的自白來對照《筆解》，其治經方法，正相符合，故不能完全視為偽書，至少是傳述了他和李翱的治經觀點……《論語筆解》中這種毫無根據的臆說，表現出儒學由舊的漢學系統開始轉向新的宋學系統，這是經學史上的重要變化。」（《韓愈評傳》第4～5頁）查屏球教授認為：「此書既非偽作，又非韓愈原本，而是宋人對『韓愈《論語》注十卷』的整理本。《筆解》的真實性是可信的。」（《韓愈論語筆解真偽考》，《從遊士到儒士》第528頁，復旦大學出版社2005年版）唐明貴《論韓愈、李翱之〈論語筆解〉》認為：「《論語筆解》並非偽作，它成於韓愈、李翱之手，曾與韓愈《論語注）並行於世。後《論語注》漸佚，而《論語筆解》獨存。在《論語筆解》中，韓愈、李翱衝破『疏不破注』的解經戒律，大膽指斥前儒在《論語》字詞訓詁、文意解讀方面的失察之處。主張越漢儒而直承孔孟，捨漢魏舊注而直究經文本義。為此，他們不惜改易經文、顛倒經文次序，所以，如果從忠實於文本的角度看，《論語筆解》自然被目為師心自用，標新立異，但如果從《論語》學史的發展角度看，《論語筆

解》作為一家之言，在《論語》學從漢學系統轉向新的宋學系統的過程中所起到的作用亦不容抹殺。」（《孔子研究》2005 年第 6 期）查金萍《淺談〈論語筆解〉》認為：「現存《論語筆解》乃韓愈所著《論語注》與韓、李《論語筆解》的綜合，其中可能亡佚了一些原始材料，也可能有後人增補的一些材料，但總體來說仍可視為韓、李所著。」（《船山學刊》2007 年第 3 期）

【考證】李最欣《〈論語筆解〉提要補正》認為：「《論語筆解》成書時的卷數不是 2 卷，是 10 卷；成書時間不是北宋之末，而是北宋中期之前；成書方式不是後人得韓愈、李翱稿本而別錄之，而是韓愈、李翱討論《論語》之後，李翱據記憶而撰寫。四庫館臣為《論語筆解》作《提要》時，在這幾個問題上的說法均值得商榷。」（《古籍整理研究學刊》2008 年第 3 期）

150. 孟子音義二卷

宋孫奭（962～1033）撰。

唐陸德明《經典釋文》於群經皆有音義，獨闕《孟子》。奭奉敕校定趙岐注，因刊正唐張鎰《孟子音義》及丁公著〔一〕《孟子手音》二書，兼引陸善經《孟子注》，以成此書。其序文前半與世傳奭《孟子正義序》同。蓋《正義》偽序，即緣此序而點竄也。書中所釋稱「一遵趙注」，而以今本校之，多不相符。如《梁惠王》篇上曰集穆、曰大平、曰謞，篇下曰恂、曰無墮、曰夫將；《公孫丑》篇上曰介者，篇下曰素餐、曰藉道、曰危行、曰食功；《滕文公》篇上曰景行、曰論語、曰力行近仁、曰師知，篇下曰素餐、曰浧、曰駢躓、曰周公印思；《離婁》篇上曰踏、曰恐栗、曰三省、曰而錯、曰桐子，篇下曰不比、曰由天、曰風諭、曰見幾、曰好言、曰忮、曰之行、曰行其、曰五伯、曰辟害、曰跌、曰污；《萬章》篇上曰百行、曰舍小，篇下曰沮溺、曰景行、曰伊發有莘；《告子》篇上曰長義、曰好下、曰幾成，篇下曰雨雪、曰瀟瀟、曰見晛、曰或折；《盡心》篇上曰遠之、曰下賤、曰邪辟、曰辟若、曰蟠辟、曰論之、曰瞀、曰柚樟、曰和寡，篇下曰遠禍、曰惡殺、曰舍生、曰為之、曰造、曰臧否、曰自遺、曰子率、曰剖其末；（曰）《孟子篇敘》曰其行、曰當期、曰括。凡六十有九條〔二〕，皆今本注文所無。惟《孟子注》之單行者，世有傳抄宋本，尚可稽考。偽《正義》刪改其文，非復趙岐原書，故與《音義》不相應也。因是書可以證岐注之舊，並可以證奭疏之偽，則其有功典籍，亦不細矣。〔三〕

案：宋《禮部韻略》所附條式，自元祐中即以《論語》《孟子》試士，是當時已尊為經。而晁氏《讀書志》，《孟子》仍列儒家。至陳氏《書錄解題》，始與《論語》同入經部。蓋宋尊孟子，始王安石。元祐諸人務與作難，故司馬光《疑孟》、晁說之《詆孟》詆焉。非攻孟子，攻安石也。白珽《湛淵靜語》所記，言之頗詳〔四〕。晁公武不列於經，猶說之之家學耳。陳振孫雖改晁氏之例，列之於經，然其立說，乃以程子為詞，則亦非尊孟子，仍尊程子而已矣。考趙岐《孟子題詞》，漢文帝時已以《論語》《孝經》《孟子》同置博士。而孫奭是編，實大中祥符間奉敕校刊《孟子》所修。然則表章之功，在漢為文帝，在宋為真宗；訓釋之功，在漢為趙岐，在宋為孫奭。固不始於王安石，亦不始於程子。紛紛門戶之愛憎，皆逐其末也。（《總目》卷三十五）

【注釋】

〔一〕【丁公著】（769～832），字平子，唐蘇州人。著有《禮志》《皇太子諸王訓》各十卷，已佚。今存輯本《孟子頂氏手音》一卷。

〔二〕【考證】李裕民先生：「據《提要》所舉各例，共七十條，《提要》統計有誤。」（《四庫提要訂誤》第 29 頁）司馬按，《提要》統計不誤，但《孟子篇敘》前衍一「曰」字。

〔三〕【辨偽】《正義》非復趙岐原書。錢大昕云：「趙岐注《孟子》，每章之末括其大旨，間作韻語，謂之《章指》，《文選注》所引趙岐《孟子章指》是也。南宋後偽《正義》，託名孫奭所撰，盡刪《章指》正文，仍剽掠其語散入《正義》。」（《十駕齋養新錄》卷二「孟子章指」條）盧文弨《抱經堂文集》卷二有《孟子章指序》。（中華書局 1990 年版第 23 頁）羅振玉《音注孟子跋》亦云：「予嘗就館臣所舉之六十九條，校以阮氏《校勘記》，知皆《章指》之文，蓋偽疏全削每章後之《章指》而存注，於注文又任意省改，甚矣其妄也。」（《雪堂類稿》乙第 369 頁）

〔四〕【史源】《湛淵靜語》卷二：或問文節倪公思曰：「司馬溫公乃著《疑孟》，何也？」答曰：「蓋有為也。當是時，王安石假孟子大有為之說，欲人主師尊之，變亂法度，是以溫公致疑於孟子，以為安石之言未可盡信也。」

151. 大學章句一卷論語集注十卷孟子集注七卷中庸章句一卷

宋朱子（1130～1200）撰。

案：《論語》自漢文帝時立博士；《孟子》據趙岐《題詞》，文帝時亦嘗立

博士，以其旋罷，故史不載；《中庸說》二篇見《漢書·藝文志》，戴顒《中庸傳》二卷、梁武帝《中庸講疏》一卷見《隋書·經籍志》；惟《大學》自唐以前無別行之本。然《書錄解題》載司馬光有《大學廣義》一卷、《中庸廣義》一卷，已在二程以前，均不自洛、閩諸儒始為表章。特其論說之詳自二程始，定著《四書》之名則自朱子始耳。原本首《大學》，次《論語》，次《孟子》，次《中庸》。書肆刊本以《大學》《中庸》篇頁無多，並為一冊，遂移《中庸》於《論語》前。明代科舉命題，又以作者先後，移《中庸》於《孟子》前。然非宏旨所關，不必定復其舊也。《大學》古本為一篇，朱子則分別經傳，顛倒其舊次，補綴其闕文，《中庸》亦不從鄭《注》分節，故均謂之「章句」。《論語》《孟子》融會諸家之說，故謂之「集注」，猶何晏注《論語》裒八家之說稱「集解」也。惟晏注皆標其姓，朱子則或標或不標，例稍殊焉。《大學章句》，諸儒頗有異同，然所謂誠其意者以下並用舊文，所特創者不過補傳一章，要非增於八條目外。既於理無害，又於學者不為無裨，何必分門角逐歟？《中庸》雖不從鄭《注》，而實較鄭《注》為精密。**蓋考證之學，宋儒不及漢儒；義理之學，漢儒亦不及宋儒。言豈一端，要各有當。**況鄭《注》之善者，如「戒慎乎其所不睹」四句，未嘗不採用其意，「雖有其位」一節，又未嘗不全襲其文。觀其去取，具有鑒裁，尤不必定執古義以相爭也。《論語》《孟子》亦頗取古注，如《論語》「瑚璉」一條與《明堂位》不合，《孟子》「曹交」一注與《春秋傳》不合，論者或以為疑。不知「瑚璉」用包咸注，「曹交」用趙岐注，非朱子杜撰也。又如「夫子之牆數仞」，注「七尺曰仞」，「掘井九軔」，注「八尺曰仞」，論者尤以為矛盾。不知七尺亦包咸注，八尺亦趙岐注也。是知鎔鑄群言，非出私見。苟不詳考所出，固未可概目以師心矣。大抵朱子平生精力殫於《四書》。其剖析疑似，辨別毫釐，實遠在《易本義》《詩集傳》上。**讀其書者，要當於大義微言求其根本。**明以來，攻朱子者務摭其名物度數之疏，尊朱子者又並此末節而迴護之。是均門戶之見，烏識朱子著書之意乎？

〔一〕（《四庫全書總目》卷三十五）

【注釋】

〔一〕【版本與研究】常見版本有翻刻宋淳祐大字本、明經廠大字本、揚州鮑刻本、南昌萬刻本、武昌局本、江寧局本、劉氏傳經堂叢書本、《四部備要》本、中華書局 1983 年版《新編諸子集成》本。邱漢生撰《四書集注簡論》（中國社會科學出版社 1980 年版）。陸建猷撰《四書集注與南宋四書學》（陝西人民

出版社 2002 年版）。蔡家和撰《源頭活水：理學與朱子〈四書章句集注〉研究》（福建教育出版社 2018 年版）。申叔華撰《〈四書章句集注〉引文考證》（中華書局 2019 年版）。楊浩撰《孔門傳授心法：朱子〈四書章句集注〉的解釋與建構》（東方出版中心 2018 年版）。

152. 四書或問三十九卷

宋朱子（1130～1200）撰。

朱子既作《四書章句集注》，復以諸家之說紛錯不一，因設為問答，明所以去取之意，以成此書。凡《大學》二卷、《中庸》三卷、《論語》二十卷、《孟子》十四卷。其書非一時所著。《中庸或問》原與《輯略》俱附《章句》之末，《論語》《孟子》則各自為書。其合為一帙，蓋後來坊賈所併也。中間《大學或問》用力最久。故朱子答潘恭叔問，嘗自稱「諸書修得一過，《大學》所改尤多，比舊已極詳密」。《中庸或問》則朱子平日頗不自愜，《語類》載游某問《中庸》編集如何，曰：「緣前輩諸公說得多了，其間盡有差舛處，又不欲盡駁難他底，所以難下手。不比《大學》都未曾有人說。」〔一〕又載朱子以《中庸或問》授黃云：「亦未有滿意處，如評論程子、諸子說處尚多粗（云云）。」〔二〕是其意猶以為未盡安也。至《論孟或問》，則與《集注》及《語類》之說往往多所牴牾，後人或遂執《或問》以疑《集注》。不知《集注》屢經修改，至老未已，而《或問》則無暇重編。故《年譜》稱：「《或問》之書未嘗出以示人。書肆有竊刊行者，亟請於縣官，追索其版。」又《晦庵集》中有與潘端叔書曰：「《論語或問》此書久無工夫修得，只《集注》屢更不定，卻與《或問》前後不相應（云云）。」可見異同之跡，即朱子亦不諱言。並錄存之。其與《集注》合者，可曉然於折衷眾說之由；其於《集注》不合者，亦可知朱子當日原多未定之論。未可於《語錄》《文集》偶摘數語，即為不刊之典矣。（《四庫全書總目》卷三十五）

【注釋】

〔一〕【史源】《朱子語類》卷六十二：游丈開問：「《中庸》編集得如何？」曰：「便是難說。緣前輩諸公說得多了，其間盡有差舛處。又不欲盡駁難他底，所以難下手。不比《大學》都未曾有人說。」

〔二〕【史源】《朱子語類》卷六十二：「先生以《中庸或問》見授，云：『亦有未滿意處，如評論程子、諸子說處尚多粗。』」

153. 論孟精義三十四卷

宋朱子（1130～1200）撰。

初，朱子於隆興元年（1163）輯諸家說《論語》者為《要義》，其本不傳。後九年為乾道壬辰（1172），因復取二程、張子及范祖禹、呂希哲、呂大臨、謝良佐、游酢、楊時、侯仲良、尹焞、周孚先等十二家之說，薈萃條疏，名之曰《論孟精義》，而自為之序。時朱子年四十三。後刻版於豫章郡，又更其名曰「要義」。《晦庵集》中有《書論語孟子要義序後》曰：「熹頃年編次此書，鋟版建陽學者傳之久矣。後細考之，程、張諸先生說，尚或時有所遺脫，既加補塞，又得毗陵周氏說四篇有半於建陽陳焞明仲復，以附於本章，豫章郡文學南康黃某商伯既以刻於其學，又慮夫讀者疑於詳略之不同也，屬熹書於前序之左，且更定其故號『精義』者曰『要義』（云云）。」是其事也。後又改其名曰「集義」，見於《年譜》。今世刊本仍稱「精義」，蓋從朱子原序名之也。凡《論語》二十卷、《孟子》十四卷。又各有《綱領》一篇，不入卷數。朱子初集是書，蓋本程氏之學以發揮經旨。其後採攝菁華，撰成《集注》，中間異同疑似當加剖析者，又別著之於《或問》，似此書乃已棄之糟粕。然考諸《語錄》，乃謂：「讀《論語》須將《精義》看。」〔一〕又謂：「《語孟集義》中所載諸先生語，須是熟讀，一一記於心下，時時將來玩味，久久自然理會得。」〔二〕又似不以《集注》廢此書者，故今亦仍錄存之焉。〔三〕（《四庫全書總目》卷三十五）

【注釋】

〔一〕【讀書方法】《朱子語類》卷十九：「讀《論語》，須將《精義》看。先看一段，次看第二段，將兩段比較，孰得孰失，孰是孰非。又將第三段比較如前。又總一章之說而盡比較之。其間須有一說合聖人之意，或有兩說，有三說，有四五說皆是，又就其中比較疏密。如此，便是格物。及看得此一章透徹，則知便至。或自未有見識，只得就這裏挨。一章之中，程子之說多是，門人之說多非。然初看時，不可先萌此心，門人所說亦多有好處。蜚卿曰：『只將程子之說為主，如何？』曰：『不可，只得以理為主，然後看它底。看得一章直是透徹了，然後看第二章，亦如此法。若看得三四篇，此心便熟，數篇之後迎刃而解矣。某嘗苦口與學者說得口破，少有依某去著力做工夫者。且如格物致知之章，程子與門人之說，某初讀之，皆不敢疑。後來編出細看，見得程子諸說雖不同，意未嘗不貫。其門人之說與先生蓋有大不同者矣。』」

〔二〕【讀書方法】《朱子語類》卷十九：「讀書，且須熟讀玩味，不必立說，且理會古人說教通透。如《語孟集義》中所載諸先生語，須是熟讀，一一記放心下，時時將來玩味，久久自然理會得。今有一般學者，見人恁麼說，不窮究它說是如何，也去立一說來攪說，何益於事！只贏得一個理會不得爾。」

〔三〕【整理與研究】何俊《程朱理學的話語型塑——以〈論孟精義〉為中心》認為，《論孟精義》全面系統地完成了程朱理學的話語型塑，呈現於文本、語言、身體、仁義、存養、辯學諸方面。程朱理學以《四書》徹底促成了經典系統的開放與擴大，完成了理學的釋經作品的正典化，為整個理學奠定了文本基礎。通過對主體性的內涵做仁義的闡明，以及如何充擴仁義的存養討論，理學形成了自己的思想系統與論說風格。程朱理學的話語型塑是在開放的思想世界與生活世界中展開的，辯學既呈現了他者的言說，又構成了理學話語型塑的重要環節。（載《學術界》2020 年第 6 期）

154. 中庸輯略二卷

宋石𡼖編，朱子刪定。𡼖字子重，號克齋，新昌（今屬浙江紹興市）人。紹興十五年（1145）進士。官至太常主簿，出知南康軍。

《中庸》為《禮記》第三十一篇，孔穎達《疏》引鄭玄《目錄》云：「此書於別錄屬通論。」《漢書‧藝文志》有《中庸傳》二篇，顏師古注曰：「今《禮記》中有《中庸》一篇，亦非本禮經，蓋子思之作。」是書本以闡天人之奧，漢儒以無所附麗，編之《禮記》，實於五禮無所屬，故劉向謂之「通論」，師古以為「非本禮經」也。梁武帝嘗作《義疏》，見於《隋志》，然其書不傳。迨有宋諸儒研求性道，始定為心傳之要，而論說亦遂日詳。故𡼖輯是編，斷自周子、二程子、張子，而益以呂大臨、謝良佐、游酢、楊時〔一〕、侯仲良、尹焞之說，初名《集解》。乾道癸巳（1173），朱子為作序，極稱其謹密詳審。越十有六年，淳熙己酉（1189），朱子作《中庸章句》，因重為刪定，更名《輯略》，而仍以《集解》原序冠其首。觀朱子《中庸章句‧自序》稱：「既定著《章句》一篇，以俟後之君子，而一二同志復取石氏書刪其繁亂，名以《輯略》，且別為《或問》以附其後（云云）。」據此，則是編及《或問》皆當與《中庸章句》合為一書。其後《章句》孤行，而是編漸晦。明嘉靖中，御史新昌呂信卿始從唐順之得宋槧舊本，刻之毗陵，凡先儒論說見於《或問》所駁者，多所芟節。如第九章游氏以舜為絕學無為之說、楊氏有能斯有為之說，第十一章游氏離人立於獨未發

有念之說，多竟從刪薙，不復存其說於此書。至如第一章內所引程子答蘇季明之次章，《或問》中亦力斥其紀錄失真，而原文乃仍載書中。或為失於刊削，或為別有取義，則其故不可得詳矣。(《四庫全書總目》卷三十五)

【注釋】

〔一〕【程門四先生】指呂大臨、謝良佐、游酢、楊時。

155. 四書集義精要二十八卷

元劉因（1747～1793）撰。因字夢吉，號靜修，容城（今河北徐水）人。世祖至元十九年（1282）徵授承德郎、右贊善大夫。未幾，辭歸。再以集賢學士徵，不起。事蹟具《元史》本傳。

朱子為《四書集注》，凡諸人問答與《集注》有異同者，不及訂歸於一而卒。後，盧孝孫取《語類》《文集》所說輯為《四書集義》，凡一百卷。讀者頗病其繁冗，因乃擇其指要，刪其複雜，勒成是書。張萱《內閣書目》作三十五卷，《一齋書目》則作三十卷。考蘇天爵作因墓誌，亦稱是書三十卷〔一〕，則萱所記誤矣。此本僅存二十八卷，至《孟子‧滕文公上篇》而止，其後並已闕佚，亦非完帙。然朱彝尊《經義考》注云未見，則流傳頗罕，亦元人遺笈之僅存者，不以殘闕病也。

其書芟削浮詞，標舉要領，使朱子之說不惑於多岐。蘇天爵以「簡嚴粹精」稱之〔二〕，良非虛美。蓋因潛心義理，所得頗深，故去取分明，如別白黑。較徒博尊朱之名，不問已定未定之說，片言隻字無不奉若球圖者，固不同矣。(《四庫全書總目》卷三十六)

【注釋】

〔一〕〔二〕【史源】蘇天爵《靜修先生劉公墓表》：初，朱子之於四書，凡諸人問答與集注有異同者，不及訂歸於一而卒。或者輯為四書集義數萬言，先生病其太繁，擇為《精要》三十卷，簡嚴粹精，實於《集注》有所發焉。(《滋溪文稿》卷八)

156. 四書通二十六卷

元胡炳文（1253～1333）撰。炳文有《周易本義通釋》〔一〕，已著錄。

　　是編以趙順孫《四書纂疏》〔二〕、吳真子《四書集成》〔三〕皆闡朱子之緒論，而尚有與朱子相戾者，因重為刊削，附以己說，以成此書。凡朱子以前之說，嫌於補朱子之遺，皆斥不錄。故所取於《纂疏》《集成》者僅十四家，二書之外，又增入四十五家，則皆恪守考亭之學者也。大抵合於經義與否非其所論，惟以合於注意與否定其是非。雖堅持門戶，未免偏主一家。

　　然觀其凡例，於「顏淵好學」章，哀樂、哀懼一字之筆誤，亦必辨明；於「為政以德」章，初本作「行道而有得於身」，祝洙本作「行道而有得於心」，改本又作「得於心而不失」，刊本先後之差，亦悉加考正。其於一家之學用心亦勤且密矣。《章句》《集注》所引凡五十四家，今多不甚可考；蔡模《集疏》間有所注，亦不甚詳。是書尚一一載其名字，頗足以資訂證。然如《集注》以「有婦人焉」為邑姜，所引「劉侍讀曰」者，即劉敞《七經小傳》〔四〕之說也，炳文獨遺漏不載。蓋敞在北宋，閉戶窮經，不入伊洛之派，講學之家惡其不相攀附，遂無復道其姓名者。故朱子雖引之，而炳文不知為誰也。是亦各尊所聞之一驗矣。〔五〕（《四庫全書總目》卷三十六）

【注釋】

〔一〕【周易本義通釋】元胡炳文撰。程敏政《新安文獻志》所謂「篤志朱子之學」者也。是書據朱子《本義》，折衷是正，復採諸家《易》解互相發明。（《四庫全書總目》卷四）

〔二〕【四書纂疏】宋趙順孫撰。是書備引朱子之說，以翼《章句》《集注》。所旁引者惟黃榦、輔廣、陳淳、陳孔碩、蔡淵、蔡沈、葉味道、胡泳、陳埴、潘柄、黃士毅、真德秀、蔡模一十三家，亦皆為朱子之學者，不旁涉也。（《四庫全書總目》卷三五）

〔三〕【四書通義】明劉剡撰。大旨皆曰：「前人未善，吾不得已而作焉。」實則轉相剿襲，改換其面貌，更易其名目而已。輯一《四書》講章，是何名山不朽之業？而紛紛竊據如此，是亦不可以已乎？（《四庫全書總目》卷三十七）

〔四〕【七經小傳】宋劉敞撰。是編乃其雜論經義之語，其曰「七經」者：一《尚書》，二《毛詩》，三《周禮》，四《儀禮》，五《禮記》，六《公羊傳》，七《論語》也……謂敞之說經，開南宋臆斷之弊，敞不得辭；謂安石之學由於敞，則竊斧之疑矣。且略其卮詞，採其粹語，疏通剔抉，精鑿者多，又何可以末流之失，並廢敞書歟？（《四庫全書總目》卷三十三）

〔五〕【整理與研究】許家星《「膠執門戶」還是「批判發明」——論〈四書通〉的
批判精神兼駁〈四庫提要〉之誣評》認為，《四書通》原名《四書通旨》，今
本《四書通》含張存中加工部分而非胡氏原本。《四庫提要》居於反朱學立
場，持漢學門戶之見，批評《四書通》為「膠執門戶之見」等，實屬誣枉。
《四書通》在推崇《集注》之時，體現出遠邁同類的批判意識，對《集注》
作了大量批評修正，文本方面有版本辨正、注音字訓、句讀名物、史實文獻
等。義理方面有改變章句劃分、點出矛盾之處、揭露各種誤說、採用反對之
說、發明未盡之旨等。《四庫》集矢於《四書通》的原因在於視其為朱學之靶。
今按，這種對待《四庫提要》的態度值得稱讚，今後確實需要謹慎對待《四
庫提要》之評論。筆者擬撰系列批判性論著。

157. 四書通證六卷

元張存中撰。存中字德庸，新安人。

初，胡炳文作《四書通》，詳義理而略名物。存中因排纂舊說，成此書以
附其後，故名曰《四書通證》。炳文為之序，稱：「北方杜緱山有《語孟旁通》
〔一〕、平水薛壽之有《四書引證》，案：杜緱山，名瑛，金人。薛壽之，名引年，元初
人。皆失之太繁。存中能刪冗從簡，去非取是。」又曰：「學者於余之《通》，
知《四書》用意之深；於《通證》知《四書》用事之審。」推之甚至。

今覈其書，引經數典，字字必著所出。而《論語》「夏曰瑚、商曰璉」
一條，承包氏之誤者，乃不引《禮記》以證之。又「時見曰會，眾俯曰同」，
與《周禮》本文小異。蓋宋代諱「殷」，故改「殷」為「眾」，乃但引《周禮》
於下，而不辨其何以不同，皆不免有所加護。不知朱子之學在明聖道之正傳，
區區訓詁之間，因不必為之諱也。《孟子》「與楚將昭陽戰，亡其七邑」一條，
存中謂《史記》作「八邑」，未詳孰是。不知司馬貞《史記索隱》明注《史
記》古本作七邑，是朱子稱「七邑」乃據古本，原非謬誤，存中持疑不決，
亦失於考核。又如「三讓」引《吳越春秋》，泛及雜說，而於歷代史事，每
多置正史而引《通鑑》，亦非根本之學。然大概徵引詳明，於人人習讀不察
者，一一具標出處，可省檢閱之煩，於學者亦不為無補矣。（《四庫全書總目》
卷三十六）

【注釋】

〔一〕【論語類考】明陳士元撰。朱士元此書大致遵履祥之例，於《集注》不為苟同。每條必先列舊說，而搜討諸書，互相參訂，皆以「元案」二字列之。(《四庫全書總目》卷三六)

158. 四書管窺八卷

元史伯璿撰。伯璿字文璣，溫州平陽（今屬浙江）人。據所作《管窺外篇》成於至元丁未（1367），即元亡之年（1368）。計其人當已入明〔一〕，然始末不可考矣。

是編見於《秘閣書目》者五冊。楊士奇《東里集》則稱有四冊，刻版在永嘉郡學，永嘉葉琮知黃州府（今湖北新洲），又刊置府學〔二〕。是明初所行已有二本。然刊本皆散佚不傳，故朱彝尊《經義考》注云「未見」。此本乃毛晉汲古閣舊抄，《大學》《中庸》《孟子》尚全，惟《論語》闕《先進篇》以下，蓋傳寫有所佚脫。然量其篇頁，釐而析之，已成八卷。《經義考》乃作五卷，或誤以五冊為五卷歟？〔三〕

其書引趙順孫《四書纂疏》、吳真子《四書集成》、胡炳文《四書通》、許謙《〔讀〕四書叢說》〔四〕、陳櫟《四書發明》及饒氏、張氏諸說，取其與《集注》異同者，各加論辨於下。諸說之自相矛盾者，亦為條列而釐訂之。凡三十年而後成。於朱子之學頗有所闡發。

考朱子著述最多，辨說亦最夥。其間有偶然問答未及審核者，有後來考正未及追改者，亦有門人各自記錄，潤色增減，或失其本真者，故《文集》《語錄》之內，異同矛盾，不一而足，即《四書章句集注》與《或問》亦時有牴牾。原書具在，可一一覆按也。當時門人編次，既不敢有所別擇，後來讀朱子書者遂一字一句奉為經典，不復究其傳述之真偽與年月之先後，但執所見一條即據以牴排眾論，紛紜四出，而朱子之本旨轉為尊信者所淆矣。夫載寶而朝，論南宮者有故；越境乃免，惜趙盾者原誣。述孔子之言者尚不免於舛異，況於朱門弟子斷不及七十二賢，又安能據其所傳漫無釐正？

伯璿此書，大旨與劉因《四書集義精要》同〔五〕。而因但為之刊除，伯璿更加以別白。昔朱子嘗憾孔門弟子留《家語》作病痛。如伯璿者可不謂深得朱子之心歟？(《四庫全書總目》卷三十六)

【注釋】

〔一〕【考證】孫詒讓云：考《管窺外篇》，序實成於至正庚寅（1350），元亡於至元丁未（1367），時《外篇》已成十七年矣。此蓋偶據誤文也。（《溫州經籍志》第 201 頁）

〔二〕【史源】見《東里續集》卷十七，又見《經義考》卷二百五十五。

〔三〕【版本】孫詒讓云：「《四書管窺》明刊本流傳絕少，儲藏家所傳抄本亦多殘缺不完。」潘猛補對此書版本考索較詳細，見《溫州經籍志》第 203 頁。

〔四〕【讀四書叢說】元許謙撰。謂學者曰：「學以聖人為準的，然必得聖人之心而後可學聖人之事，聖賢之心具在《四書》，而《四書》之義備於朱子。顧辭約意廣，讀者安可易心求之乎？」書中發揮義理，皆言簡意該。或有難曉，則為圖以明之，務使無所凝滯而後已。其於訓詁名物亦頗考證，有足補《章句》所未備，於朱子一家之學可謂有所發明矣。（《四庫全書總目》卷三十六）

〔五〕【評論】孫詒讓云：「此書之作，意在辨正宋、元間《四書》說之異於《集注》者，而駁饒魯《輯講》、胡炳文《四書通》者為尤夥……陳子上序所謂「篤信堅守」者殆無愧焉。」（《溫州經籍志》第 203 頁）

〔六〕【整理與研究】金靜文《元刻本〈四書管窺〉考述》認為，《四書管窺》是元代四書研究的重要著作，於辨明各家旨意的基礎上探求朱子原意，深得朱子之旨，且多有發明，故為後人所重。元刻本為祖本，並衍生出元刻明修本、《四庫》本、《敬鄉樓叢書》本、清抄本等。其中《四庫》本、《敬鄉樓叢書》本影響較大，然二書編者均未見原刻本，故其中舛誤頗多。元刻本雖殘損嚴重，卻是原刻本，訛誤最少，對於校理其他版本具有重要價值。（《圖書館研究與工作》2019 年第 8 期）

159. 四書大全三十六卷

明永樂十三年（1415）翰林學士胡廣（1370~1418）等奉敕撰。成祖御製序文，頒行天下。二百餘年，尊為取士之制者也。

其書因元倪士毅《四書輯釋》稍加點竄。顧炎武《日知錄》曰：「自朱子作《大學中庸章句》《或問》《論語孟子集注》之後，黃氏有《論語通釋》。其採語錄附於朱子《章句》之下，則始於真氏，祝氏仿之，為《附錄》。後有蔡氏《四書集疏》、趙氏《四書纂疏》、吳氏《四書集成》，論者病其泛濫。於是陳氏作《四書發明》，胡氏作《四書通》，而定宇之門人倪氏案：定宇，陳櫟之別

號。合二書為一，頗有刪正，名曰《四書輯釋》。永樂所纂《四書大全》，特小有增刪。其詳其簡，或多不如倪氏。《大學》《中庸或問》則全不異，而間有舛誤（云云）。」〔一〕於是書本末言之悉矣。考士毅撰有《作義要訣》一卷，附刻陳悅道《書義斷法》之末，今尚有傳本，蓋頗講科舉之學者。其作《輯釋》殆亦為經義而設，故廣等以夙所誦習，剽剟成編歟？

初與《五經大全》並頒。然當時程式以《四書》義為重，故「五經」率皆庋閣，所研究者惟《四書》，所辨訂者亦惟《四書》。後來《四書》講章浩如煙海，皆是編為之濫觴。蓋由漢至宋之經術，於是始盡變矣。特錄存之，以著有明一代士大夫學問根柢具在於斯，亦足以資考鏡焉。（《四庫全書總目》卷三十六）

【注釋】

〔一〕【史源】《日知錄》卷十八「四書五經大全」條。今按，《陸隴其年譜》1689年條云：「呂無黨言《四書大全》係倪士毅《通義》本子，當時草率如此。」（第 302 頁）1690 年條云：「秋，朱錫鬯來會。言永樂時胡廣等纂《大全》多襲取先儒之言，可見其為小人，今宜將先儒原書刊行，庶天下知廣等之陋。採其言而沒其書者，竊也。此病起於明朝。」（第 305 頁）

〔二〕【整理與研究】《四書大全》是奉敕之作，在明代備極尊崇，但頗受學者非議。顧炎武對其「上欺朝廷，下誑士子」的評價受到了學者的普遍認同。詳見周群《四書大全平議》（《華夏文化》2013 年第 4 期）一文。司馬按，《四書大全》《五經大全》是明代官方學術的代表，四庫館臣奉顧炎武為清學不祧之祖，以打擊明學為首要任務，旨在奪明人之席。一代有一代之學術，明代有明代之學術，清代有清代之學術。本來可以井水不犯河水，但實際上當時已經弄得你死我活。平心而論，明代有明代之優勢與劣勢，清代有清代之優勢與劣勢，難以相互取代。從氣勢上來看，明勝於清；從精細度上來看，清勝於明。

160. 蘇評孟子二卷

舊本題宋蘇洵（1009～1066）評。

考是書《宋志》不著錄。孫緒《無用閒談》〔一〕稱其論文頗精，而摘其中引洪邁之語，在洵以後，知出依託。則正德中是書已行矣。此本為康熙三十三年（1694）杭州沈季雲所校，其子心友刻之，然無所謂洪邁語者。豈經緒指謫，故削之以滅跡耶？抑並非孫緒所見之本，又偽本中之重儓耶？

　　宋人讀書，於切要處率以筆抹。故《朱子語類》論讀書法云：「先以某色筆抹出，再以某色筆抹出。」〔二〕呂祖謙《古文關鍵》、樓昉〔三〕《迂齋評注古文》，亦皆用抹，其明例也。謝枋得《文章軌範》、方回《瀛奎律髓》、羅椅《放翁詩選》始稍稍具圈點，是盛於南宋末矣。此本有大圈，有小圈，有連圈，有重圈，有三角圈，已斷非北宋人筆。其評語全以時文之法行之，詞意庸淺，不但非洵之語，亦斷非宋人語也。（《四庫全書總目》卷三十七）

【注釋】

〔一〕【沙溪集】明孫緒撰。緒字誠甫，沙溪其自號也，故城（今屬河北衡水市）人。其《無用閒談》有曰：「文章與時高下，人之才力亦各不同。今人不能為秦漢戰國，猶秦漢戰國不能為《六經》也。世之文士，尺寸步驟影響摹擬，晦澀險深，破碎難讀（云云）。」其意蓋為李夢陽發，可以見其趨向矣。其《無用閒談》多深切著明之語，論文、論詩亦各有確見。（《四庫全書總目》卷一七一）

〔二〕【讀書方法】《朱子語類》卷第一百十九：「某少時為學，十六歲便好理學，十七歲便有如今學者見識。後得謝顯道《論語》，甚喜，乃熟讀。先將朱筆抹出語意好處；又熟讀得趣，覺見朱抹處太煩，再用墨抹出；又熟讀得趣，別用青筆抹出；又熟讀得其要領，乃用黃筆抹出。至此，自見所得處甚約，只是一兩句上。卻日夜就此一兩句上用意玩味，胸中自是灑落。」《朱子語類》卷第一百二十又云：「讀書須是以自家之心體驗聖人之心。少間體驗得熟，自家之心便是聖人之心。某自二十時看道理，便要看那裡面。嘗看《上蔡論語》，其初將紅筆抹出，後又用青筆抹出，又用黃筆抹出，三四番後，又用墨筆抹出，是要尋那精底。看道理，須是漸漸向裏尋到那精英處，方是。」

〔三〕【樓昉】字暘叔，號迂齋，浙江鄞縣人。紹熙四年（1193）進士。著有《崇古文訣》三十五卷。

161. 皇祐新樂圖記三卷

　　宋阮逸、胡瑗奉敕撰。

　　仁宗景祐三年（1036）二月，以李照樂穿鑿，特詔校定鐘律，依《周禮》及歷代史志立議範金。至皇祐五年（1053），樂成奏上，此其圖紀也。舊本從明文淵閣錄出，後有宋陳振孫嘉（定）〔熙〕己亥（1239）跋，云借虎邱寺本錄，

蓋當時所賜藏之名山者〔一〕。又有元天曆二年（1329）吳壽民跋〔二〕、明萬曆三十九年（1611）趙開美跋〔三〕，敘是書源委頗詳。

考初置局時，逸、瑗與房庶等皆驛召預議。詔命諸家各作鐘律以獻，而持論互異。司馬光主逸、瑗之說，范鎮主房庶之說，往反爭議，卒不能以相一。其往返書牘，具光《傳家集》中。而鎮所作《東齋記事》亦略存其概。大抵逸、瑗以為黃鐘之管積八百一十分，容一千二百黍，又以《九章》圜田算法計之，黃鐘管每長一分，積九分，容十三黍三分黍之一，空徑三分四釐六毫，圍十分三釐八毫。圍徑用「徑三圍九」古率，而改圍九分為九方分，別遷就之術也。司馬光曰：「古律已亡。非黍無以見度，非度無以見律。律不生於度與黍，將何從生？非謂太古以來律必生於度也，特以近世古律不存，故返從度法求之耳。」其論最明。范鎮譏其以度起律，誠為過當，然鎮以秬、黍、律、尺、龠、鬴、斛、算數、權衡、鐘聲十者必相合而不相戾，然後為得，亦不為無見也。以律起度，與以度起律，源流本無異同。而二家算術不精。逸、瑗等得之於橫黍，而失之於圍徑。又以大黍累尺，小黍實管，自相乖反，房庶以千二百黍實之管中，隨其長短斷之，以為九寸之管，取三分以度空徑，則空徑不生於黍，而別有一物為度以起分，竟不必實黍於管，亦未見其為通論也。

是書上卷具載律呂、黍尺、四量、權衡之法，皆以橫黍起度，故樂聲失之於高。中、下二卷考定鐘磬、晉鼓及三牲鼎、鸞刀制度，則精覈可取云。〔四〕（《四庫全書總目》卷三十八）

【注釋】

〔一〕【陳振孫跋】嘉熙己亥良月，借虎邱寺本錄，蓋當時所賜藏之名山者也。末用蘇州觀察使印……每見承平故物，輒慨然起敬，恨生不於其時，乃錄藏之。一切仿元本，無豪釐差。伯玉識。

　　司馬按，提要云「嘉定」，係「嘉熙」之誤。

〔二〕【吳壽民跋】安定先生文昭公與阮屯田所定《皇祐新樂圖記》，直齋陳先生於一百九十七年之後見其書，以為承平故物，慨然起敬，至於有生不於其時之恨，輒錄藏之。又後九十一年，壽民得其書而錄之，而敬藏之為幸多矣。大元天曆二年四月旦日，雪城吳壽民書於郭西小舍。（閣本錄出）

〔三〕【趙開美跋】按《通鑒》：仁宗景祐三年二月，詔胡瑗、阮逸較定鐘律，蓋以李照樂穿鑿也。至皇祐二年閏十一月，置詳定大樂局，其鐘弇而直，聲鬱不發，著作佐郎劉羲叟曰：「此謂害金，帝將感心腹之疾。」已而果然。然則羲

叟審音出胡、阮一等矣，何以當時不令羲叟同定樂哉？此書閣抄本，姑錄之以俟倫、曠耳。時萬曆三十九年十月十三日，書於奉常公署，趙開美。

〔四〕【評論】錢大昕《跋皇祐新樂圖記》云：「《皇祐新樂圖記》三卷，《總敘詔旨篇》第一，《律呂圖》第二，《黍尺圖》第三，《四量圖》第四，《權衡圖》第五，《皇祐鑄鍾圖》第六，《特磬圖》第七，《編鐘圖》第八，《編磬圖》第九，《晉鼓圖》第十，《三牲鼎圖》第十一，《鸞刀圖》第十二。每圖繫以說，皆標臣逸、臣瑗名。《宋史·藝文志》但題逸一人而已。」（《潛研齋文集》卷二十八）

【整理與研究】黃敏學《一部頗具特色的樂史文獻──〈皇祐新樂圖記〉的探索》一文認為，《皇祐新樂圖記》是中國音樂史上成書較早，最早收入度量衡制並將圖文混合編排的樂學專書文獻，對中國樂學文獻的編撰具有開創意義。（《淮南師範學院學報》2003 年第 6 期）何雯霞《〈皇祐新樂圖記〉研究》一文認為，在宋代朝廷關於雅樂進行的多次改制中，宋仁宗時期佔有兩次，「阮逸樂」即為其中的一次。此次改制是阮逸、胡瑗奉命針對皇祐二年的明堂鑄鐘、特磬音律不協而進行的。《皇祐新樂圖記》詳細地記錄了此次樂改恢復古制和是正雅樂的詳細情況，考釋了古制中的度量衡，闡述了對樂律制度及涉及此次樂改的樂器、祭器的改制情況，並對改制後的器物形制逐一繪圖記錄，保存了當時宮廷樂改的原始材料，為後人瞭解當時的器物形制情況和考古學提供了原始材料。（河南大學 2017 年碩士論文）

162. 樂書二百卷

宋陳暘（1068～1128）撰。暘字晉之，閩清（今屬福建福州市）人。紹聖中登制科，官禮部侍郎。事蹟具《宋史》本傳。

此書乃建中靖國間暘為秘書省正字時所進。自第一卷至九十五卷，引《三禮》《詩》《書》《春秋》《周易》《孝經》《論語》《孟子》之言，各為之訓義；其第九十六卷至二百卷，則專論《律呂本義》、樂器、樂章及五禮之用樂者，為《樂圖論》。引據浩博，辯論亦極精審，視其兄祥道《禮書》殆相伯仲。第《禮書》所載只詳於三代器數，是書則又推及律呂本原及後世雅俗諸部。故陳振孫《書錄解題》謂：「《樂書》博則博矣，未能免於蕪穢也。」然暘書包括歷代，總述前聞，既欲備悉源流，自不得不兼陳正變。使振孫操筆而修史，將舉古來秕政亂法一切刪之不載乎？此南宋人迂謬之見，不足據也。

其中惟辨「二變」、「四清」二條實為紕繆。自古論「四清」者，舉民臣相避，以為尊卑立說，本屬附會。暘則曰：「黃鐘至夾鐘四清聲，以附正聲之次。」其意蓋謂夷則至應鍾四宮而設。既謂黃鐘至夾鐘為清，又謂為夷則至應鍾而設，是兩四清也，不知每一均必具五聲，夷則一均以夷、南、無、應為次，而闕角聲。必須黃鐘清為角。南呂一均以南、無、應為次，而闕羽、角二聲，必須黃清為羽，大清為角。以調而論，則謂夷、南、無、應四律。以聲而言，則為黃、大、太、夾四清，非有二也。其不用正聲而用清聲者，樂之高下以漸，無驟高驟下之理。以夷則一均言之，如用夷南無應四正律，則其聲以次而高。而忽用黃鐘正律，雖同在一均，而高下不協，故必以黃清協之也。暘引李照十二鍾之說，殊為舛誤。又論「二變」曰：「五聲者，樂之拇指也。二變者，五聲之駢枝也。五聲可益為七音，則五星、五行、五常亦可益而七之乎？二變之說，始於《尚書》，而曼衍於《左傳》《國語》《書傳》《漢志》，是不知《書》之在治忽，有五聲而無七始。《國語》之七同，有四宮而無徵也。左氏為七音之說，蓋八音〔一〕耳。八音以土為主，而七音非土不和，故《書》之《益稷》，《禮》之《樂記》，其言八者皆虛其一，猶大衍虛其一也（云云）。」不知二變之生，由於高下之次。蔡元定「相去二律則音節遠」之說，最有根據。若不究其理之所由然，而但以數相較，則七較之五而多其二者，將十二較之五亦多其七，是音不得有其七，而律亦不得有其十二乎！且五聲二變，有管律弦度之不同。半太蔟與正黃鐘應，半夾鐘與正大呂應，此理尤為暘所不知也。至以七音為八音虛土而言，尤為牽強矣。又其釋《周官》三宮之樂，以《圜》：黃、太、姑，為宮之旋而在天者，故其合別而為四。《函》：太、姑、南，為宮之旋而在地者，故其合降而為三。《黃》：大、太、應，為宮之旋而在人者，故其合降而為二。若然，則天宮用八律，地宮用六律，人宮用四律，以多少為差別也。而圜邱樂八變，方邱樂八變，宗廟樂九變，又何以解耶？凡此之類，皆不可據為典要。然唐以來，樂書無傳。北宋樂書惟《皇祐新樂圖記》及此書存耳。遺文緒論，條理可徵，又安可以一眚廢耶！〔二〕（《四庫全書總目》卷三十八）

【注釋】

〔一〕【八音】指上古的八類樂器，即金、石、絲、竹、匏、土、革、木。金指鐘鈸，石指磬，絲指琴瑟，竹指管絃，匏指笙，土指塤，革指鼓鞀，木指柷敔。八音與五聲、七音是不同性質的。

〔二〕【整理與研究】鄭長鈴教授撰《陳暘及其〈樂書〉研究》（福建師範大學 2004
年博士論文，文化藝術出版社 2005 年版），上篇以民族音樂學的視角為切入
點，結合其他學科諸如史學、社會學、解釋學等方法的運用，採用多視角、
多學科、多層面的研究以求最大可能地還原歷史；下篇對《樂書》的本體結
構、內容和著述方式及其學術源流進行深入論析，窺探陳暘恢復「禮樂制度」、
強化「樂用」的價值取向，以期歷史地認識《樂書》。

163. 律呂新書二卷

宋蔡元定（1135~1198）撰。元定字季通，建陽（今屬福建南平市）人。慶元
中坐黨禁流道州（今屬湖南永州市），卒。事蹟具《宋史·道學傳》。

朱子稱其律書法度甚精，近世諸儒皆莫能及。又云：「季通理會樂律，大
段有心力，看得許多書。」〔一〕及為是書作序，又曰：「黃鐘圍徑之數，則漢
斛之積分可考。寸以九分為法，則《淮南》太史小司馬之說可推。五聲、二變
之數，變律半聲之例，則杜氏之《通典》具焉。變宮、變徵之不得為調，則孔
氏之《禮疏》固亦可見。至於先求聲氣之元，而因律以生尺，則尤所謂卓然
者，而亦班班雜見於兩漢之制，蔡邕之說，與夫《國朝會要》以及程子、張子
之言。」蓋是書實朱、蔡師弟子相與共成之者，故獨見許如此。書分二卷。一
為《律呂本原》，凡十三篇：《黃鐘》第一，《黃鐘之實》第二，《黃鐘生十一
律》第三，《十二律之實》第四，《變律》第五，《律生五聲圖》第六，《變聲》
第七，《八十四聲圖》第八，《六十調圖》第九，《候氣》第十，《審度》第十
一，《嘉量》第十二，《謹權衡》第十三。其一卷為《律呂證辨》，凡十篇：《造
律》第一，《律長短圍徑之數》第二，《黃鐘之實》第三，《三分損益上下相生》
第四，和聲第五，《五聲大小之次》第六，《變宮變徵》第七，《六十調》第八，
《候氣》第九，《度量權衡》第十。今考元定之說，多截竹以擬黃鐘之管，皆
即以其長權為九寸，而度其圍徑如黃鐘之法。更迭以吹，則中聲可得。淺深
以列，則中氣可驗。是截管之法，必本之候氣也。而候氣之說最為荒渺。後
漢、晉、隋《志》所載又各異同。既云「以木為案，加律其上」，又云「埋之
土與地平」，又云「置於案上而以土理之，上平於地」。此置律有深高下之不
一也。既云「以葭莩灰抑其內端，氣至者灰去」，又云「以竹灰實律，以羅穀
覆律口，氣至吹動灰穀，有小動、大動、不動三說」，又云「灰飛動素，散出
於外，而氣應有早晚，灰飛有多少」，其說又不一也。然則候氣既不足憑，人

聲又無左驗，是蔡氏所謂聲氣之元者，亦徒為美聽而已，非能見之實事也。劉歆銅斛具詳《漢志》，而《隋志》又詳載其銘曰：「律嘉量斛，方尺而圓，其外庣旁，九釐五毫，冪百六十二寸，深尺，積一千六百二十寸，容十斗。」祖沖之所譏，以為「漢世斛銘，劉歆詭謬其數，為算氏之劇疵」者是也。元定並《漢志》取之，以定黃鐘積實為八百一十分，何也？荀勖之尺，《隋志》所謂晉前尺也。當晉之時，阮咸已譏其高，而元定以為此尺出於汲冢之律，與劉歆之斛最為近古。樂聲高急，不知當時之圍徑果為何如。夫古人所云徑三分、圍九分者，言圓徑三分而周九分也，空圍即圓周也。胡瑗疑其管狹，不足容千二百黍，遂大其空徑四釐六毫，而周為十分三釐八毫。是亦「徑三圍九」之率也。因以空圍為管內之面，冪為容九方分矣。元定從之，而以圓田術起算黃鐘積實，又失之太大，則不精算術之誤也。至謂黃鐘六變律不與本均之聲相應，而不知當用清聲，又謂二變不可以為調，而不知二變之調，具足五音〔二〕。若以二變音為每調之七音〔三〕，則反為出調。凡此皆元定之所未及詳者，故特著之以糾其失焉。〔四〕（《四庫全書總目》卷三十八）

【注釋】

〔一〕【史源】《朱子語類》卷第九十二。

〔二〕【五音】古人把宮、商、角、徵、羽稱為五音或五聲，大致相當於現代音樂簡譜的1（do）2（re）3（mi）5（sol）6（la）。從宮到羽，按照音的高低排列起來，形成一個五聲音階。

〔三〕【七音】五音加上變宮、變徵，稱為七音。

〔四〕【整理與研究】清羅登選撰《律呂新書箋義》。

164. 樂律全書四十二卷

明朱載堉〔一〕（1536～1611）撰。載堉，鄭恭王厚烷世子也。

是書萬曆間嘗進於朝。《明史‧藝文志》作四十卷。今考此本所載，凡書十一種〔二〕，惟《律呂精義》內、外篇各十卷，《律學新說》四卷，《鄉飲詩樂譜》六卷，皆有卷數。其《樂學新說》《算學新說》《操縵古樂譜》《六代小舞譜》《八佾綴兆圖》《靈星小舞譜》《旋宮合樂譜》七種，則皆不分卷，與《藝文志》所載不符。疑史誤也。

載堉究心律數，積畢生之力以成是書。卷帙頗為浩博，而大旨則盡於《律呂精義》一書。其說謂度本起於黃鐘之長，就此黃鐘而均分為十寸，寸十分，

命曰一尺，當橫黍百粒，是為度尺。若以此黃鐘分為八寸一分，寸九分，凡八十一分，當縱黍八十一粒，是為律尺。又橫黍百粒，縱黍八十一粒，當斜黍九十粒，是黃鐘之長。以橫黍尺度之，則為一尺，寸十分，凡百分，以縱黍尺度之，則為八寸一分，寸九分，凡八十一分。以斜黍尺度之，則為九寸，寸十分，凡九十分也。其十二律〔三〕長短之數，則據「栗氏為量，內方尺而圜其外」之文，謂圓徑即方斜，命黃鐘正律為一尺，用句股求弦術，得弦為蕤賓，倍律。蓋黃正為句股，則蕤倍為弦。蕤正為句股，則黃正為弦。黃、蕤二律互為句股也。其生南呂、應鐘諸律，非句股所能御，蓋本於諸乘方比例相求之法。載堉云：句股術者，飾詞也。律管長短，由於尺有大小。其云黃鐘九寸者，蓋算術設率如此，亦猶鄭康成注，十二律分、寸、釐、毫、絲之數，破一寸以為十分，乃審度之正法。太史公約十為九，則欲其便於損益而為假設之權制也。或者訶其以一尺為黃鐘，與九寸之文相反，可謂不達其意矣。仲呂反生黃鐘，自何承天、劉焯、胡瑗皆有是說。蔡氏論之，以為惟黃鐘一律成律，他十一律皆不成律。不知律生於聲，不生於數。吹之而聲應，則成律矣。若遷就其聲以就數，則五音且不和矣，尚得謂之律耶？又或者以其開方乘除，有不盡之數為病。夫理之當用開方乘除，而數有畸零者，雖秒、忽不盡何害？假令句股求弦，而句方股方相併，以平方開之不盡，亦將謂之不成弦耶？此不知算術者也。是書所論橫黍百粒當縱黍八十一粒之尺度，及半黃鐘不與黃鐘應而半太蔟與黃鐘應之說，皆精微之論。聖祖仁皇帝《律呂正義》一書備採其說，不可以其與蔡氏有異同而置之也。至其十二律相生之法，以黃鐘正律一尺為第一率，倍黃鐘二尺為第十三率，則蕤賓倍律為第七率，故仲呂可以反生黃鐘。左旋右旋皆可徑求次律，即諸乘方用連比例相求之法也。試列十三率明之：以真數一為首率，即第一率，方邊二為二率，平方四為三率，立方八為四率，三乘方十六為五率，四乘方三十二為六率，五乘六十四為七率，六乘方一百二十八為八率，七乘方二百五十六為九率，八乘方五百一十二為十率，九乘方一千零二十四為十一率，十乘方二千零四十八為十二率，十一乘方四千零九十六為末率，即十三率。以首率一乘末率四千零九十六，開平方即得七率六十四，即「黃鐘求蕤賓法」。以七率六十四乘首率一開平方得八為四率，即「蕤賓求南呂法」也。以首率一自之，又以四率八乘之，開立方得二率方邊二，即「南中求應鍾法」也。若四率八自之，再以首率一乘之，開立方得三率四，即「南呂求無射法」也。其比例，則首之於二，猶二之於三，二

之於三猶三之於四，依次至第十三率，比例皆同。或前隔一位，隔二三位，與後隔一位，隔二三位，比例亦同，即各律求各次律法也。書中未明言其立法之根。又黃鐘正律、倍律相乘開方，有類句股求弦與方求斜二術。自「蕤賓求南呂法」以下，非句股法所能御，而亦以句股言之，未免過於秘惜，以塗人耳目耳。江永著《律呂闡微》一書，專解載堉之法。永最深晰算術，而猶不能得其立法之意，餘可知矣。（《四庫全書總目》卷三十八）

【注釋】

〔一〕【作者研究】邢兆良撰《朱載堉評傳》（南京大學出版社 1998 年版），王軍撰《朱載堉樂律思想研究》（人民音樂出版社 2013 年版），朱載堉紀念館編《致敬樂聖》（河南人民出版社 2018 年版），劉芊撰《禮樂餘響——朱載堉與儒家樂教》（文物出版社 2019 年版）。按，朱載堉，我國明代大樂律家。因其首創的「十二平均律」，或稱十二等程律、新法密律，被廣泛應用在世界各國的鍵盤樂器上，包括鋼琴，故被譽為「鋼琴理論的鼻祖」、「東方文藝復興式的聖人」。

〔二〕【考證】《樂律全書》由十五種著作彙刊而成，即：《律學新說》《樂學新說》《算學新說》《曆學新說》《律呂精義》《操縵古樂譜》《旋宮合樂譜》《鄉飲詩樂譜》《六代小舞譜》《小舞鄉樂譜》《二佾綴兆圖》《靈星小舞譜》《聖壽萬年曆》《萬年曆備考》《律曆融通》。今按，《朱載堉集》（上海交通大學出版社 2013 年版）是存世朱載堉文獻著作的結集。除了的《樂律全書》，還將《瑟譜》《律呂正論》《律呂質疑辨惑》《嘉量算經》《古周髀算經圓方勾股圖解》以及《補亡詩》和一直流傳在民間的《鄭王醒世詞》等未收入《樂律全書》的朱載堉著作一併囊括，是迄今朱載堉著作的全本。

〔三〕【十二律】即十二平均律。律，本來指用來定音的竹管，舊說古人用十二個長度不同的律管，吹出十二個高度不同的標準音，以確定樂音的高低，因此，這十二個標準音也就叫做十二律。從低到高排列起來，依次為：
1. 黃鐘（C）2. 大呂（#C）3. 太簇（D）4. 夾鐘（#D）5. 中呂（E）6. 中呂（F）7. 蕤賓（#F）8. 林鐘（G）9. 夷則（#G）10. 南呂（A）11. 無射（#A）12. 應鐘（B）
十二律分為陰陽兩類：奇數六律為陽律，叫做六律；偶數六律叫做六呂。合稱律呂。其中黃鐘為元聲。

165. 律呂闡微十卷〔一〕

國朝江永（1681～1762）撰。

是書引聖祖仁皇帝論樂五條為《皇言定聲》一卷，冠全書之首，而《御製律呂正義》五卷，永實未之見，故於西人五線、六名、八形號、三遲速多不能解。其作書大旨，則以明鄭世子載堉為宗。惟方圓周徑用密率起算，則與之微異。載堉之書，後人多未得其意，或妄加評騭。今考載堉命黃鐘為一尺者，假一尺以起句股開方之率，非於九寸之管有所益也。其言黃鐘之律長九寸，縱黍為分之九寸也，寸皆九分，凡八十一分，是為律本。黃鐘之度長十寸，橫黍為分之十寸也，寸皆十分，凡百分，是為度母。縱黍之律，橫黍之度，名數雖異，分劑實同。語最明晰，而昧者猶執九寸以辨之，不亦惑乎！《考工記》「栗氏為量，內方尺而圓其外」，則圓徑與方斜同數。方求斜術，與等邊句股形求弦等。今命內方一尺，為黃鐘之長，則句股皆為一尺。各自乘，並之開方，得弦為內方之斜，即外圓之徑，亦即蕤賓倍律之率。蓋方圓相函之理，方之內圓，得外圓之半，其外圓必得內圓之倍。圓之內方，得外方之半，其外方亦必得內方之倍。今圖內方邊一尺，其冪一百，外方邊二尺，其冪四百。若以內方邊一尺求斜，則必置一尺自乘而倍之，以開方。是方斜之冪二百，得內方之倍，外方之半矣。蕤賓倍律之得黃鐘正律之倍，倍律之半；是以圓內方為黃鐘正律之率，外方為黃鐘倍律之率，則方斜即蕤賓倍律之率也。於是以句乘之，開平方，得南呂倍律之率，以股再乘之，開立方，得應鐘倍律之率。既得應鐘，則各律皆以黃鐘正數十寸乘之為實。以應鐘倍數為法除之，即得其次律矣。其以句股乘除開方所得之律，較舊律僅差毫釐而稍贏，而左右相生，可以解「往而不返」之疑。且十二律周徑不同，而半黃鐘與正黃鐘相應，亦可以解「同徑之黃鐘不與半黃鐘應，而與半太蔟應」之疑。永於載堉之書疏通證明，具有條理，而以蕤賓倍律之率生夾鐘一法，又能補原書所未備。惟其於開平方得南呂之法，知以四率比例解之，而開立方得應鐘法，則未能得其立法之根而暢言之。蓋連比例四率之理，一率自乘，用四率再乘之，與二率自乘、再乘之數等。今以黃正為首率，應倍為二率，無倍為三率，南倍為四率，則黃正自乘，又以南倍乘之，開立方即得二率為應鐘倍律之率也。其實載堉之意，欲使仲呂返生黃鐘，故以黃正為首率，黃倍為末率，依十二律長短之次，列十三率，則應鐘為二率，南呂為四率，蕤賓為七率也。其乘、

除、開平方、立方等術，皆連比例相求之理，而特以方圓句股之說，隱其立法之根，故永有所不覺耳。〔二〕（《四庫全書總目》卷三十八）

【注釋】

〔一〕【成書時間】此書成於乾隆二十二年（1757）。（《清代徽人年譜合刊》上冊第64頁）

〔二〕【整理與研究】李一俊《江永律呂闡微整理與研究》（中國藝術研究院2009年碩士論文），上篇是《律呂闡微》的標點和集注，其中包括本書的點校說明和對《律呂闡微》序和又序的整理。在整理這本書的過程中，筆者首先找到了在入《四庫全書》時被編輯者刪掉的《律呂闡微》的序和又序，兩序對研究《律呂闡微》具有極重要的參考價值。以清抄本作為底本，又以四庫本參校。下篇是江永生平及樂律學貢獻，重點是江永《律呂闡微》在樂律學上的貢獻。

166. 雅樂發微八卷

明張敔撰。考明有兩張敔，其一字伯起，合肥人。永樂中貢入太學，除廣東道監察御史，官至陝西按察使僉事。所著有《京氏易考》。見朱彝尊《經義考》。此張敔，饒州（今江西波陽）人。朱載堉《律呂精義》第五卷中載有其名。又《明史·陸粲傳》載粲劾張璁、桂萼疏，有「禮部員外郎張敔假律曆而結知」之語，與此書亦相合，蓋即其人也。

敔論樂大旨，以入聲最低者命為黃鐘，其最高者為應鐘之變宮。是書自元聲、正半律諸法，以逮樂器、樂歌、懸圖、舞表，分門畢具。後又作《雅義》三卷附之，六十律、八十四調、十六鐘以及累黍生尺之法，無不悉究。其序謂：「論琴律本之朱子，論笛制之杜夔，論旋宮本之《周禮》，論鐘鑄本之《國語》。」於樂制頗有考證。然如論蕤賓生大呂，主《呂覽》《淮南子》「上生」之說，不知律呂相生定法，上生與下生相間，故左旋與右旋相乘。今應鐘既上生蕤賓，而蕤賓又上生大呂，與上下相生之序極為錯迕，乃先儒已廢之論，殊不足據也。〔一〕（《四庫全書總目》卷三十九）

【注釋】

〔一〕【版本】《續修四庫全書》影印國家圖書館分館藏明嘉靖十七年孫沐刻本。

167. 爾雅注疏十一卷

晉郭璞（276～324）注，宋邢昺（932～1010）疏。璞，字景純，河東聞喜（今屬山西）人。官至弘農太守。事積具《晉書》本傳。昺有《孝經疏》，已著錄。

案《大戴禮·孔子三朝記》稱：「孔子教魯哀公學《爾雅》。」則《爾雅》之來遠矣，然不云《爾雅》為誰作。據張揖《進廣雅表》稱：「周公著《爾雅》一篇，案：《經典釋文》以揖所稱一篇為《釋詁》。今俗所傳三篇，案：《漢志》「爾雅」三卷。此三篇謂三卷也。或言仲尼所增，或言子夏所益，或言叔孫通所補，或言沛郡梁文所考，皆解家所說，疑莫能明也。」〔一〕於作書之人亦無確指。其餘諸家所說小異大同。今參互而考之，郭璞《爾雅注序》稱：「豹鼠既辨，其業亦顯。」〔二〕邢昺《疏》以為漢武帝時終軍事。《七錄》載犍為文學《爾雅注》三卷。案：《七錄》久佚，此據《隋志》所稱，染有某書，亡。知為《七錄》所載。陸德明《經典釋文》以為漢武帝時人，則其書在武帝以前。曹粹中《放齋詩說》曰：案：此書今未見傳本，此據《永樂大典》所引。「《爾雅》，毛公以前其文猶略，至鄭康成時則加詳。如『學有緝熙於光明』，毛公云：『光，廣也。』康成則以為學於有光明者。而《爾雅》曰：『緝熙，光明也。』又『齊子豈弟』，康成以為猶言『發夕』也。而《爾雅》曰：『豈弟，發也。』『薄言觀者』，毛公無訓。『振古如茲』，毛公云：『振，自也。』康成則以『觀』為多，以『振』為古。其說皆本於《爾雅》。使《爾雅》成書在毛公之前，顧得為異哉？」則其書在毛亨以後。案：《詩傳》乃毛亨作，非毛萇作，語詳《詩正義》條下。大抵小學家綴緝舊文，遞相增益，周公、孔子皆依託之詞。觀《釋地》有鶼鶼，《釋鳥》又有鶼鶼，同文復出，知非纂自一手也。其書，歐陽修《詩本義》以為學《詩》者纂集博士解詁，高承《事物紀原》亦以為大抵解詁詩人之旨。然釋《詩》者不及十之一，非專為《詩》作。揚雄《方言》以為孔子門徒解釋六藝，王充《論衡》亦以為「五經」之訓故。然釋「五經」者不及十之三、四，更非專為「五經」作。

今觀其文，大抵採諸書訓詁名物之同異，以廣見聞，實自為一書，不附經義。如《釋天》云：「暴雨謂之涷。」《釋草》云：「卷施草，拔心不死。」此取《楚辭》之文也。《釋天》云：「扶搖謂之猋。」《釋蟲》云：「蒺藜，蝍蛆。」此取《莊子》之文也。《釋詁》云：「嫁，往也。」《釋水》云：「灉大出尾下。」此取《列子》之文也。《釋地》四極云：「西王母。」《釋畜》云：「小領盜驪。」此取《穆天子傳》之文也。《釋地》云：「東方有比目魚焉，不比不行，其名謂之鰈。南方有比翼鳥焉，不比不飛，其名謂之鶼鶼。」此取《管

子》之文也。又云：「邛邛距虛，負而走，其名謂之蟨。」此取《呂氏春秋》之文也。又云：「北方有比肩民焉，迭食而迭望。」《釋地》云：「河出崑崙虛。」此取《山海經》之文也。《釋詁》云：「天、帝、皇、王、后、辟、公、侯。」又云：「洪、廓、宏、溥、介、純、夏、幠。」《釋天》云：「春為青陽」至「謂之醴泉」。此取《尸子》之文也。《釋鳥》曰：「爰居雜縣。」此取《國語》之文也。如是之類，不可殫數。蓋亦《方言》《急就》之流，特說經之家多資以證古義，故從其所重，列之經部耳。璞時去漢未遠，如「遂幠大東」稱《詩》，「釗我周王」稱《逸書》，所見尚多古本，故所注多可據。後人雖迭為補正，然宏綱大旨終不出其範圍。昺《疏》亦多能引證，如《尸子·廣澤篇》《仁意篇》皆非今人所及睹。其犍為文學、樊光、李巡之注，見於陸氏《釋文》者雖多所遺漏，然疏家之體，惟明本注，注所未及，不復旁搜。此亦唐以來之通弊，不能獨責於昺。惟既列注文，而疏中時復述其文，但曰郭注云云，不異一字，亦更不別下一語，殆不可解。豈其初疏與注別行歟？今未見原刻，不可復考矣。〔三〕（《四庫全書總目》卷四十）

【注釋】

〔一〕【廣雅表】……今俗所傳三篇《爾雅》，或言仲尼所增，或言子夏所益，或言叔孫通所補，或言沛郡梁文所考，皆解家所說，詁師口傳，既無正論，聖人所言，是故疑不能明也。夫《爾雅》之為書也，文約而義固，其陳道也，精研而無誤，真七經之檢度，學問之階路，儒林之楷素也。若其包羅天地，綱紀人事，權揆制度，發百家之訓詁，未能悉備也。竊以所識，擇撢群藝，文同義異，音轉失讀，八方殊語，庶物易名，不在《爾雅》者，詳錄品覈，以著於篇。凡萬八千一百五十文，分為上、中、下。

〔二〕【郭璞自序】夫《爾雅》者，所以通訓詁之指歸，敘詩人之興詠，總絕代之離詞，辨同實而殊號者也。誠九流之津涉，六藝之鈐鍵，學覽者之潭奧，摛翰者之華苑也。若乃可以博物不惑，多識於鳥獸草木之名者，莫近於《爾雅》。《爾雅》者，蓋興於中古，隆於漢氏，豹鼠既辨，其業亦顯。英儒贍聞之士，洪筆麗藻之客，靡不欽玩躭味，為之義訓。璞不揆檮昧，少而習焉，沈研鑽極二九載矣。雖注者十餘，然猶未詳備，並多紛謬，有所漏略，是以復綴集異聞，會萃舊說，考方國之語，採謠俗之志，錯綜樊、孫，博關群言，剟其瑕礫，搴其蕭稂，事有隱滯，援據徵之，於其易了，闕而不論，別為音圖，用祛未寤，輒復擁篲清道，企望塵躅者，以將來君子為亦有涉乎此也。

〔三〕【整理與研究】姜兆錫撰《爾雅注疏參議》六卷（雍正十年寅清樓刻九經補
注本），周春撰《爾雅補注》四卷（光緒三十四葉氏刻本），翟灝撰《爾雅補
郭》二卷（清刻本），劉玉麐撰《爾雅校議》二卷（1925 年汪氏刻食舊堂叢
書本），任基振撰《爾雅注疏箋補》三卷（上海圖書館藏稿本），戴鏊撰《爾
雅郭注補正》九卷（乾隆五十二年刻本）。管錫華撰《爾雅研究》（安徽大學
出版社 1996 年版）。

【版本】靜嘉堂文庫藏宋刊本《爾雅疏》三卷，陸心源定為「北宋咸平初刊
祖本」，而王國維力主此為南宋初期刻本。此本已被確認為「日本重要文化
財」。（《日本藏漢籍珍本追蹤紀實》第 270～273 頁）《爾雅疏》有《四部叢
刊》本。張元濟跋云：「單疏刊行者，先有姑蘇黃氏之《儀禮》及吳興陸氏之
《爾雅》，友人劉翰怡刊印《禮記》及《春秋三傳》。《禮記》《尚書》，日本近
據原本影印，《春秋》據古寫本，均視劉本為精。《毛詩》余見於京都內藤氏，
《周易》相傳在臨清徐氏。」（《張元濟古籍書目序跋彙編》第 875 頁）

168. 方言十三卷

　　舊本題漢揚雄（公元前 53 年～公元後 18 年）撰，晉郭璞（276～324）注。

　　考《晉書·郭璞傳》有注《方言》之文，而《漢書·揚雄傳》備列所著
之書，不及《方言》一字，《藝文志》亦惟小學有雄《訓纂》一篇，儒家有
雄所序三十八篇，注云：「《太玄》十九，《法言》十三，樂四，箴二。」賦有
雄賦十二篇，皆無《方言》。東漢一百九十年中，亦無稱雄作《方言》者。
至漢末，應劭《風俗通義序》始稱：「周、秦常以歲八月遣輶軒之使求異代
方言，還奏籍之，藏於秘室。及嬴氏之亡，遺棄脫漏，無見者。蜀人嚴君
平有千餘言，林閭翁孺才有梗概之法。揚雄好之。天下孝廉、衛卒交會，周
章質問，以次注續。二十七年爾，乃治正，凡九千字。」又劭注《漢書》亦
引揚雄《方言》一條，是稱雄作《方言》實自劭始。魏晉以後，諸儒轉相沿
述，皆無異詞。惟宋洪邁《容齋隨筆》始考證《漢書》，斷非雄作〔一〕。然邁
所摘劉歆與雄往返書中，既稱在成帝時，不應稱孝成皇帝一條，及東漢明帝
始諱莊，不應西漢之末即稱莊遵為嚴君平一條，則未深中其要領。考書首成
帝時云云，乃後人題下標注之文，傳寫舛訛，致與書連為一，實非歆之本詞，
文義尚犖然可辨。書中載揚莊之名，不作嚴字，實未嘗預為明帝諱。其嚴君
平字或後人傳寫追改，亦未可知，皆不足斷是書之偽。惟後漢許慎《說文解

字》多引雄說，而其文皆不見於《方言》。又慎所注字義，與今《方言》相同者不一而足，而皆不標揚雄《方言》字。知當慎之時此書尚不名《方言》，亦尚不以《方言》為雄作，故馬、鄭諸儒，未嘗稱述。至東漢之末，應劭始有是說。魏孫炎注《爾雅》「莫貁螳螂蚅」字，晉杜預注《左傳》「授師子焉」句，始遞相徵引；沿及東晉，郭璞遂注其書，後儒稱揚雄《方言》，蓋由於是。然劭序稱《方言》九千字，而今本乃一萬一千九百餘字，則字數較原本幾溢三千。雄與歆往返書，皆稱《方言》十五卷，郭璞序亦稱三五之篇，而《隋志》《唐志》乃並載揚雄《方言》十三卷，與今本同，則卷數較原本闕其二，均為牴牾不合。考雄答歆書稱：「語言或交錯相反，方復論思詳悉集之。如可寬假延期，必不敢有愛（云云）。」疑雄本有此未成之書，歆借觀而未得，故《七略》不載，《漢志》亦不著錄。後或侯芭之流收其殘稿，私相傳述。閱時既久，不免於輾轉附益，如徐鉉〔二〕之增《說文》，故字多於前。厥後傳其學者以《漢志》無《方言》之名，恐滋疑竇，而小學家有《別字》十三篇，不著撰人名氏，可以假借影附，證其實出於雄。遂並為一十三卷，以就其數，故卷減於昔歟？反覆推求，其真偽皆無顯據。姑從舊本，仍題雄名，亦疑以傳疑之義也。〔三〕

雄及劉歆二書，據李善《文選注》引「懸諸日月不刊之書」句，已稱《方言》，則自隋、唐以來原附卷末，今亦仍之。其書世有刊本，然文字古奧，訓義深隱，校讎者猝不易詳，故斷爛訛脫，幾不可讀。錢曾《讀書敏求記》嘗據宋槧駁正其誤。然曾家宋槧今亦不傳，惟《永樂大典》所收猶為完善。檢其中「秦有榛娥之臺」一條，與錢曾所舉相符，知即從宋本錄入。今取與近本相校，始知明人妄行改竄，顛倒錯落，全失其初，不止錢曾所舉之一處。是書雖存而實亡，不可不亟為釐正。謹參互考訂，凡改正二百八十一字，刪衍文十七字，補脫文二十七字。神明煥然，頓還舊觀，並逐條援引諸書，一一疏通證明，具列案語，庶小學訓詁之傳尚可以具見崖略，並以糾坊刻之謬，俾無迷誤後來。〔四〕

舊本題曰《輶軒使者絕代語釋別國方言》，其文冗贅，故諸家援引及史志著錄皆省文，謂之《方言》。《舊唐書·經籍志》則謂之《別國方言》，實即一書。又《容齋隨筆》稱此書為《輶軒使者絕域語釋別國方言》，以「代」為「域」，其文獨異，然諸本並作「絕代」，書中所載，亦無絕域重譯之語。洪邁所云，蓋偶然誤記，今不取其說焉。（《四庫全書總目》卷四十）

【注釋】

〔一〕【史源】《容齋三筆》卷十五「別國方言」條。

〔二〕【徐鉉】（917～992），字鼎臣，五代會稽（今浙江紹興）人。有《徐公文集》
　　行世。

〔三〕【辨偽】王國維、羅常培等主張《方言》為揚雄所撰。華學誠《周秦漢晉方言
　　研究史》第88～95頁詳細討論了《方言》的真偽問題，可資參考。

〔四〕【整理與研究】戴震撰《方言疏證》十三卷，正偽補漏，開清人研究《方言》
　　之先河。王念孫撰《方言疏證補》一卷，有不少見解可以補戴氏之不足。錢
　　繹撰《方言箋疏》十三卷（中華書局1991年版），主要參考了戴震的《方言
　　疏證》和盧文弨的《重校方言》，又玄應的《一切經音義》參校有遍。「錢氏
　　不理解《方言》一書以活的方言口語作為調查對象的主旨，只是從史傳、諸
　　子、類書以及古佚殘篇中搜集材料，加以考證，所以用力雖勤但創見較少。」
　　（《中國大百科全書·語言文字》第77頁）劉君惠等撰《揚雄方言研究》（巴
　　蜀書社1992年版）。周祖謨撰《方言校箋》（中華書局1993年版），是目前
　　最為通行的一個本子。華學誠等撰《揚雄方言校釋匯證》（中華書局2006年
　　版）。

169. 釋名八卷

漢劉熙撰。熙字成國，北海（今在山東濰坊）人。〔一〕

其書二十篇。以同聲相諧，**推論稱名辨物之意**。中間頗傷於穿鑿，然可
因以**考見古音**。又去古未遠，所釋器物，亦可因以**推求古人制度之遺**。如《楚
辭·九歌》：「薜荔拍兮蕙綢。」王逸注云：「拍，搏壁也。」「搏壁」二字，今
莫知為何物。觀是書《釋第帳》篇，乃知以席搏著壁上謂之搏壁。孔穎達《禮
記正義》以深衣十二幅皆交裁謂之衽。是書《釋衣服》篇云：「衽，襜也。在
旁襜襜然也。」則與《玉藻》言衽當旁者可以互證。《釋兵》篇云：「刀室曰
削，室口之飾曰琫，下末之飾曰珌。」又足證《毛詩詁訓傳》之訛。其有資考
證，不一而足。吳韋昭嘗作《辨釋名》一卷，糾熙之誤，其書不傳。然如《經
典釋文》引其一條曰：「《釋名》云：古者車，音如居，所以居人也；今曰車，
音尺遮反，舍也。」案：《釋名》本作古者曰車，聲如居，言行所以居人也。今
曰車，車舍也，行者所處，若居舍也。」此蓋陸德明約舉其文。又取文義顯明增入「音尺遮反」四字耳。
韋昭云：「車，古皆音尺奢反，後漢以來，始有居音。」案：《何彼襛矣》之

詩，以「車」韻「華」；《桃夭》之詩，以「華」韻「家」。家古音姑，華古音
敷，則車古音居，更無疑義，熙所說者不訛。昭之所辨，亦未必盡中其失也。

別本或題曰《逸雅》，蓋明郎奎金取是書與《爾雅》《小爾雅》《廣雅》《埤
雅》〔二〕合刻，名曰「五雅」，以四書皆有雅名，遂改題「逸雅」，以從類，非
其本目，今不從之。

又《從漢書·劉珍傳》稱：「珍撰《釋名》五十篇，以辨萬物之稱號。」
其書名相同，姓又相同。鄭明選作《秕言》〔三〕，頗以為疑。然歷代相傳無引
劉珍《釋名》者，則珍書久佚，不得以此書當之也。明選又稱此書為二十七
篇，與今本不合。明選，萬曆中人，不應別見古本。殆一時失記，誤以二十為
二十七歟？〔四〕（《四庫全書總目》卷四十）

【注釋】

〔一〕【錢大昕題《釋名》後】據陳壽《吳志》，知其避地交州，不當目為魏初人。
（《竹汀先生日記鈔》卷一，遼寧教育出版社 1998 年版第 1 頁）錢大昕《潛
研堂文集》卷二十七《跋釋名》一文觀點與此大致相同。

〔二〕【評論】潘景鄭《明刻埤雅》云：「陸弘農先生《埤雅》二十卷，詳釋名物，
足為《爾雅》之羽翼。蓋《爾雅》訓古，而此書證今。」（《著硯樓讀書記》
第 28 頁）

〔三〕【秕言】明鄭明選撰。是編皆考證之文，而弇陋特甚。（《四庫全書總目》卷
一二六）

〔四〕【整理與研究】畢沅撰《釋名疏證》八卷《續釋名》一卷《釋名補遺》一卷
（乾隆五十四年畢氏靈巖山館刻經訓堂叢書本），顧千里有校本，王先謙撰
《釋名疏證補》（上海古籍出版社 1984 年版），任繼昉撰《釋名匯校》（齊魯
書社 2006 年版）。李維芬撰《釋名研究》（臺北大化書局 1979 年版），李冬
鴿撰《釋名新證》（上海古籍出版社 2013 年版），魏宇文撰《劉熙〈釋名〉語
源與文化探析》（中國社會科學出版社 2016 年版）。

170. 廣雅十卷

魏張揖撰。揖字稚讓，清河（今河北臨清）人。太和中官博士。其名或從
木作楫，然證以稚讓之字，則為揖讓之揖，審矣。後魏江式《論書表》曰：
「魏初，博士清河張揖著《埤倉》《廣雅》《古今字詁》。究諸《埤》《廣》，
增長事類，抑亦於文為益者也。然其《字詁》，方之許篇，或得或失矣。」

是式謂《埤倉》《廣雅》勝於《字詁》。今《埤倉》《字詁》皆久佚，惟《廣雅》存。

其書因《爾雅》舊目，博採漢儒箋注及《三蒼》《說文》諸書，以增廣之，於揚雄《方言》亦備載無遺。隋秘書學士曹憲為之音釋，避煬帝諱，改名《博雅》。故至今二名並稱，實一書也。前有揖進表，稱凡萬八千一百五十文，分為上、中、下。《隋書·經籍志》亦作三卷，與表所言合。然注曰梁有四卷，《唐志》亦作四卷。《館閣書目》又云：「今逸，但存音三卷。」憲所注本，《隋志》作四卷，《唐志》則作十卷，卷數各參錯不同，蓋揖書本三卷，《七錄》作四卷者，由後來傳寫，析其篇目。憲注四卷，即因梁代之本，後以文句稍繁，析為十卷，又嫌十卷煩碎，復並為三卷。觀諸家所引《廣雅》之文皆具在，今本無所佚脫，知卷數異而書不異矣。然則《館閣書目》所謂逸者，乃逸其無注之本。所謂存音三卷者，即憲所注之本。揖原文實附注以存，未嘗逸，亦未嘗闕。惟今本仍為十卷，則又後人析之以合《唐志》耳。考唐玄度〔一〕《九經字樣序》稱：「音字改反為切，實始於唐開成間。憲雖自隋入唐，至貞觀時尚在。然遠在開成以前，今本乃往往云某字某切，頗為疑竇。」殆傳刻臆改，又非憲本之舊歟？〔二〕（《四庫全書總目》卷四十）

【注釋】

〔一〕【唐玄度】字彥升。唐文宗時任翰林待詔。大和三年（833），玄度奉詔復定石經字體，撰成《九經字樣》一書，刻於石上，成為開成石經的組成部分。

〔二〕【整理與研究】王念孫撰《廣雅疏證》二十卷，博搜漢以前古訓，由古音以求古義，創見極多，大大提升了原書的價值。錢大昭撰《廣雅疏義》（上海圖書館藏清愛古堂抄本）。徐復先生主編《廣雅詁林》（江蘇古籍出版社 1992 年版），是總結帳式的整理。

171. 匡謬正俗八卷

唐顏師古〔一〕（581～645）撰。師古名籀，以字行，雍州萬年（今陝西西安）人。歷官秘書監。事蹟具《唐書》本傳。

是書永徽二年（651）其子符璽郎揚庭表上於朝，高宗敕錄本付秘閣〔二〕。卷首載揚庭表，稱「稿草才半，部帙未終」，蓋猶未竟之本。又稱「謹遵先範，分為八卷，勒成一部」，則今本乃揚庭所編。宋人諸家書目多作《刊謬正俗》，

或作《糾謬正俗》，蓋避太祖之諱。錢曾《讀書每求記》作《列謬正俗》，則刻本偶誤也。前四卷凡五十五條，皆論諸經訓詁音釋，後四卷凡一百二十七條，皆論諸書字義、字音及俗語相承之異，考據極為精密。〔三〕

惟拘於習俗，不能知音有古今，其注《漢書》動以合聲為言，遂與沈重之音《毛詩》同開後來叶音之說。故此書謂：「葬，音臧。誼、議，音宜。反，音扶萬反。歌，音古賀反。彝，音上聲。怒，有上、去二聲。壽，有授、受二音。縣，有平、去二聲。迥，音戶鎣反。」皆誤以今韻讀古音。謂：「穰，音而成反。上，音盛，又音市郢反。先，音西。逢，音如字，不讀龐。」皆誤以古音讀今韻，均未免千慮之一失。

然古人考辨小學之書，今皆失傳。自顏之推《家訓·音證篇》外，實莫古於是書。其邱區禹宇之論，韓愈《諱辨》引之，知唐人已絕重之矣。《戒山堂讀史漫筆》解都鄙二字，詫為獨解，不知為此書所已駁；毛奇齡引《書序》「俘厥寶玉」解《春秋》「衛俘」詫為特見，不知為此書所已引，洵後人證據終不及古人有根柢也。

鄭樵《通志·校讎略》曰：「《刊謬正俗》乃雜記經史，惟第一卷起《論語》，而《崇文總目》以為論語類，知《崇文》所釋，只看帙前數行，率意以釋之耳。」今檢《崇文總目》，樵說信然。當時館閣諸人不應荒謬至此。檢是類所列，以《論語》三種、《家語》一種居前，次為《白虎通》，次為《五經鉤沈》，次即此書，次為六說，次為《經史釋題》，次為《授經圖》，次為《九經餘義》，次為《演聖通論》，皆統解群經之文。蓋當時仿《隋志》之例，以《五經總義》附之《論語》類中，雖不甚允，要不可謂之無據。樵不考舊文，而務為苛論，遽以「只看數行」詆之，失其旨矣。（《四庫全書總目》卷四十）

【注釋】

〔一〕【作者研究】羅香林撰《唐顏師古籍年譜》（臺北商務印書館 1980 年版）。

〔二〕【史源】敕旨云：「顏師古業綜書林，譽高詞苑，討論經史，多所匡正。」

〔三〕【整理與研究】劉曉東撰《匡謬正俗平議》（山東大學出版社 1999 年版）。

172. 說文解字三十卷

漢許慎（約 58～約 147）撰。慎字叔重，汝南（今屬河南駐馬店市）人。官至太尉南合祭酒。

是書成於和帝永元十二年（100）。凡十四篇，合目錄一篇為十五篇，分五百四十部，為文九千三百五十三，重文一千一百六十三，注十三萬三千四百四十字。推究六書之義，分部類從，至為精密。而訓詁簡質，猝不易通，又音韻改移，古今異讀，諧聲諸字，亦每難明，故傳本往往訛異。宋雍熙三年（986），詔徐鉉、葛湍、王惟恭、句中正等重加刊定。凡字為《說文》注義序例所載而諸部不見者悉為補錄。有經典相承、時俗要用而《說文》不載者亦皆增加，別題之曰「新附字」。其本有正體而俗書訛變者則辨於注中。其違戾六書者則別列卷末，或注義未備，更為補釋，亦題「臣鉉等案」以別之，音切則一以孫愐《唐韻》為定。以篇帙繁重，每卷各分上下，即今所行毛晉刊本是也。明萬曆中，宮氏刻李燾《說文五音韻譜》，陳大科序之，誤以為即鉉校本。陳啟源作《毛詩稽古編》，顧炎武作《日知錄》，並沿其謬，豈毛氏所刊國初猶未盛行歟？〔一〕書中古文、籀文，李燾據唐林罕之說，以為晉絲令呂忱所增。考慎自序云：「今序篆文，合以古籀。」其語甚明。所記重文之數亦復相應。又《法書要錄》載後魏江式《論書表》曰：「晉世義陽王典祠，令任城呂忱表上《字林》六卷。尋其況趣，附託許慎《說文》，而按偶章句，隱別古籀奇惑之字。文得正隸，不差篆意。」則忱書並不用古籀，亦有顯證。如罕之所云呂枕《字林》多補許慎遺闕者，特廣《說文》未收字耳。其書今雖不傳，然如《廣韻》一東部桐字、箜字，四江部𪖊字之類，云出《字林》者皆《說文》所無，亦大略可見。燾以《說文》古籀為忱所增，誤之甚矣！

自魏、晉以來，言小學者皆祖慎，至李陽冰〔二〕始曲相排斥，未協至公。然慎書以小篆為宗，至於隸書、行書、草書則各為一體。孳生轉變時有異同，不悉以小篆相律。故顏元孫《干祿字書》曰：「自改篆行隸，漸失其真。若總據《說文》，便下筆多礙，當去泰去甚，使輕重合宜。」徐鉉《進說文表》亦曰：「高文大冊，則宜篆、籀著之金石。至於常行簡牘，則草、隸足矣。」二人皆精通小學，而持論如是。明黃諫作《從古正文》，一切以篆改隸，豈識六書之旨哉？至其所引《五經》文字，與今本多不相同，或往往自相違異。顧炎武《日知錄》嘗摭其汜下作「江有汜」，沱下又作「江有沱」，嵒下作「赤舄巳巳」，掔下又作「赤舄掔掔」〔三〕，是所云《詩》用毛氏者，亦與今本不同。蓋雖一家之學，而支派既別，亦各不相合。好奇者或據之以改經，則廖戾殊甚。**能通其意，而又能不泥其跡，庶乎為善讀《說文》矣。**

　　案：慎序自稱：「《易》孟氏、《書》孔氏、《詩》毛氏、《禮》周官、《春秋》左氏、《論語》《孝經》皆古文。」考劉知幾《史通》稱：《古文尚書》得之壁中，博士孔安國以校伏生所誦，增多二十五篇。案：此亦據梅賾古文而言，實則孔邱原本僅增多十六篇。更以隸古字寫之，編為四十六卷。司馬遷屢採其事，故遷多有古說。至於後漢，孔氏之本遂絕。其有見於經典者，諸儒皆謂之逸書。是孔氏壁中之書，慎不得見。《說文》末載慎子衝上書稱：「慎古學受之賈逵。」而《後漢書・儒林傳》又稱：「扶風杜林傳《古文尚書》，林同郡賈逵為之作訓，馬融作傳，鄭玄注解，由是《古文尚書》遂顯於世。」是慎所謂孔氏書者，即杜林之本。顧《隋志》稱杜林《古文尚書》所傳僅二十九篇。又雜以今文，非孔舊本，案：古文除去無師說者十六篇，正得伏生二十九篇之數，非雜以今文。《隋志》此文，亦據梅賾古文，未及與《漢書》互校。自餘絕無師說。陸德明《經典釋文》採馬融注甚多，皆今文《尚書》，無古文一語。即《說文》注中所引，亦皆在今文二十八篇之中。朱彝尊《經義考》辨之甚明。案：彝尊又謂：「惟『若藥不瞑眩』一句，出古文《說命》。殆因《孟子》所引而及之。」然此句乃徐鍇《說文繫傳》之語，非許慎之原注，彝尊偶而誤記，移甲為乙，故今不取其說。則慎所謂孔氏本者，非今五十八篇本矣。以意推求，《漢書・藝文志》稱：「劉向以中古文校歐陽、大小夏侯三家經文，《酒誥》脫簡一，《召誥》脫簡二，文字異者七百有餘，脫字數十（云云）。」所謂中古文，即孔氏所上之古文存於中秘者。是三家之本立在博士者，皆經劉向以古文勘定，改其訛脫，其書已皆與古文同。儒者據其訓詁言之，則曰大小夏侯、歐陽《尚書》。據其經文言之，則亦可曰孔氏《古文尚書》。三家解說，只有伏生二十八篇遞相授受，餘所增十六篇，不能詮釋，遂置不言，故馬融《書序》稱逸十六篇絕無師說也。案：融序今不傳，此語見孔穎達《尚書正義》中。使賈逵所傳杜林之本即今五十八篇之本，則融嘗因之作傳矣，安有是語哉？又《後漢書・杜林傳》稱：「林前於西州得漆書《古文尚書》，嘗寶愛之。雖遭艱困，握持不離身（云云）。」是林所傳者，乃古文字體，故謂之漆書。是必劉向校正三家之時，隨二十八篇傳出。以字非隸古，世不行用。林偶得之，以授逵，逵得之，以授慎，故慎稱為孔氏本，而亦止二十八篇，非真見安國舊本也。論《尚書》者，惟《說文》此句最為疑竇，閻若璩《尚書古文疏證》牽於此句，遂誤以馬、鄭所注為孔氏原本，亦千慮之一失，故附考其源流於此。〔四〕（《四庫全書總目》卷四十一）

【注釋】

〔一〕【版本】錢泰吉《曝書雜記》卷下：「當明季時所見《說文》，皆李巽岩《五音韻譜》。而始一終亥之本，雖博覽如顧亭林，猶不得見也。自汲古閣大徐本流傳，學者始得見許氏真本。今仿宋之刻，已有數本，幾於家置一編。」（第 72 頁）王欣夫《辛壬稿》卷一：「毛氏汲古閣得大徐校定本，始為重刊。子晉、斧季父子並五次校改，尤以第五次據小徐《繫傳》所改為多，而其誤亦特甚。其書盛行，讀者習焉不察。段茂堂得見王蘭泉、周漪塘所藏宋刊各本及明刊《五音韻譜》，並參之《集韻》《類篇》，記其駁異之處，以存大徐本真面目，成此一書，袁壽階為刊之。於是學者遂家有《說文》真本，蓋在嘉慶甲子孫淵如覆刻真宋本之前固不可少者也。或乃謂毛氏刻書多非善本，並據此為口實，則竊以為不然。毛氏刻此書之功，在使許學晦昧數百年而復明。至校改之誤，其意非不求善焉。但以久絕之學，斧季之識力有所不逮。否則，何其不憚煩而為是紛紛，豈可以後來許學昌明之見強繩之哉！故在毛氏時不能有段氏之書，猶段氏時亦不再有此校改舛訛之本。時代有所不同，學識有進步，事有必然，正不必是丹非素。段氏雖詆毛氏為識見駑下，後人不應以此為藉口。段氏又謂讀書貴於平心綜覈，得其是非，不當厭故喜新，務以數見者為非，罕見者為善。此則不啻對後學痛下箴砭矣。」（《蛾術軒篋存善本書錄》第 441 頁）

　　靜嘉堂文庫藏北宋刊本《說文解字》十五卷、標目一卷，共八冊，即黃丕烈所謂「宋刊小字本」，已被確認為「日本重要文化財」。（《日本藏漢籍珍本追蹤紀實》第 266～269 頁）

　　杏雨書屋藏《說文解字殘卷》木部一百八十八字，此本原為莫友芝所藏，莫氏曾撰《說文解字木部箋異》。1926 年，輾轉歸內藤湖南。（同上第 337～339 頁）今按，孫詒讓認為此係偽作，「偽跡顯然」。（《溫州經籍志》第 232 頁）

〔二〕【李陽冰】字少溫，唐趙郡人。以篆書名家，人譽為神品。

〔三〕【史源】《日知錄》卷三十二「巳」條。

〔四〕【整理與研究】清代有「說文四大家」：段玉裁撰《說文解字注》，最為精博；王筠、桂馥、朱駿聲各有撰述，不愧為大家。20 世紀的「說文學」以章太炎、黃侃為代表。黃侃的大弟子劉賾撰《說文古韻譜》，以聲韻串文字、訓詁，將

黃侃古音學說貫串其中，且一一落到實處。黃侃的另一弟子陸宗達著《說文解字通論》，旨在為初學說法。黃侃的關門弟子徐復撰《說文五百四十部首正解》。董蓮池主編《說文解字研究文獻集成》（作家出版社 2006 年版），全書分為古代卷 14 卷和現當代卷 12 卷。

173. 說文繫傳四十卷

南唐徐鍇（920～974）撰。鍇字楚金，廣陵（今江蘇揚州）人。官至右內史舍人。宋兵下江南，卒於圍城之中。事蹟具《南唐書》本傳。

是書凡八篇。首《通釋》三十卷，以許慎《說文解字》十五篇，篇析為二。凡鍇所發明及徵引經傳者，悉加「臣鍇曰」及「臣鍇案」字以別之。繼以《部敘》二卷，《通論》三卷，《祛妄》《類聚》《錯綜》《疑義》《繫述》各一卷。《祛妄》斥李陽冰臆說；《疑義》舉《說文》偏旁所有而闕其字及篆體筆劃相承小異者；《部敘》擬《易‧序卦傳》以明《說文》五百四十部先後之次；《類聚》則舉字之相比為義者，如一、二、三、四之類；《錯綜》則旁推六書之旨，通諸人事，以盡其意；終以《繫述》，則猶《史記》之《自敘》也。

鍇嘗別作《說文篆韻》五卷。宋孝宗時，李燾因之作《說文解字五音譜》。燾《自序》有曰：「《韻譜》當與《繫傳》並行。今《韻譜》或刻諸學官，而《繫傳》迄莫光顯。余搜訪歲久，僅得其七八，闕卷誤字，無所是正。每用太息。」則《繫傳》在宋時已殘闕不完矣。

今相傳僅有抄本，錢曾《讀書敏求記》至詫為驚人秘笈〔一〕，然脫誤特甚。卷末有熙寧中蘇頌記云：「舊闕二十五、三十共二卷，俟別求補寫。此本卷三十不闕。或續得之，以補入。卷二十五則直隸其兄鉉所校之本，而去其新附之字。殆後人求其原書不獲，因摭鉉書以足之。猶之《魏書》佚《天文志》，以張太《素書》補之也。其餘各部闕文，亦多取鉉書竄入。考鉉書用孫愐《唐韻》，而鍇書則朝散大夫行秘書省校書即朱翱別為反切。鉉書稱某某切，而鍇書稱反。今書內音切與鉉書無異者，其訓釋亦必無異。其移掇之跡，顯然可見。至示部竄入鉉新附之祧、祆、祚三字，尤鑿鑿可證者。錯編篇末，其文亦似未完，無可採補，則竟闕之矣。此書成於鉉書之前，故鉉書多引其說。然亦時有同異。如鉉本「福，祐也」，此作「備也」。鉉本「茉，耕多草」，此作「耕名」。鉉本「迸，前頡也」，此作「前頓也」。鉉本「鸄，

大鶵也」，此從《爾雅》作「天鷄也」。又鉉本祭字下引《禮記》，禰字下引《詩》之類，此作「臣鍇案《禮記》曰」、「臣鍇案《詩》曰」。則鍇所引，而鉉本淆入許氏者甚多。又如礜字下云「闕」，此作「家本無注，臣鍇案」，疑許慎子許沖所言也。是鉉直刪去「家本無注」四字，改用一「闕」字矣。其憑臆刪改，非賴此書之存，何以證之哉？此書本出蘇頌所傳篆文，為監察王聖美、翰林祗候劉允恭所書。卷末題「子容」者，即頌字也。乾道癸巳（1173），尤袤得於葉夢得家，寫以與李燾，詳見袤跋。書中有稱「臣次立案」者，張次立也。次立官至殿中丞，嘗與寫嘉祐二字石經。陶宗儀《書史會要》〔二〕載其始末云。

　　案：是書在徐鉉校《說文》之前，而列其後者，鉉校許慎之原本，以慎為主，而鉉附之。此書鍇所論者，以鍇為主，故不得而先慎也。（《四庫全書總目》卷四十一）

【注釋】

〔一〕【版本】錢泰吉《曝書雜記》卷下：「《繫傳》則乾隆壬寅汪氏啟淑刻，與石門馬氏巾箱本並行。然觀卷後癸巳尤氏袤跋，則宋時已多訛舛矣。道光丁酉（1837），壽陽祁相國督學江蘇，訪得顧千里所藏舊抄本。又得汪氏士鍾所藏宋刻（僅見三十卷至四十卷），與陳芝楣撫軍鑾捐資開雕。寫楷書者，為蘇州蔣芝生。篆文則江陰承培元、吳江吳汝庚。」（第72頁）今按，此書有《四部叢刊》本，張元濟跋云：「右天水槧《說文解字繫傳》卷三十至卷四十，凡十一卷，趙宋第二刻也。此書元、明兩世未有刊傳；乾、嘉以來，汪氏、馬氏、祁氏始先後板行。三刻之中，祁本為最。」（《張元濟古籍書目序跋彙編》第863頁）

〔二〕【書史會要】九卷，陶宗儀撰。前八卷載錄歷代書家2000餘人，卷九專論書法。

〔三〕【整理與研究】清汪憲撰《說文繫傳攷異》，王筠撰《說文繫傳校錄》。古敬恒撰《徐鍇〈說文繫傳〉研究》（重慶大學出版社1995年版）。黃瀟瀟撰《徐鍇〈說文繫傳〉中的語言文字學思想研究》（吉林文史出版社2017年版）。

174. 重修玉篇三十卷

　　梁大同九年（543），黃門侍郎兼大學博士顧野王（519～581）撰；唐上元元年（674），富春孫強增加字；宋大中祥符六年（1013），陳彭年、吳銳、邱雍等重修。

　　凡五百四十二部。今世所行凡三本：一為張士俊所刊，前有野王序一篇，啟一篇，後有神珙反紐圖及分毫字樣，朱彝尊序之，稱「上元本」；一為曹寅所刊，與張本一字無異，惟前多大中祥符敕牒一道，稱「重修本」；一為明內府所刊，字數與二本同，而每部之中次序不同，注文稍略，亦稱「大中祥符重修本」。〔一〕

　　案：《文獻通考》載《玉篇》三十卷，引晁公武《讀書志》曰：「梁顧野王撰，唐孫強又嘗增字，釋神珙《反紐圖》〔二〕附於後。」又載重修《玉篇》三十卷，引《崇文總目》曰：「翰林學士陳彭年與史館校刊吳銳、直集賢院邱雍等重加刊定。」是宋時《玉篇》原有二本。彭年等進書表稱：「肅奉詔條，俾從詳閱。訛謬者悉加刊定，敷淺者仍事討論。」其敕牒後所列字數，稱舊一十五萬八千六百四十一言，新五萬一千一百二十九言，新舊總二十萬九千七百七十言。注四十萬七千五百有三十字。是彭年等大有增刪，已非孫強之舊，故明內府本及曹本均稱重修。張本既與曹本同，則亦重修本矣。乃刪去重修之牒，詭稱上元本，而大中祥符所改「大廣益會」之名及卷首所列字數，仍未及削改，可謂拙於作偽。彝尊序乃謂勝於今行大廣益本，殆亦未見所刊，而以意漫書歟？元陸友《研北雜志》稱：顧野王《玉篇》惟越本最善，末題「會稽吳氏三一娘寫」，楷法殊精。又考《永樂大典》每字之下皆引顧野王《玉篇》云云，又引宋重修《玉篇》云云，二書並列，是明初上元本猶在。而其篇字韻中所載《玉篇》全部，乃仍收大廣益會本，而不收上元舊本。顧、孫原帙，遂不可考，殆以重修本注文較繁，故以多為貴耶？當時編纂之無識，此亦一端矣。〔三〕

　　卷末所附沙門神珙《五音聲論》及《四聲五音九弄反紐圖》，為言等韻者所祖。近時休寧戴氏作《聲韻考》〔四〕，力辯反切始魏孫炎，不始神珙〔五〕。其說良是。至謂唐以前無字母之說，神珙字母乃剽竊儒書，而託詞出於西域，則殊不然。考《隋書‧經籍志》稱：「婆羅門書以十四音貫一切字，漢明帝時，與佛經同入中國。」則遠在孫炎前。又釋藏譯經字母，自晉僧伽婆羅以下，可考者尚十二家，亦遠在神珙前。蓋反切生於雙聲，雙聲生於字母。此同出於喉吻之自然，華不異梵，梵不異華者也。中國以雙聲取反切，西域以字母統雙聲，此各得於聰明之自悟，華不襲梵，梵不襲華者也。稽其源流，具有端緒。特神珙以前，自行於彼教，神珙以後，始流入中國之韻書，亦如利瑪竇后推步測驗，參用西法耳。豈可謂歐羅巴書全剽竊洛下鮮于之舊術哉？戴氏不究其本，徒知神珙在唐元和以後，遂據其末而與之爭，欲以求勝於彼教。不

知聲音之學，西域實為專門。儒之勝於釋者，別自有在，不必爭之於此也。
（《四庫全書總目》卷四十一）

【注釋】

〔一〕【版本】日本石山寺藏唐人寫本《玉篇》殘本一卷，被確認為「日本國寶」。
（《日本藏漢籍珍本追蹤紀實》第448～450頁）陸心源《儀顧堂題跋》卷一
有《宋刻玉篇殘本跋》。潘景鄭《日本抄本萬象名義》云：「及讀古本《玉篇》，
覈其部居，與《說文》不相差違，於是知古本之可貴，而宋以後紛紛傳刻，
等於覆瓿矣。」（《著硯樓讀書記》第45頁）

〔二〕【神珙《反紐圖》】即神珙《四聲五音九弄反紐圖》。

〔三〕【整理與研究】朱葆華撰《原本玉篇文字研究》（齊魯書社2004年版）。《玉
篇》體例仿《說文》而有創新。如《說文》以小篆書字，而《玉篇》以楷書
收字。《說文》以釋形為主，講本義也是為了證明字形，所以只講本義，不講
引申義；而《玉篇》以釋義為主，文字之訓不限本義，而是列舉一字之多種
意義。《玉篇》更近於現代字典形式，實開後世字典之先河。

〔四〕【戴震《聲韻考》】全書由16篇論文組成。乾隆三十一年（1766）戴震四十
三歲，會試不第，客居北京新安會館，將所撰音韻論文輯錄成書。當時學人
爭相傳寫，流傳很廣，版本較多，其中手稿現藏上海圖書館。黃山書社《戴
震全書》本以《安徽叢書》本為底本。

〔五〕【史源】《反切之始》載《聲韻考》卷一。

175. 干祿字書一卷

　　唐顏元孫（？～714）撰。元孫，杲卿（692～756）之父，真卿（708～784）之
諸父也。官至滁、沂、濠三州刺史，贈秘書監。

　　大曆九年（774），真卿官湖州時，嘗書是編勒石。開成四年（839），楊漢公
復摹刻於蜀中。今湖本已泐闕，蜀本僅存。宋寶祐丁巳（1257），衡陽陳蘭孫始
以湖本鋟木。國朝揚州馬曰璐得宋槧翻刻之，即此本也。然證以蜀本，率多
謬誤。如卷首序文本元孫作，所謂「伯祖故秘書監」，乃師古也。蘭孫以元孫
亦贈秘書監，遂誤以為真卿稱元孫，而以序中「元孫」二字改為「真卿」以就
之。曰璐亦承其訛，殊為失考。其他闕誤，亦處處有之。今以蜀本互校，補闕
文八十五字，改訛體十六字，刪衍文二字，始稍還顏氏之舊。

是書為章、表、書、判而作，故曰「干祿」。其例以四聲隸字，又以二百六部排比字之後先。每字分俗、通、正三體，頗為詳覈。其中如蟲蟲、啚圖、商商、凍凍，截然兩字，而以為上俗下正〔一〕。又如兒，古貌字，而云貌正，兒通。韭之作韮，匊之作菆，直是俗字，而以為通用。雖皆不免千慮之失，然其書酌古準今，實可行用。非詭稱復古，以奇怪釣名。言字體者，當以是為酌中焉。至二百六部之次序，與《廣韻》間有不同。或元孫所用，乃陸法言之舊第，而《廣韻》次序，乃宋人所改歟？〔二〕（《四庫全書總目》卷四十一）

【注釋】

〔一〕【史源】錢泰吉《曝書雜記》卷下引胡重菊圃跋云：按《說文》蟲音虺，蟲從三蟲，各自為部。顏云蟲俗蟲正，非也。啚音鄙，即啚嗇字。圖從囗（音圍）從啚，顏云啚俗圖正，非也。商從囗，帝聲，凡鏑適嫡皆從之。商從冏，章省聲。顏云商俗商正，非也。（下略）（第 73～74 頁）

〔二〕【整理與研究】劉中富撰《干祿字書字類研究》（齊魯書社 2004 年版）。

176. 汗簡三卷目錄敘略一卷

宋郭忠恕（？～977）撰。忠恕字恕先，洛陽人。是書首有李建中題字，後有附題兩行。稱忠恕仕周朝，為朝散大夫宗正丞兼國子書學博士，疑亦建中所記。然據郭若虛《圖畫見聞志》及《蘇軾集》所載忠恕小傳，並稱宋太宗時，召忠恕為國子監主簿，後流登州（今屬山東蓬萊市），道卒，則不得為周人。又陶岳《五代史補》〔一〕載，周祖入京師，時忠恕為湘陰公推官，面責馮道〔二〕之賣國，則先已仕漢，題周更誤矣。

《宋史·藝文志》以此書與《佩觿》〔三〕並載，而晁、陳諸家書目，皆不著錄，則在宋代亦罕見。此本乃李建中得之秘府，大中祥符五年（1012）李直方得之建中〔四〕。初無撰人名字，建中以字下注文有「臣忠恕」字，證以徐鉉所言，定為忠恕所作。其分部從《說文》之舊，所徵引古文凡七十一家。前列其目，字下各分注之。時王球、呂大臨、薛尚功之書皆未出，故鐘鼎闕焉。其分隸諸字即用古文之偏旁，與後人以真書分部、案韻系字者不同。《鈍吟雜錄》載，馮舒嘗論此書，以沔、汸、臍〔五〕、駛諸字援文就部為疑。然古文部類，不能盡繩以隸楷，猶之隸楷轉變，不能盡繩以古文。舒之所疑，蓋不足為累。且所徵七十一家存於今者，不及二十分之一。後來談古文者輾轉援據，大抵

從此書相販鬻，則忠恕所編，實為諸書之根柢〔六〕，尤未可以忘所自來矣。〔七〕
（《四庫全書總目》卷四十一）

【注釋】

〔一〕【五代史補】宋陶岳撰。宋初薛居正等《五代史》成，岳嫌其尚多闕略，因取
　　　諸國竊據、累朝創業事蹟，編次成書，以補所未及……此書雖頗近小說，然
　　　敘事首尾詳具，率得其實，故歐陽修《新五代史》、司馬光《通鑑》多採用
　　　之……然當薛《史》既出之後，能網羅散失，裨益闕遺，於史學要不為無助
　　　也。（《四庫全書總目》卷五十一）

〔二〕【馮道】（882～954），字可道。五代時身歷數朝，官運亨通，自稱長樂老。他
　　　於後唐長興三年（932）倡議在國子監內校定九經文字，雕版印刷，至後周完
　　　成，世稱「五代監本」。

〔三〕【佩觿】宋郭忠恕撰。此書上卷備論形聲訛變之由，分為三科：一曰造字，
　　　二曰四聲，三曰傳寫。中、下二卷則取字畫疑似者，以四聲分十段：曰平聲
　　　自相對，曰平聲上聲相對，曰平聲去聲相對，曰平聲入聲相對，曰上聲自相
　　　對，曰上聲去聲相對，曰上聲入聲相對，曰去聲自相對，曰去聲入聲相對，
　　　曰入聲自相對。末附與《篇韻》音義異者十五字，又附辯證舛誤者一百十九
　　　字。不署名字，不知何人所加。以其可資考證，仍並存之。（《四庫全書總目》
　　　卷四十一）

〔四〕【考證】王欣夫云：「案本書李直方後序：『近聞秘府新本，乃集賢李公衍修
　　　（公名建中）。公素居外任，稿草秘於巾箱中。大中祥符四年罷西京留臺，歸
　　　闕，果以此書示余云云。』則秘府所藏，即建中所書以獻者，與《玉壺清話》
　　　諸書所載同。李氏所得摹寫者，乃其稿草，所述甚明。《提要》誤也。」（《蛾
　　　術軒篋存善本書錄》第1172頁）

〔五〕【腓】瘦。《管子‧問》：「時簡稽帥馬牛之肥腓，其老而死者皆舉之。」

〔六〕【忠恕所編實為諸書之根柢】《辭海‧語言文字分冊》：「所錄古文，同近代出
　　　土的《三體石經》多相符合，大體可信。」（第77頁）錢大昕《潛研堂文集》
　　　卷二十七《跋汗簡》與此評論相反：「三代古文奇字，其詳不可得聞，賴有許
　　　叔重之書，猶存其略。《說文》所收九千餘字，古文居其大半，其引據經典，
　　　皆用古文說，間有標出古文、籀文者，乃古、籀之別體，非古文只此數字也……
　　　叔重採錄古文，而以小篆法書之。後人不學，妄指《說文》為秦篆，別求所
　　　為古文，而古文之亡滋甚矣。郭忠恕《汗簡》，談古文者奉為金科玉律，以予

觀之，其灼然可信者，多出於《說文》；或取《說文》通用字，而郭氏不推其
本，反引它書以實之，其他偏旁詭異不合《說文》者，愚固未敢深信也。予嘗
謂學古文者，當先求許氏書，鐘鼎真贋雜出，可採者僅十之一。」（第449頁）

〔七〕【整理與研究】鄭珍撰《汗簡箋正》（《鄭珍全集》第二冊，上海古籍出版社
　　2012年版），於郭氏所集字多所發明。黃錫全撰《汗簡注釋》（武漢大學出版
　　社1990年版）。忻洪雷主編《汗簡詞典》（河南美術出版社2009年版）。

177. 類篇四十五卷

　　舊本題司馬光（1019～1086）撰。景定癸亥（1263）董南一作光《切韻指掌
圖》序亦稱：「光嘗被命修纂《類篇》，古文奇字，搜獵殆盡。」然書後有附記
曰：「寶元二年（1039）十一月，翰林院學士丁度等奏：今修《集韻》，添字既
多，與顧野王《玉篇》不相參協，欲乞委修韻官，將新韻添入，別為《類篇》，
與《集韻》相副施行。時修韻官獨有史館檢討王洙在職，詔洙修纂。久之，洙
卒。嘉祐二年（1057）九月，以翰林學士胡宿代之。三年（1058）四月，宿奏乞
光祿卿直秘閣掌禹錫大理寺丞張次立同加校正。六年（1061）九月，宿遷樞密
副使，又以翰林學士范鎮代之。治平三年（1066）二月，范鎮出鎮陳州（今河南
淮陽），又以龍圖閣直學士司馬光代之。時已成書，繕寫未畢。至四年（1067）
十二月，上之。」然則光於是書特繕寫奏進而已，傳為光修，非其實也。〔一〕
　　書凡十五卷，每卷各分上、中、下，故稱四十五卷。末一卷為目錄，用
《說文解字》例也。凡分部五百四十四。其編纂之例有九：一曰同音而異形
者皆兩見，二曰同意而異聲者皆一見，三曰古意之不可知者皆從其故，四曰
變古而有異義者皆從今，五曰變古而失真者皆從古，六曰字之後出而無據者
皆不特見，七曰字之失故而遂然者皆明其由，八曰《集韻》之所遺者皆載，九
曰字之無部分者皆以類相聚。〔二〕考《集韻》所收並重文為五萬三千五百二十
五字。此書凡文三萬一千三百一十九，重音二萬一千八百四十六，僅五萬三
千一百六十五字。較《集韻》所收尚少三百六十字。而例云《集韻》所遺皆載
者，蓋《集韻》重文頗為雜濫，此書凡字之後出而無據者皆不特見，故所刪之
數多於所增之數也。其所編錄，雖不及《說文》《玉篇》之謹嚴。然字者孳也，
輾轉相生，有非九千舊數所能盡者。《玉篇》已增於《說文》，此書又增於《玉
篇》。時會所趨，久則為律，有不知其然而然者，固難以一格拘矣。〔三〕（《四庫
全書總目》卷四十一）

【注釋】

〔一〕〔二〕【司馬光《類篇序》】雖有天下甚多之物，苟有以待之，無不各獲其處也，多而至於失其處者，非多罪也，無以待之，則十百而亂。有以待之，則千萬若一。今夫字書之於天下可以為多矣，然而從其有聲也而待之以《集韻》，天下之字以聲相從者無不得也。從其有形也，而待之以《類篇》，天下之字以形相從者無不得也。既已盡之以其聲矣，而又究之以其形，而字書之變曲盡，蓋景祐中諸儒始受詔為《集韻》之書，既而以為有形存而聲亡者，不可以貴得於《集韻》，於是又詔為《類篇》。凡受詔累年而後成。夫天下之物其多，而至比於字書者未始有也，然而多不獲其處，豈其無以待之。昔周公之為政，登龜取黿、攻鼃去蛙之法，無不備具，而孔子之論禮，至於千萬而一有者，皆預為之說。夫此將以應天下之無窮，故待天下之物，使處如治字書，則物無足治者。凡為《類篇》，以《說文》為本，而例有九（下略）。

〔三〕【評論】潘景鄭《影宋抄本類篇跋》云：「《類篇》繼《說文解字》《玉篇》而成。雖不及兩書之謹嚴，然推原析流而輕重、深淺、清濁之變，迻用旁求，不改《倉頡篇》部居之舊，猶存始一終亥之旨。此書自《玉篇》以後，繼往開來，集文字訓詁之大成，為學者不可不備之著，大醇小疵，不足為此書病焉。」（《著硯樓讀書記》第39～40頁）

【整理與研究】柳建鈺撰《類篇新收字考辨與研究》（遼寧大學出版社2011年版）。

178. 歷代鐘鼎彝器款識法帖二十卷

宋薛尚功撰。尚功字用敏，錢塘（今浙江杭州）人。紹興中，以通直郎僉定江軍節度判官廳事。

是書見於晁公武《讀書志》《宋史·藝文志》，均作二十卷，與今本同。惟陳振孫《書錄解題》作《鐘鼎法帖》十卷。卷數互異，似傳寫脫「二」字。然吾邱衍《學古編》〔一〕亦作十卷，所云刻於江州（今江西九江），與振孫之說亦符，蓋當時原有二本也。所錄篆文，雖大抵以《考古》《博古》二圖為本，而搜輯較廣，實多出於兩書之外。其中如十六卷中載比干墓銅槃銘之類，未免真偽雜糅，然大致可稱博洽。即以卷首商鼎一類考之，若箕鼎及維揚石刻之出於古器物銘，濟南鼎之出於向溥刻本，皆非舊圖之所有。至其箋釋名義，考據尤精。如《考古圖》釋蠹鼎云：「周景王十三年，鄭獻公躉立。」此書獨

從《博古圖》，以為商鼎。夔鼎銘五字，《博古圖》云：「上一字未詳。」此書以上一字為夔字。父乙鼎銘亦五字，《博古圖》云：「末一字未詳。」此書以末一字為彝字。又如《博古圖》釋召夫鼎銘詞有「午刊」二字，此書作「家刊」。《博古圖》釋父甲鼎銘作「立戈父甲」，此書作「子父甲」。又凡《博古圖》所云立戈、橫戈形者，此書多釋為子字。其立說並有依據。蓋尚功嗜古好奇，又深通篆籀之學，能集諸家所長，而比其同異，頗有訂訛刊誤之功，非抄撮蹈襲者比也。

尚功所著別有《鐘鼎篆韻》七卷，蓋即本此書而部分之。今其本不傳，然梗概已具於此矣。舊刻久佚〔二〕。此本為明崇禎中朱謀㙔所刊〔三〕。自序稱購得尚功手書本。雖果否真蹟，無可證明〔四〕，然鉤勒特為精審，較世傳寫本為善云。

案：此書雖以《鐘鼎款識》為名，然所釋者諸器之文字，非諸器之體制。改隸字書，從其實也。至《博古圖》中之因器及銘者，則宜入譜錄，不在此例。《隋志》並石經入小學，以刻文同異可資參考之故。然萬斯大《石經考》之類，皆但溯源流，不陳字體，與小學無涉，今仍附之金石焉。（《四庫全書總目》卷四十一）

【注釋】

〔一〕【學古編】是書專為篆刻印章而作，首列三十五舉，詳論書體正變及篆寫摹刻之法，次合用文籍品目：一小篆品，二鐘鼎品，三古文品，四碑刻品，五器品，六辨謬品，七隸書品，八字源，九辨源，凡四十六條。又以洗印法、印油法附於後。摹刻私印，雖稱小技，而非精於六書之法者必不能工……其間辯論訛謬，徐官《印史》謂其多採他家之說，而附以己意，剖析頗精。所列小學諸書，各為評斷，亦殊有考核。（《四庫全書總目》卷一百一十三）

〔二〕【版本】此書紹興十四年（1144年）刻石，今僅有宋拓殘葉中的十紙。潘景鄭《影毛抄本歷代鐘鼎彝器款識》云：「《天祿後目》載有影宋抄一本，元刊朱印三本。所謂影宋抄者，疑似無可證明；其所謂元刊朱印者，疑即萬曆之本，以蒙古鉛槧，未有朱印也。萬曆本訛謬至甚，跋語亦多刪節，反不如崇禎中朱謀㙔一本為善。清代藏家頗據汲古閣藏本摹寫，明季兩本不復重視，實則抄刻大同小異，俱未臻盡善耳。」（《著硯樓讀書記》第41頁）

〔三〕【版本】此本為明崇禎六年（1633）刻本，今有影印本。

〔四〕【考證】錢大昕《跋薛尚功鐘鼎彝器款識》:「薛尚功《鐘鼎彝器款識》二十
　　　卷,世間頗有刻本。其墨蹟,元時為謝長源所得,有周公謹、趙子昂、柯敬
　　　仲、周伯溫、斡克莊、達兼善、王止仲諸人題識。此本乃明人就墨蹟影印者,
　　　故行款字體俱不失真。舊藏虞山錢氏,後歸吾邑周梁客,今為王鶴溪得之。」
　　　(《潛研堂文集》卷三十)

179. 復古編二卷

　　宋張有(1054~?)撰。有字謙中,湖州人。張先〔一〕(990~1078)之孫。
出家為道士。

　　是書根據《說文解字》以辨俗體之訛。以四聲分隸諸字,於正體用篆書,
而別體、俗體則附載注中。猶顏元孫《干祿字書》分正、俗、通三體之例。下
捲入聲之後,附錄辯證六篇:一曰聯綿字,二曰形聲相類,三曰形相類,四曰
聲相類,五曰筆跡小異,六曰上正下訛。皆剖析毫釐,至為精密。

　　然惟以《說文》正小篆,而不以小篆改隸書。故小篆之不可通於隸者,
則曰隸作某,亦顏元孫所謂「總據《說文》,則下筆多礙,當去泰去甚,使輕
重合宜」者也。樓鑰集有此書序,稱其嘗篆楊時《踵息庵記》〔二〕,以小篆無
「庵」字,竟作隸體書之。知其第不以俗體入篆爾,作隸則未嘗不諧俗。鑰序
又記其為林攄母撰墓碑,書「魏」字作「巍」,終不肯去山字。〔三〕陳振孫所
記亦同。然考此書「巍」字下注曰:「今人省山以為魏國之魏。」不以為俗體
別字,是其說復古而不戾今,所以為通人之論。視魏校等之詭僻盜名、強以
篆籀入隸者,其識趣相去遠矣。〔四〕

　　此本為明萬曆中黎民表所刊,字畫頗為清晰,惟不載鑰序〔五〕。然鑰所云
陳瓘、程俱前後序〔六〕,則皆相符,蓋猶從舊本傳刻者也。(《四庫全書總目》卷
四十一)

【注釋】

〔一〕【張先】字子野,湖州人。人稱張三影。著有《安陸集》《張子野集》。夏承燾
　　　《唐宋詞人年譜》內有張先年譜,吳雄和等撰《張先集編年校注》(浙江古籍
　　　出版社 1996 年版)。

〔二〕【史源】《龜山集》卷二十四。

〔三〕【復古編序】文字之書,世謂之小學,或者因陋就簡,指以為學之細事而忽
　　　之,非也。古者四民,擇其秀者為士而教之。所謂八歲入小學者,教以禮、

樂、射、御、書、數，是六者雖不見古人之大全，《周禮注疏》亦見其略，是皆有名數法度。及人之幼，真淳未散，記識性全，使習六藝，則終身可以為用，此為少年之學，非曰學者之小事。禮壞樂崩，射御弗習，數學亦復罕傳，猶幸六書之說具存。《凡將》《爰歷》等書不復可見，《急就章》止存大略，惟許叔重著《說文解字》垂範千載，李陽冰中興斯文於唐，若南唐二徐兄弟尤深此學，楚金在江南，既為《通釋》《部敘》《通論》《袪妄》《類聚》《錯宗》《疑義》《繫述》等篇，總謂之《繫傳》。又著《韻譜》，備矣。鼎臣入本朝，逮事熙陵，命校定叔重之書，至今賴之。爾後楊南仲、章友直文勳、邵疏、陳晞諸公，皆以篆鳴遺跡，猶班班見之，然不聞有書，以惠後來。吳興張謙中有，篤志古道，傷俗學之混淆，為書一編，號曰《復古》，用功數十年，書成於大觀、政和之間。陳了齋、程北山為前後序，稱美甚至，足以不朽矣。（《攻媿集》卷五十三）

〔四〕【評論】《辭海‧語言文字分冊》：「其書過於泥古，謬誤頗多。」（第 77 頁）持論與《四庫全書總目》正好相反。

〔五〕【版本】此書有《四部叢刊》影宋抄本。張元濟跋云：「今宋元舊刻已不傳，即《四庫》著錄之明黎民表刊本，亦不可得見。此依宋刻影寫，篆法精整，必出名手。前後存陳、程二序，龜山序已佚，別從翁覃溪校本補得。」（《張元濟古籍書目序跋彙編》第 901 頁）

〔六〕【序跋】程俱後序見四庫本，但陳瓘前序未錄入。

180. 漢隸字源六卷

宋婁機（1133～1211）撰。機字彥發，嘉興人。乾道二年（1165）進士。寧宗朝累官禮部尚書兼給事中，權知樞密院事兼太子賓客，進參知政事，提舉洞霄宮。事蹟具《宋史》本傳。

其書前列考碑、分韻、辨字三例。次碑目一卷，凡漢碑三百有九，魏晉碑三十有一，各紀其年月、地里、書人姓名，以次編列，即以其所編之數注卷中碑字之下，以省繁文。次以《禮部韻略》二百六部分為五卷，皆以真書標目，而以隸文排比其下。韻不能載者十四字，附五卷之末終焉。其文字異同，亦隨字附注。如後漢修孔子廟禮器碑內，韓明府，名敕，字叔節。歐陽修謂前世見於史傳未有名敕者，而此書引繁陽令楊君碑陰亦有程敕，以證《集古錄》考核之疏。又若曲江之為曲紅，引周憬碑；遭罹之為遭離，引馬江碑；

陂障之為波障，引孫叔敖碑；委蛇之為禕隋，引衡方碑。於古音古字，亦多存梗概，皆足為考證之資，不但以點畫波磔為書家模範已也。〔一〕（《四庫全書總目》卷四十一）

【注釋】

〔一〕【評論】為研究隸書及漢字演變的重要資料。（《辭海·語言文字分冊》第 78 頁）

181. 班馬字類五卷〔一〕

宋婁機（1133～1211）撰。

前有樓鑰序〔二〕，稱為《史漢字類》。案：司馬在前，班固在後，倒稱「班馬」，起於杜牧之詩，於義未合，似宜從鑰序之名。然機跋實自稱「班馬」，今姑仍之。其書採《史記》《漢書》所載古字、僻字，以四聲部分編次。雖與《文選雙字》《兩漢博聞》《漢雋》諸書大概略同，而考證訓詁，辨別音聲，於假借通用諸字，臚列頗詳，實有裨於小學，非僅供詞藻之撏撦。〔三〕

末有機自跋二則〔四〕，辯論字義，亦極明析。中有如「降古音洪」、「眉古作睂」之類可以不載者；亦有如「璇璣玉衡」本《尚書》，「袀服振振」本《左傳》之類，不得以《史》《漢》為出典者；與「幾致刑措」之幾，「不茹園葵」之茹，音義與今並同者；一概捃拾，未免小失簡汰。又袁文《甕牖閒評》糾其引《史記·禮書》「不稟京師」之稟，當從示，不當從禾；《漢書·西域傳》「須諸國稟食之稟」，當從禾，不當從示，二字交誤，亦中其失。然古今世異，往往訓詁難通。有是一編，區分類聚，雖間有出入，固不失為考古之津梁也。（《四庫全書總目》卷四十一）

【注釋】

〔一〕【版本】顧千里謂此書有繁簡兩本，考簡本二卷，與《直齋書錄解題》合，即叢書樓覆刻本。繁本五卷，與二卷本不同。胡玉縉《提要補正》謂「所列增多處，往往即李曾伯補遺文，而又不盡合」。王欣夫云：「竊疑五卷本係出補遺，故有雜糅。此書自當以二卷本為朔，《天祿琳琅書目後編》有宋刊六部。《四庫》所據內府藏本，不知何以捨此而取彼也。」（《蛾術軒篋存善本書錄》第 1565～1566 頁）此書有《四部叢刊》影宋抄本。張元濟跋云：「此為汲古閣毛氏舊抄。原本經毛斧季校正，然尚有漏略，因取本館所藏宋槧二史，暨蔣氏刊本，復為讎訂。」（《張元濟古籍書目序跋彙編》第 933 頁）

〔二〕【樓序】古字不多，率假藉以為用，後世寖廣，隨俗更改，多失造字之意，此好古者所歎也。以史籀之大篆，或云書法已壞，其書俗惡，已不可言，叔重之《說文》而云野陋淺薄，謬妄欺世後之字書，又可知矣。西漢去古未遠，文章固非後人所及，而字亦多古，雖已變秦文，科斗書廢，要之假借簡樸，彷彿古意，其興亡之大端，忠邪之異趣，千載自不可誣。而綴文之士，又摘取奇字，以資華藻，片言隻字，施之鉛槧，自有一種風味，故《誨蒙》《漢雋》等書，作者不一，此書更取《史記》之字，合為一編，從韻類分，粲然可睹，其志勤矣。婁君此書將傳於世，觀其趣向進進未已，或更考究以補孟堅之闕，以發揮子長之餘，不亦善乎！

〔三〕【評論】分類抄綴以成一書，固非著作之上乘，宜為高明之士所不屑為。然於己，則可資熟習；於人，則可便檢查，實交得其益。（王欣夫《蛾術軒篋存善本書錄》第 1565～1566 頁）

〔四〕【自跋】世率以班固史多假借古字，又時用偏旁，音釋各異，然得善注易曉，遂為據依。機謂固作西漢書，多述司馬遷之舊，論古字當自遷史始，因取《史記正義》《索隱》《西漢音義》《集韻》諸書訂正，作《班馬字類》，互見各出，不沒其舊，而音義較然，違舛尚多，更竢增易。淳熙辛丑夏至日，禾興婁機書。

182. 六書故三十三卷

元戴侗撰。考《姓譜》，侗字仲達，永嘉（今屬浙江溫州市）人。淳祐中登進士第。由國子監簿守台州。德祐初由秘書郎遷軍器少監，辭疾不起，其所終則莫之詳矣。

是編大旨主於以六書明字義，謂字義明則貫通群籍，理無不明。凡分九部：一曰數，二曰天文，三曰地理，四曰人，五曰動物，六曰植物，七曰工事，八曰雜，九曰疑。盡變《說文》之部分，實自侗始〔一〕。其論假借之義謂：「前人以令、長為假借，不知二字皆從本義而生，非由外假。若韋本為韋背，借為韋革之韋；豆本為俎豆，借為豆麥之豆。凡義無所因，特借其聲者，然後謂之假借。」〔二〕說亦頗辯。惟其文皆從鐘鼎，其注既用隸書，又皆改從篆體，非今非古，頗礙施行。

元吾邱衍《學古編》曰：「侗以鐘鼎文編此書，不知者多以為好。以其字字皆有，不若《說文》與今不同者多也。形古字今，雜亂無法。鐘鼎偏旁，不能全有，卻只以小篆足之。或一字兩法，人多不知。如∂，本音景，加宀，不

過為寰字，乃音作官府之官；邨字，不從寸木，乃書為村，引杜詩『無村眺望賒』為證，甚誤學者。許氏解字引經，漢時有篆隸，乃得其宜。今侗亦引經，而不能精究經典古字，反以近世差誤等字引作證據。鎊、鍾、鏊、鋸、尿、屎等字，以世俗字作鐘鼎文。卵字解尤為不典。六書到此，為一厄矣（云云）。」〔三〕其詆諆甚至。雖不為不中其病，然其苦心考據，亦有不可盡泯者。略其紕謬，而取其精要，於六書亦未嘗無所發明也。〔四〕（《四庫全書總目》卷四十一）

【注釋】

〔一〕**【史源】**王鳴盛《蛾術編》十八：宋末戴侗撰《六書故》三十三卷，盡更《說文》規模，變為編類，分作九部：一曰數，二曰天文，三曰地理，四曰人，五曰動物，六曰植物，七曰工事，八曰雜，九曰疑。（下略）

〔二〕**【史源】**見卷首《六書通釋》一文。

〔三〕**【史源】**見陶宗儀《說郛》卷九十七上。今按，鈕匪石《書戴侗六書故後》：「予初讀《六書故》，見其所引《說文》有唐本、蜀本，覺心目眩駭。及細核之，其所謂『唐本』，大約本之《五經文字》《九經字樣》，旁及《玉篇》等書；蜀本多本之林罕……」（詳見《鈕匪石日記》第18頁）

〔四〕**【評論】**《辭海·語言文字分冊》：「其書過於泥古，字多杜撰，或誤以俗字為金文，而解釋文字偶有特見。」（第78頁）今按，孫詒讓對此則提要進行了詳細辯證，見《溫州經籍志》第227～232頁。

【整理與研究】黨懷興撰《六書故研究》（陝西師範大學出版社2000年版）。

183. 龍龕手鑒四卷〔一〕

遼僧行均撰。行均，字廣濟，俗姓于氏。

晁公武《讀書志》謂，此書卷首僧智光序題云：「統和十五年（997）丁酉七月一日。」沈括《夢溪筆談》乃謂：「熙寧中，有人自契丹得此書，入傅欽之家，蒲傳正取以刻版。其序末舊云：『重熙二年（1033）五月序。』蒲公削去之（云云）。」〔二〕今案：此本為影抄遼刻，卷首智光原序尚存。其紀年實作統和，不作重熙，與晁公武所說相合，知沈括誤記。又《文獻通考》載此書三卷，而此本實作四卷，智光原序亦稱四卷，則《通考》所載顯然誤四為三。殆皆隔越封疆，傳聞紀載，故不免失實歟？

其書，凡部首之字，以平、上、去、入為序；各部之字，復用四聲列之後。南宋李燾作《說文五音韻譜》，實用其例而小變之。每字之下必詳列正俗、今古及或作諸體，則又行均因唐顏元孫《干祿字書》之例而小變之者也。所錄凡二萬六千四百三十餘字，注一十六萬三千一百七十餘字，並注總一十八萬九千六百一十餘字。於《說文》《玉篇》之外，多所搜輯。雖行均尊其本教，每引《中阿含經》《賢愚經》中諸字以補六書所未備，然不專以釋典為主。沈括謂其集佛書中字為切韻訓詁，殊屬不然；不知括何以云爾也。括又謂契丹書禁至嚴，傳入別國者，法皆死。〔三〕故有遼一代之遺編，諸家著錄者頗罕。此書雖頗參俗體〔四〕，亦間有舛訛。然吉光片羽，幸而得存，固小學家所宜寶貴也。〔五〕（《四庫全書總目》卷四十一）

【注釋】

〔一〕【版本】此書在宋神宗時傳入宋朝，在浙西雕印，因避諱改題為《龍龕手鑒》。有《四部叢刊續編》影宋刊本。

〔二〕〔三〕【史源】《夢溪筆談》卷十五。

〔四〕【史源】錢大昕云：「《龍龕手鑒》多收鄙俗之字，皆妄誕可笑，大約俗僧所為耳。」（《十駕齋養新錄》卷四「宋時俗字」條）「契丹僧行均《龍龕手鑒》四卷，予所見者影宋抄本，前有燕臺憫忠寺沙門智光字法炬序，題云『統和十五年丁酉七月』，即宋太宗至道三年也。書中於『完』字闕末一筆，知是南宋所抄。晁氏、馬氏載此書名《龍龕手鏡》，今改『鏡』為『鑒』，蓋宋人避廟諱嫌字。」（《十駕齋養新錄‧龍龕手鑒》）今按，《龍龕手鑒》，「原名《龍龕手鏡》，因避趙匡胤祖父趙敬諱，改鏡為鑒」。錢氏所論今已人所共知。另外，對於《龍龕手鑒》與玄應《一切經音義》、慧琳《慧琳音義》的關係，錢氏雖然存疑，但對後人卻多有啟發。如潘重規在《〈龍龕手鑒〉與寫本刻本之關係》中即把錢氏之「未定之論」定為確論：「據錢大昕諸人考索，應法師當即玄應，琳法師當即慧琳……由此可知《龍龕手鑒》所引諸家音義，都是宋以前的寫本。」羅振玉云：「其書為讀教中經典而作，故多載佛藏中文字，俗作偽體，甄錄甚詳。」（《雪堂類稿》第439～441頁）

〔五〕【整理與研究】陳飛龍撰《龍龕手鑒研究》（文史哲出版社 1974 年版），潘重規主編《龍龕手鑒新編》（臺北石門圖書公司 1980 年版，中華書局 1988 年版），鄭賢章撰《龍龕手鏡研究》（湖南師範大學出版社 2004 年版），袁如詩撰《朝鮮本〈龍龕憤鑒〉異體字表》（黃山書社 2019 年版）。

184. 漢隸分韻七卷

不著撰人名氏，亦無時代〔一〕。考其分韻，以一東、二冬、三江等標目，是元韻，非宋韻矣。

其書取洪适等所集漢隸，依次編纂；又以各碑字跡異同，縷列辨析。〔二〕考吾邱衍《學古編》有合用文集品目一門，其第七條隸書品中列有《隸韻》兩冊：「麻沙本，與《隸韻》為一副刊，案：此《隸韻》為劉球碑本《隸韻》十卷。字體不好，以其冊數少，乃可常用之，故列目於此（云云）」。疑即此本。顧藹吉《隸辨序》稱：「別有《漢隸分韻》，字既乖離，跡復醜惡。」其詆諆此書，與吾邱衍略同。然二人第以書跡筆法論耳。要其比校點畫，訂正舛互，亦有足資考證者。前人舊本，寸有所長，要未可竟從屏斥也。（《四庫全書總目》卷四十一）

【注釋】

〔一〕【考證】陸心源《儀顧堂題跋》卷一《宋槧〈漢隸分韻〉跋》：「案《宋史·藝文志》小學類有馬居易《漢隸分韻》七卷，卷數與今本合，則是書乃居易所著也。惟分韻與大定六年王文郁《平水韻》略同，不用《禮部韻略》，則居易當是金人，非宋人矣。金人著述往往有南宋覆本。」《御定佩文齋書畫譜·纂輯書籍》：「《漢隸分韻》，馬居易。」今按，丁治民《〈漢隸分韻〉成書時代及作者考》認為，《漢隸分韻》的成書時間應在公元 1167 年（含）之後、元代之前。《漢隸分韻》的作者究竟是誰，在中國傳世目錄文獻中未見著錄，但《永樂大典》則有明確記載，為洪邁（《中國語文》2007 年第 6 期）

〔二〕【版本】《漢隸分韻序》云：「是書蓋昔人取兩漢碑文隸字分韻彙集，乃即韻以便考文非為韻也。福州舊有刻本，中更年所，刻沒而書弗傳。吾在京師得是書上帙臨本，缺其下，自至江右，旁求故家士夫，始獲下帙，僭命學生臨補足成全書，懼知之弗廣也，稍取白鹿洞穀，募工刻焉。正德丙子田汝耔序。」（倪濤《六藝之一錄》卷二百七十）《石墨鐫華》亦云：「余藏宋版《漢隸分韻》，諸碑略備。」

185. 康熙字典四十二卷

康熙五十五年（1716）聖祖仁皇帝御定。〔一〕

古小學存於今者，惟《說文》《玉篇》為最舊。《說文》體皆篆籀，不便施行。《玉篇》字無次序，亦難檢閱。《類篇》以下諸書，則惟好古者藏弄之，世

弗通用。所通用者，率梅膺祚之《字彙》、張自烈之《正字通》。然《字彙》疏舛，《正字通》尤為蕪雜，均不足依據。

康熙四十九年（1710），乃諭大學士陳廷敬等，刪繁補漏，辨疑訂訛，勒為此書。仍兩家舊目，以十二辰紀十二集，而每集分三子卷。凡一百一十九部，冠以總目、儉字、辨似、等韻各一卷，殿以補遺、備考各一卷。部首之字，以畫之多寡為序，部中之字亦然。每字之下則先列《唐韻》《廣韻》《集韻》《韻會》《正韻》之音。《唐韻》久佚，今能一一徵引者，徐鉉校《說文》所用，即《唐韻》之翻切也。次訓釋其義，次列音別義，次列古音，均引證舊典，詳其始末，不使一語無稽。有所考辨，即附於注末。又每字必載古體，用《說文》例。改從隸書，用《集韻》例。兼載重文、別體、俗書、訛字，用《干祿字書》例。皆綴於注，後用《復古編》例。仍從其字之偏旁，別出於諸部，用《廣韻》互見例。至於增入之字，各依字畫多寡，列於其數之末，則《說文》之新附、《禮部韻略》之續降例也。其補遺一卷收稍僻之字，備考一卷收不可施用之字。凡古籍所載，務使包括無遺。

蓋拘泥古義者，自《說文》九千字外，皆斥為偽體，遂至「音韻」必作「音均」，「衣裳」必作「衣常」，「韓愈」書為「韓瘉」，「諸葛亮」書為「諸葛諒」，動生滯礙，於事理難通，固為不可。若夫孫休之所自造，王起之所未識，傅奕〔二〕之稱湮人，段成式之作琵字，皆考之古而無徵，用之今而多駮。存而並列，則通儒病其荒唐；削之不登，則淺儒疑其掛漏。別為附錄，等諸外篇。尤所謂「去取得中，權衡盡善」者矣。《御製序文》謂：「古今形體之辨，方言聲氣之殊，部分班列，開卷了然。無一義之不詳，無一音之不備。信乎六書之淵海，七音之準繩也。」〔三〕（《四庫全書總目》卷四十一）

【注釋】

〔一〕【史源】《聖祖仁皇帝庭訓格言》訓曰：朕自幼留心典籍，至於字學，所關尤切。《字彙》失之簡略，《正字通》涉於泛濫。兼之各方風土不同，語音各異。司馬光之《類篇》，分部或有未明，沈約之聲韻，後人不無訾議，《洪武正韻》多所駁辯，迄不能行。仍依沈韻，朕參閱諸家，究心考證，如我朝清文以及蒙古、西域、洋外諸國，多從字母而來，音雖由地而殊，而字莫不寄於點畫，兩字合作一字，二韻切為一音，因知天地之元音發於人聲，人聲之形象寄於字體，故朕酌訂一書，命曰《康熙字典》。增《字彙》之闕遺，刪《正字通》之繁冗，務使詳略得中，歸於至當，庶可垂示永久云。

〔二〕【傅奕】（555～639），唐相州人。通曉天文曆算。撰《漏刻新法》，輯《高識傳》。

〔三〕【整理與研究】此書音切、釋義，雜糅羅列，漫無標準；疏漏和錯誤甚多。王引之作《康熙字典考證》，改正引用書籍字句訛誤者 2588 條。王力撰《康熙字典音讀訂誤》（中華書局 1988 年版）。

186. 隸辨八卷〔一〕

國朝顧藹吉撰。藹吉號南原，長洲（今江蘇蘇州）人。

是書鉤摹漢隸之文，以宋《禮部韻》編次。每字下分注碑名，並引碑語。其自序云：「銳志稱思，採摭漢碑所有字，以為解經之助。有不備者，求之《漢隸字源》。」又云：「《字源》多錯謬。舩船、再再，體或不分；血皿、朋多，形常莫別。悉從《隸釋》《隸續》，詳碑定字，指謫無餘。」今考此書，字形廣狹，與世所刻婁機《漢隸字源》相同，是陰以機書為稿本。且漢碑之出於機後者，僅魯孝王刻石。太室、少室、開母諸石闕及尹宙、孔褒、曹全、張遷、韓仁數種，視機書所列不過百分之一二。機所見三百九種，其存於今者，不過景君、孔和、史晨、韓敕、孔謙、孔宏、魯峻、鄭固、孔宙、蒼頡、衡方、張壽、孔彪、潘乾、武榮、王渙、鄭季宣、白石神君、西狹頌、郙閣頌二十餘種。較其碑目所列，已不及十分之一。此二十餘種之外，縱舊拓流傳，亦斷壁零璣，偶然一遇，決不能如是之多。藹吉何由得見原碑，一一手摹其字？則所云：「不備之字，始求之《字源》。」殆不足憑。又每字下所引碑語，亦多舛錯。如忠字下引孔宙碑「躬忠恕以及人」誤去躬字。宿字下引孔霑碑「諾則不宿」，誤連上文如毛二字為句。奎字下引史晨前碑「得在奎婁」句，誤以為後碑。秦字下引華山碑「改秦淫祀」句，誤以為韓敕碑。此或讀碑時偶不及檢。至通字下引唐扶頌「通天之祜」，而唐扶頌實無此語。蓋以《隸釋》所載「受天之祜」句與前行「通天三統」句適相齊，而誤寫之。是尤僅據《隸釋》，未見原碑之一證，洪适之書具在，安得諱所自來乎？即以原碑尚存者而論如韓敕造孔廟禮器碑，並碑陰、碑兩側字數較多，文義尚大概可考。碑云：「莫不虪思，歎卬師鏡。」而師字下引之，誤截「師鏡」二字，連下文「顏氏」二字為句。碑云：「更作二輿，朝車威熹。」而車字下引之，誤以作「二輿朝車」為句。碑云：「仁聞君風耀，敬詠其德。」而聞字下引之，誤以「聞君風耀」為句。其君字下所引亦然。碑云：「長期蕩蕩於盛。」而長字下引之，誤截去

「於盛」二字。碑云：「於是四方士。」而方字下引之，誤連下文仁字為句。碑陰有「陳國苦虞崇」之文。苦者，縣名；虞崇者，人姓名也。而虞字下引之，誤作陳國苦虞。碑陰有「雒陽李申伯」之文，而申字下引之，誤截去伯字。又有「蕃加進子高」之文，而進字下引之，誤截去蕃字。碑側有「河南匽師度徵漢賢」之文，其旁別有「河南匽師」，骨鄰、通國一人，顯然可證。乃匽字泐痕似厚字，遂誤以為厚。又不知匽、偃通用，復贅辨：「河南有偃師，無厚師。」至於鄉字下引碑側題名「金鄉師耀」，不知此乃碑陰小字，後人所加，非漢字，亦非碑側。又於率字下引碑陰「魯孔方廣率」，不知碑文明是「廣平」；惟明王雲鷺刊《隸釋》，始誤為廣率。是並現存之碑，亦僅沿襲舊刻，未及詳考。乃云採摭漢碑，其亦誣矣！

惟其於婁機以後續出之碑，盡為摹入，修短肥瘠，不失本真，則實足補《字源》之闕。所纂偏旁一卷，五百四十部能依《說文》次第，辯證精覈。又附《碑考》二卷，碑之存者注「今在某處」；亡者引某書云「在某處」，具有引證；以年代先後為次，條理頗為秩然；則較《字源》碑目為詳覈。後附《隸八分考》《筆法》二篇，採輯舊說，亦均有裨後學。與婁氏書相輔而行，固亦不必盡以重儓譏也。〔二〕（《四庫全書總目》卷四十一）

【注釋】

〔一〕【版本】有康熙五十七年顧氏玉淵堂原刻本、上海掃葉山房影印本。

〔二〕【整理與研究】宮書娟撰《隸辨研究》（陝西師範大學年碩士論文）。

187. 廣韻五卷

不著撰人名氏。考世行《廣韻》凡二本：一為宋陳彭年、邱雍〔一〕等所重修；一為此本，前有孫愐《唐韻》〔二〕序，注文比重修本頗簡。朱彝尊作重修本序，謂明代內府刊版，中涓欲均其字數，取而刪之。然《永樂大典》引此本，皆曰陸法言《廣韻》；引重修本，皆曰《宋重修廣韻》。世尚有麻沙小字一本，與明內府版同。題曰「乙未歲明德堂刊」。內「匡」字紐下十三字皆闕一筆，避太祖諱；其他宋諱則不避。邵長蘅〔三〕《古今韻略》指為宋槧，雖未必然，而平聲東字注中引東不訾事，重修本作舜七友，此本訛作舜之後。熊忠《韻會舉要》已引此本，則當為元刻矣，非明中涓所刪也。又宋人諱殷，故重修本改二十一殷為欣。此尚作殷，知非作於宋代。且唐人諸集，以殷韻字少，難於成詩，間或附入真、諄、臻韻。如杜甫《東山草堂詩》、李商隱《五松驛

詩》，不一而足。《說文》所載《唐韻》翻切，殷字作於身切，欣字作許巾切，亦借真韻中字取音，並無一字通文。此本注殷，獨用重修本，始注欣與文通，尤確非宋韻之一徵。考《唐志》《宋志》，皆載陸法言《廣韻》五卷，則法言《切韻》〔四〕亦兼《唐韻》之名。又孫愐以後、陳彭年等以前，修《廣韻》者尚有嚴寶文、裴務齊、陳道固三家，重修本中皆列其名氏。郭忠恕《佩觿》上篇尚引裴務齊《切韻序》，辨其老、考二字左回右轉之訛；知三家之書，宋初尚存。此本蓋即三家之一，故彭年等所定之本，不曰新修，而曰重修，明先有此《廣韻》。又景德四年（1007）敕牒稱舊本注解未備，明先有此注文簡約之《廣韻》也。彝尊精於考證，乃以此本為在後，不免千慮之一失矣。惟新舊《廣韻》皆在《集韻》之前，而上去二聲，乃皆用《集韻》移並之部分，平入二聲，又不從《集韻》移並。疑賈昌朝〔五〕奏並十三部以後，校刻《廣韻》者以豏、檻、儼、陷、鑒、釅六部字數太窄，改從《集韻》以便用。咸、銜、嚴、洽、狎、業六部字數稍寬，則仍其舊而未改。觀徐鍇《說文韻譜》上聲以湛、檻、儼相次，去聲以陷、鑒、釅相次，則唐人舊第可知也。此於四聲次序，前後乖違，殊非體例。以宋槧如是，今姑仍舊本錄之，而訂其誤如右。〔六〕（《四庫全書總目》卷四十二）

【注釋】

〔一〕【陳彭年、邱雍】陳彭年（961～1017），字永年，宋南城（今屬江西）人。邱雍，生卒年月及事蹟無考。

〔二〕【唐韻】唐代孫愐著。為陸法言《切韻》增字加注而作。原書不傳。《廣韻》卷首前有孫愐《唐韻》序。近代發現唐寫本韻書中，有《唐韻》殘卷一種，考知《唐韻》對《切韻》韻目有所增訂。

〔三〕【邵長蘅】（1639～1704），字子湘，號青門山人。江蘇武進人。著有《青門全集》。

〔四〕【切韻】隋陸法言著。為唐宋韻書的始祖，音韻學上推為重要著作。

〔五〕【賈昌朝】（997～1065），字子明，北宋真定獲鹿（今屬河北）人。天禧初賜同進士出身，慶曆中同中書門下平章事，英宗初加左僕射，封魏國公，謚文元。事蹟具《宋史》本傳。著有《群經音辨》七卷。游子宜撰《群經音辨研究》（臺灣政治大學碩士論文，1992 年）。

〔六〕【整理與研究】黃侃箋識、黃焯整理《廣韻校錄》（上海古籍出版社 1985 年版），沈兼士撰《廣韻聲繫》（中華書局 1985 年版），周祖謨撰《廣韻校本》

（商務印書館 1937 年版），高本漢撰《中國音韻學研究》（商務印書館 1940
年版），張世祿撰《廣韻研究》（商務印書館 1933 年版），方孝岳等撰《廣韻
研究》（中山大學出版社 1988 年版），嚴學宭撰《廣韻導讀》（巴蜀書社 1990
年版），余廼永撰《新校互注宋本廣韻》（上海辭書出版社 2000 年版）。

今按，《廣韻》是中國歷史上最為重要的一部韻書，是《切韻》係韻書集
大成的著作。它不但是考察中古音韻的首要研究資料，而且是考察上古音韻
的重要基礎。

188. 重修廣韻五卷

宋陳彭年（961～1017）、邱雍等奉敕撰。

初，隋陸法言以呂靜等六家韻書〔一〕各有乖互，因與劉臻〔二〕、顏之推
〔三〕、魏淵〔四〕、盧思道〔五〕、李若〔六〕、蕭該〔七〕、辛德源〔八〕、薛道衡〔九〕
八人，撰為《切韻》五卷。書成於仁壽元年（601）。唐儀鳳二年（677），長孫
訥言〔十〕為之注。後郭知玄〔十一〕、關亮〔十二〕、薛峋〔十三〕、王仁煦〔十四〕、
祝尚邱〔十五〕遞有增加。天寶十載（751），陳州司法孫愐重為刊定，改名《唐
韻》。後嚴寶文〔十六〕、裴務齊〔十七〕、陳道固〔十八〕又各有添字。宋景德四年
（1007），以舊本偏旁差訛，傳寫漏落，又注解未備，乃命重修。大中祥符四年
（1011），書成，賜名《大宋重修廣韻》，即是書也。舊本不題撰人。以丁度《集
韻》考之，知為彭年、雍等爾。

其書二百六韻，仍陸氏之舊，所收凡二萬六千一百九十四字。考唐封演
《聞見記》載陸法言韻凡一萬二千一百五十八字，則所增凡一萬四千三十六
字矣。此本為蘇州張士俊從宋槧翻雕，中間已闕欽宗諱，蓋建炎以後重刊〔十
九〕。朱彝尊序之，力斥劉淵韻合殷於文、合隱於吻、合焮於問之非。然此本
實合殷、隱、焮於文、吻、問，彝尊未及檢也。注文凡一十九萬一千六百九十
二字，較舊本為詳，而冗漫頗甚。如公字之下載姓氏至千餘言，殊乏翦裁；東
字之下稱東宮得臣為齊大夫，亦多紕繆。考孫愐《唐韻》序稱異聞、奇怪、傳
說、姓氏、原由、土地、物產、山河、草木、禽獸、蟲魚備載其間，已極蔓引。
彭年等文從而益之，宜為丁度之所譏。潘耒序乃以注文繁複為可貴，是將以
韻書為類書也。著書各有體例，豈可以便於剽剟，遂推為善本哉？流傳既久，
存以備韻書之源流可矣。（《四庫全書總目》卷四十二）

【注釋】

〔一〕【呂靜等六家韻書】指西晉呂靜的《韻集》、南朝梁夏侯詠的《四聲韻略》、北周陽休之（509～582）的《韻略》、周思言的《音韻》、李季節的《音譜》和隋杜臺卿的《韻略》。今按，有關杜臺卿的行年與遺著，參考《中古文學史料叢考》第775～776頁。

〔二〕【劉臻】字宣摯，隋初人。事蹟具《隋書》本傳。

〔三〕【顏之推】（531～？），字介，北朝臨沂人。事蹟具《北齊書》《北史》本傳。

〔四〕【魏淵】隋初人。

〔五〕【盧思道】（約535～約586），字子行，隋初涿人。

〔六〕【李若】正史無傳。撰《文選音義》。

〔七〕【蕭該】隋初蘭陵人。撰《漢書音義》，亡於唐末宋初。清儒臧鏞堂輯有三卷本。近儒王欣夫有《蕭該漢書音義補輯》（詳見氏著《蛾術軒篋存善本書錄》第78～83頁）。

〔八〕【辛德源】字孝基，隋初狄道人。事蹟具《隋書》本傳。

〔九〕【薛道衡】（540～609），字玄卿，汾陰人。為隋煬帝所殺。事蹟具《隋書》本傳。

〔十〕【長孫訥言】唐北平人。生卒年不詳。曾為《切韻》作注。

〔十一〕【郭知玄】唐代人。曾任多田縣丞。金韓道昭編《重刊改並五音集韻》前載有唐郭知玄、孫愐《唐韻》舊序二篇。明焦竑撰《俗書刊誤》十二卷引用其說。明方以智《通雅》卷首二：「陸德明《經典釋文》三十卷，其總集也。大氐自呂靜、夏侯該、周思言、李季節、杜臺卿等各有乖互。唐儀鳳二年，多田縣丞郭知玄拾遺緒，正朱箋，而孫愐因之。天寶十載書成，號曰《唐韻》。」

〔十二〕【關亮】待考。

〔十三〕【薛峋】待考。

〔十四〕【王仁煦】字德溫。生卒年不詳。唐中宗時人。著有《刊謬補缺切韻》。

〔十五〕【祝尚邱】待考。

〔十六〕【嚴寶文】待考。

〔十七〕【裴務齊】待考。

〔十八〕【陳道固】待考。

〔十九〕【版本】現在國內只有國家圖書館藏有宋紹興年間殘本三卷，而日本卻保存宋刊本全本六種，分別藏於國會圖書館、宮內廳書陵部、國家公文書館第一

部（原內閣文庫）、名古屋大須觀音寶生院、靜嘉堂文庫和龍谷大學附屬圖書館。（《日本藏漢籍珍本追蹤紀實》第 93～95 頁，273～274 頁）日本收藏的宋元版本，已知有宋本十種、金本一種、元本十二種。（同書第 146 頁）

189. 集韻十卷

舊本題宋丁度〔一〕（990～1053）等奉敕撰。

前有《韻例》〔二〕，稱景祐四年（1037）太常博士直史館宋祁、太常丞直史館鄭戩等建言陳彭年、邱雍等所定。《廣韻》多用舊文，繁略失當。因詔祁、戩與國子監直講賈昌朝、王洙同加修定，刑部郎中、知制誥丁度、禮部員外郎、知制誥李淑為之典領。晁公武《讀書志》亦同。然考司馬光《切韻指掌圖序》稱：「仁宗皇帝詔翰林學士丁公度、李公淑增崇韻學。自許叔重而降，凡數十家，總為《集韻》。而以賈公昌朝、王公洙為之屬。治平四年（1067），余得旨繼纂其職。書成，上之，有詔頒焉。嘗因討究之暇，科別清濁為十二圖（云云）。」〔三〕則此書奏於英宗時，非仁宗時，成於司馬光之手，非盡出丁度等也。

其書凡平聲四卷，上聲、去聲、入聲各二卷。共五萬三千五百二十五字，視《廣韻》增二萬七千三百三十一字。案：《廣韻》凡二萬六千一百九十四字，應增二萬七千三百三十一字，於數乃合。原本誤以二萬為一萬，今改正。熊忠《韻會舉要》稱：「舊韻但作平聲一二三四，《集韻》乃改為上、下、平。」今檢其篇目，乃舊韻作上、下、平，此書改為平聲一二三四。忠之所言，殊為倒置。惟《廣韻》所注通用、獨用，《封演聞見記》稱為唐許敬宗〔四〕定者，改並移易其舊部，則實自此書始。

《東齋記事》〔五〕稱：「景祐初，以崇政殿說書賈昌朝言，詔度等改定。韻窄者十三處，許令附近通用。」是其事也。今以《廣韻》互校，平聲並殷於文，並嚴於鹽、添，並凡於咸、銜。上聲並隱於吻；去聲並廢於隊、代，並焮於問；入聲並迄於物，並業於葉、帖。並乏於洽狎，凡得九韻，不足十三。然《廣韻》平聲鹽、添、咸、銜、嚴、凡與入聲葉、帖、洽、狎、業、乏，皆與本書部分相應，而與《集韻》互異。惟上聲並儼於琰、忝，並範於賺、檻，去聲並釅於豔、㮇，並梵於陷、鑒，皆與本書部分不應，而乃與《集韻》相同。知此四韻亦《集韻》亦所併，而重刊《廣韻》者，誤據《集韻》以校之，遂移其舊第耳。其駁《廣韻》注，凡姓望之出，廣陳名系，既乖字訓，復類譜牒，

誠為允協。至謂兼載他切，徒釀細文，因並刪其字下之互注；則音義俱別，與義同音異之字難以遽明，殊為省所不當省。又韻主審音，不主辨體，乃篆籀兼登，雅俗並列，重文復見，有類字書，亦為繁所不當繁。其於《廣韻》，蓋亦互有得失，故至今二書並行，莫能偏廢焉。〔六〕（《四庫全書總目》卷四十二）

【注釋】

〔一〕【丁度】（990～1053），字公稚，祥符（今河南開封）人。官至尚書右丞。

〔二〕【韻例】載四庫本卷首。

〔三〕【辨偽】清末鄒特夫發現司馬光《切韻指掌圖自序》與孫覿《切韻類例序》文字雷同。楊劍橋先生認為：「有人作了《切韻指掌圖》，抄了孫氏的序文，而冒司馬光之名廣為推行。此外《切韻指掌圖》『自序』中也有斷非司馬光所作的證據……」（《中國學術名著提要‧語言文字卷》第69～70頁）

〔四〕【許敬宗】（592～672），字延族，唐杭州人。秦王府十八學士之一。曾監修《武德實錄》《貞觀實錄》《晉書》《姓氏錄》等書，愛憎由己，虛美隱惡，褒貶任情，不足為據。

〔五〕【東齋記事】宋范鎮撰。鎮字景仁，華陽（今屬安徽）人。事蹟具《宋史》本傳。是書據其自序，乃元豐中作。然覈其大綱，終非《碧雲騢》《東軒筆錄》諸書所能並論也。（《四庫全書總目》卷一百四十）

〔六〕【整理與研究】《集韻》在中國韻書史上佔有重要地位，它不但收字極多，而且提供了一批新的反切，後人可以從中看出重唇、舌頭舌上的分化痕跡。《集韻》在元、明之際，其學不顯。清嘉慶、道光年間，方成珪據汪遠孫校宋本、鍾駿所藏影宋本和陳鏞校本，撰《集韻考正》十卷。陳準撰《集韻考正校記》。清丁士涵撰《集韻疏證》。今人趙振鐸撰《集韻研究》（語文出版社2006年版）。

190. 切韻指掌圖二卷附檢例一卷

宋司馬光（1019～1086）撰〔一〕。其《檢例》一卷，則邵光祖所補正。光有《溫公易說》，已著錄。光祖字宏道，自稱洛邑人，其始末未詳。考《江南通志‧儒林傳》載：「元邵光祖，字宏道，吳人，研精經傳，講習垂三十年，通三經，所著有《尚書集義》。」當即其人。洛邑或其祖籍歟？據王行〔二〕後序，作為洪武二十三年（1390），稱其歿已數年。則元之遺民，入明尚在者也。

光書以三十六字母科別清濁，為二十圖。首獨韻，次開合韻。每類之中，又以四等字多寡為次。故高為獨韻之首，幹、官為開合韻之首。〔三〕

　　舊有《檢例》一卷，光祖以為全背圖旨，斷非光作。因自撰為檢圖之例，附於其後。考光自序，實因《集韻》而成是圖。光祖乃云：「《廣韻》凡二萬五千三百字，其中有切韻者三千八百九十文。止取其三千一百三十定為二十圖，餘七百六十字，應檢而不在圖者，則以在圖同母同音之字備用，而求其音。」則是據《廣韻》也。然光祖據光之圖以作例，則其例仍與圖合。所注七百六十字之代字及字母，亦足補原圖所未備。光例既佚，即代以光祖之例，亦無不可矣。

　　光書反切之法，據景定癸亥（1263）董南一序云：「遞用則名音和，傍求則名類隔。同歸一母則為雙聲，同出一韻則為疊韻。同韻而分兩切者謂之憑切，同音而分兩韻者謂之憑韻。無字則點窠以足之，謂之寄聲韻；闕則引鄰以寓之，謂之寄韻。所謂雙聲、疊韻諸法，與今世所傳劉鑒《指南》諸門法並同。惟音和、類隔二門，則大相懸絕。《檢例》云：「取同音、同母、同韻、同等四者皆同謂之音和，取脣重、脣輕、舌頭、舌上、齒頭、正齒三音中清濁同者謂之類隔。」是音和統三十六母，類隔統脣、舌、齒等二十六母也。劉鑒法則，音和專以見、溪、群、疑為說，而又別立為「一四音和」、「四一音和」兩門。類隔專以端、知八母為說，又別出輕重、重輕交互，照精、精照互用四門，似乎推而益密。然以兩法互校，實不如原法之簡該也。其《廣韻》類隔，今更音和一條，皆直以本母字出切同等字，取韻取字，於音和之理至為明瞭。獨其辨來、日二母云：「日字與泥、娘二字母下字通。」辨匣、喻二字母云：「匣闕三四喻中覓，喻虧一二匣中窮。」即透切之法，一名「野馬跳澗」者，其法殊為牽強。又其法兼泥、娘、明等十母，此獨舉日、泥、娘、匣、喻五母，亦為不備。是則原法之疏，不可以立制者矣。

　　等韻之說，自後漢與佛經俱來。然《隋書》僅有十四音之說，而不明其例。《華嚴》四十二字母，亦自為梵音，不隸以中國之字。《玉篇》後載神珙二圖，《廣韻》後列一圖，不著名氏，均粗舉大綱，不及縷舉節目。其有成書傳世者，惟光此書為最古。孫奕《示兒編》辨不字作逋骨切，惟據光說，知宋人用為定韻之祖矣。第光《傳家集》中，下至投壺新格之類，無不具載，惟不載此書，故傳本久絕。今惟《永樂大典》尚有完本，謹詳為校正，俾復見於世，以著等韻之舊譜，其例不過如此。且以見立法之初，實因《集韻》而有是書，非因是書而有《集韻》，凡後來紛紜轇轕，均好異者之所為焉。〔四〕（《四庫全書總目》卷四十二）

【注釋】

〔一〕【辨偽】據今人考證，此圖並非司馬光所作，但作者究竟為誰尚難定論。據書後董南一序可知，此書成書至遲在南宋嘉泰三年（1203）。《辭海・語言文字分冊》：「舊傳司馬光作，非。或說楊中修所作，亦不確。當為南宋人所作。」（第 81 頁）楊劍橋先生認為：「今本《切韻指掌圖》在孫奕時代已經問世是無疑的。雖然《切韻指掌圖》的作者現在尚不清楚，但其成書年代卻已經可以確認在孫覿（1081～1169）作《切韻類例序》之後、孫奕《示兒編》（1205）成書之前。」（《中國學術名著提要・語言文字卷》第 70 頁）

〔二〕【王行】（1331～1395），字止仲，號淡如居士，江蘇長洲人。著有《半軒集》《墓銘舉例》等。

〔三〕【評論】由於該書對字音的處理能適應變化了的語音現實，因此，它對當時和後世增發生過很大的影響。對瞭解宋代語音的面貌及其發展規律來說，它至今仍有重要的價值。

〔四〕【整理與研究】切韻之書，以溫公《指掌圖》為最古。溫公之書，以影寫紹定刊本為最古。清王振聲據以校勘，撰成《切韻指掌圖校勘記》一卷（在上海圖書館藏《王文村遺書》稿本中）。李紅撰《〈切韻指掌圖〉研究》（吉林大學 2006 年博士論文）、《宋本〈切韻指掌圖〉研究》（吉林人民出版社 2011 年版）。

191. **韻補五卷**

宋吳棫（約 1100～1154）撰。棫字才老。武夷徐蕆為是書序，稱與蕆本同里，而其祖後家同安。王明清《揮麈三錄》則以為舒州人，疑明清誤也。宣和六年（1124）第進士。召試館職，不就。紹興中為太常丞。以為孟仁仲草表，忤秦檜，出為泉州通判以終。

蕆序稱，所著有《書裨傳》《詩補音》《論語指掌考異續解》《楚辭釋音》《韻補》，凡五種。陳振孫《書錄解題》詩類載棫《毛詩補音》十卷，注曰：「棫又別有《韻補》一書，不專為《詩》作。」小學類載棫《韻補》五卷，注曰：「棫又有《毛詩補音》一書，別見詩類。」今《補音》已亡，惟此書存。自振孫謂朱子注《詩》用棫之說，朱彝尊作《經義考》，未究此書僅五卷，於《補音》十卷條下誤注存字，世遂謂朱子所據即此書，莫敢異議。

考《詩集傳》，如《行露》篇二「家」字一音谷、一音各空反，《騶虞》篇二「虞」字一音牙、一音五紅反，《漢廣》篇「廣」音古曠反、「泳」音於誑，《綠衣》篇「風」音孚悒反之類，為此書所無者，不可彈舉。《兔置》篇「仇」音渠之反，以與逑叶；此書乃據《韓詩》逑作仇，音渠尤反，以與仇叶。顯相背者亦不一。又《朱子語錄》稱：「椒音務為蒙，音嚴為莊。」此書有務而無嚴。周密《齊東野語》稱：「朱子用椒之說，以艱音巾，替音天。」此書有艱而無替，則朱子所據，非此書明甚。蓋椒音《詩》，音《楚辭》，**皆據其本文，推求古讀**，尚能互相比較，粗得大凡，故朱子有取焉。此書則泛取旁搜，無所持擇。所引書五十種中，下逮歐陽修、蘇軾、蘇轍諸作與張商英之《偽三墳》，旁及《黃庭經》《道藏》諸歌，故參錯冗雜，漫無體例〔一〕。至於韻部之上平注：「文、殷、元、魂、痕通真，寒桓、刪、山通。」先下平忽注：「侵通真，覃談咸，銜通刪，鹽、沾、嚴、凡通先。」上聲又注：「梗、耿、靜、迥、拯等六韻通軫，寢亦通軫；感、敢、琰、忝、㻫、檻儼範通銑。」去聲又注：「問、焮通震，而願、恩、恨自為一部；諫、襇通霰，而翰、換自為一部；勘闞通翰，豔、㮇、斂通霰，陷、鑑、梵通諫；割為三部。」入聲又注：「勿、迄、職、德、緝通質，為一部；曷、末、黠、戛、屑、薛、葉、帖、業、乏通月，為一部。」傾倒錯亂，皆亙古所無之臆說。世儒不察，乃執此書以誣朱子，其俱殊甚！〔二〕

然自宋以來，著一書以明古音者，實自椒始。而程迥之《音式》繼之，迥書以三聲通用、雙聲互轉為說，所見較椒差的，今已不傳。椒書雖牴牾百端，而後來言古音者皆從此而推闡加密〔三〕。故闕其謬而仍存之，以不沒篳路藍縷之功焉。〔四〕（《四庫全書總目》卷四十二）

【注釋】

〔一〕**【史源】**見卷首《韻補書目》。吳椒識語云：「右《韻補》凡書五十種，其用韻已見《集韻》諸書者皆不載，雖其韻書而訓義不同，或諸書當作此讀而注釋未收者載之。凡字有一義，即以一條為證，或二義三義，即以二三條為證。若謬誤，若未盡，皆俟後之君子正而成之，庶斯道之不墜也。」

〔二〕**【評論】**張元濟《宋本韻補跋》云：「《四庫提要》乃深詆之，謂朱子所據非此書。今《毛詩補音》已亡，無可為證。然陳氏既謂大歸若此，則同一人所著之書，即有優劣，亦不至相去甚遠。」（《張元濟古籍書目序跋彙編》第 1090 頁）

〔三〕【評論】錢大昕《潛研堂文集》卷二十七《跋吳棫韻補》云：「才老博考古音
　　以補今韻之闕，雖未能得六書諧聲之原本，而後儒因是知援《詩》《易》《楚
　　辭》以求古音之正，其功已不細。古人依聲寓義，唐、宋久失其傳，而才老
　　獨知之，可謂好學深思者矣。」（第451頁）

〔四〕【整理與研究】李思敬撰《論吳棫在古音學史上的光輝成就》（《天津師範大
　　學學報》1983年第2期）。

192. 附釋文互注禮部韻略五卷附貢舉條式一卷

　　《禮部韻略》，舊本不題撰人，晁公武《讀書志》云丁度（990～1053）撰。
今考所併舊韻十三部，與度所作《集韻》合，當出度手。〔一〕

　　其上平聲三十六桓作歡，則南宋重刊所改。觀卷首載郭守正《重修條例》，
稱紹興本尚作桓，是其證也。考曾慥《類說》引《古今詞話》曰：「真宗朝試《天
德清明賦》。有閩士破題〔二〕云：『天道如何？仰之彌高。』會試官亦閩人，遂
中選。」是宋初程試用韻尚漫無章程。自景祐以後，敕撰此書，始著為令式，
迄南宋之末不改。然收字頗狹，如歡韻漏判字、添韻漏尖字之類，嘗為俞文豹
《吹劍錄》所議。故元祐中博士孫諤、紹興中朝散大夫黃積厚、福州進士黃啟
宗，淳熙中吳縣主簿張貴謨，嘉定中嘉定府教授吳桂，皆屢請增收。而楊伯嵒
亦作《九經補韻》〔三〕，以拾其遺。然每有陳奏，必下國子監看詳，再三審定，
而後附刊韻末。其間或有未允者，如黃啟宗所增蹐一作齊、鰥一作矜之類，趙
彥衛《雲麓漫抄》尚駁詰之。蓋既經廷評，又經公論，故較他韻書特為謹嚴。

　　然當時官本已不可見，其傳於今者題曰《附釋文互注禮部韻略》。每字之
下，皆列官注於前，其所附互注，則題一「釋」字別之。凡有二本：一本為康
熙丙戌（1706）曹寅所刻，冠以余文焲所作歐陽德隆《押韻釋疑》〔四〕序一篇、
郭守正重修序一篇、重修條例十則、淳熙文書式一道。考守正所重修者，名
《紫雲韻》，今尚有傳本，已別著錄，則此本非守正書。又守正條例稱，德隆
注痀僂其枘之辨，似失之拘。今此本無此注，則亦非德隆書。觀守正序稱：
「書肆版行，漫者凡幾，一漫則一新，必增數注釋，易一標題然。」則當日
《韻略》非一本。此不知誰氏所刻，而仍冠以舊序及條例，其條例與書不相
應。而淳熙文書式中乃有理宗御名，是則移掇添補之明證也。

　　一本為常熟錢孫保家影抄宋刻〔五〕，前五卷與曹本同，但首無序文條例，
而末附《貢舉條式》一卷，凡五十三頁。所載上起元祐五年（1090），下至紹熙

五年（1194），凡一切增刪韻字、廟諱、祧諱、書寫試卷格式以及考校章程，無不具載，多史志之所未備，猶可考見一代典制，視曹本特為精善。惟每卷之末各以當時避諱，不收之字附錄一頁。據跋，乃孫保所加，非原書所有。今削去不載，以存其舊。至曹寅所刻不完之本，則附見於此，不別著錄焉。〔六〕（《四庫全書總目》卷四十二）

【注釋】

〔一〕【考證】張元濟跋云：「是書，雍熙殿中丞邱雍、景德龍圖閣待制戚綸所定，景祐知制誥丁度重修，元祐太學博士增補，見陳氏《書錄解題》。皇朝丁度撰，元祐中孫諤、蘇軾再加詳定，見晁氏《讀書志》。《四庫總目》撰人僅載丁度，蓋未詳考。」（《張元濟古籍書目序跋彙編》第 891 頁）《中國大百科全書·語言文字》：「《禮部韻略》和《集韻》都是宋仁宗景祐四年（1037）由丁度等人奉命編寫的。《集韻》成書稍晚兩年，《禮部韻略》在景祐四年當年就完成了。」（第 506 頁）

〔二〕【破題】唐、宋時應舉詩賦和經義的起首處，首二句謂之破題，須說破題目要義。明、清時八股文的頭兩句，亦沿稱破題，並成為一種固定的程式。

〔三〕【九經補韻】宋楊伯嵒撰。伯嵒，字彥思，號泳齋。周密《雲煙過眼錄》載伯嵒家所見古器，列高克恭、胡泳之後，似入元尚在矣。（《四庫全書總目》卷四十二）

〔四〕【增修校正押韻釋疑】《押韻釋疑》，宋紹定庚寅廬陵進士歐陽德隆撰，景定甲子郭守正增修。守正，字正己，自號紫雲山民。《永樂大典》所引《紫雲韻》，即此書也。（《四庫全書總目》卷四十二）

〔五〕【版本】日本真福寺藏宋刊本《禮部韻略》殘本三卷，被確認為「日本重要文化財」。此書為丁度奉敕撰，北宋哲宗年間刊本。（《日本藏漢籍珍本追蹤紀實》第 436～437 頁）此書有《四部叢刊》影宋本。張元濟跋云：「《四庫》著錄，而書實不同。館臣亦未嘗寓目，蓋亦天壤間之秘笈矣！」（《張元濟古籍書目序跋彙編》第 891 頁）

〔六〕【整理與研究】李子君撰《增修互注禮部韻略研究》（社會科學文獻出版社2012 年版）。羅積勇教授撰《〈禮部韻略〉與宋代科舉》（武漢大學出版社2019 年出版）。

193. 五音集韻十五卷

金韓道昭撰。道昭字伯暉，真定松水（今河北正定）人。

世稱以等韻顛倒字紐，始於元熊忠《韻會舉要》。然是書以三十六母各分四等〔一〕，排比諸字之先後，已在其前。**所收之字大抵以《廣韻》為藍本，而增入之字則以《集韻》為藍本。**考《廣韻》卷首云凡二萬六千一百八十四言，《集韻》條例云凡五萬三千五百二十五言，新增二萬七千三百三十一言。是書亦云凡五萬三千五百二十五言，新增二萬七千三百三十言。〔二〕合計其數，較《集韻》僅少一字，殆傳寫偶脫。《廣韻》注十九萬一千六百九十二字，是書云注三十三萬五千八百四十言，新增十四萬四千一百四十八言。其增多之數，則適相符合。是其依據二書，足為明證。又《廣韻》注獨用、同用，實仍唐人之舊。封演《聞見記》言許敬宗奏定者是也。終唐之世，下迄宋景祐四年（1263），功令之所遵用，未嘗或改。及丁度編定《集韻》，始因賈昌朝請改並窄韻十有三處。今《廣韻》各本，儼移豏檻之前，釅移陷鑒之前，獨用同用之注，如通殷於文，通隱於吻，皆因《集韻》頒行後竄改致舛。**是書改二百六韻為百六十〔三〕**，而並忝於琰，並檻於豏，並儼於範，並梓於豔，並鑒於陷，並釅於梵。足證《廣韻》原本上去聲末六韻之通為二，與平聲、入聲不殊。其餘如廢不與隊、代通，殷、隱、焮、迄不與文、吻、問、物通，尚仍《唐韻》之舊，未嘗與《集韻》錯互。故十三處犁然可考，尤足訂重刊《廣韻》之訛。其等韻之學，亦深究要渺〔四〕。雖用以顛倒音紐，有乖古例，然較諸不知而妄作者，則尚有間矣。〔五〕（《四庫全書總目》卷四十二）

【注釋】

〔一〕【編例】舊的韻書每一韻下同音字的排列，沒有什麼規則，使用起來很不方便。這本書以三十六母排列，次序是見組、端組、知組、幫組、非組、精組、照組，曉紐、匣紐、影紐、喻紐、來紐、日紐。每一聲類的字如有開合口的分別，都分開排列，並且注明等次。這在韻書的編纂體例上是一個很大的改革。

〔二〕【史源】文中這些數字並非是館臣統計所得，而是出自《至元庚寅重刊改並五音集韻》的第二篇序文。

〔三〕【韻目】全書分 160 韻。平、上、去、入四聲韻目數分別為 44、43、47 和 26。經過歸併，比《廣韻》的 206 韻減少了 46 韻，都分別記載在各有關韻目的後邊，並加圓圈作為符號。

〔四〕【深究要渺】《御製康熙字典序》云：「自《說文》以後，字書善者，於梁則《玉篇》，於唐則《廣韻》，於宋則《集韻》，於金則《五音集韻》，於元則《韻會》，於明則《洪武正韻》，皆流通當世，衣被後學。」

〔五〕【整理與研究】此書有金崇慶元年（1212）新雕本、元至元二十六年（1289）新雕本、明成化六年（1470）重刊本，但清代沒有重印，現在只有少數元、明刊本。今人寧忌浮撰《校訂五音集韻》（中華書局 1992 年版）。邱龍昇撰《五音集韻重文攷辨》（中國社會科學出版社 2019 年版）。

194. 古今韻會舉要三十卷

元熊忠撰。忠字子中，昭武（今福建邵武）人。

案：楊慎《丹鉛錄》謂蜀孟昶有《書林韻會》〔一〕，元黃公紹舉其大要而成書，故以為名。然此書以《禮部韻略》為主，而佐以毛晃、劉淵所增並，與孟昶書實不相關。舊本凡例首題黃公紹編輯，熊忠舉要。〔二〕而第一條即云：「今以《韻會》補收闕遺，增添注釋。」是《韻會》別為一書明矣。其前載劉辰翁《韻會序》，正如《廣韻》之首載陸法言、孫愐序耳，亦不得指《舉要》為公紹作也。

自金韓道昭《五音集韻》，始以七音、四等、三十六母顛倒唐、宋之字紐，而韻書一變；南宋劉淵淳祐壬子（1252）《新刊禮部韻略》，始合併通用之部分，而韻書又一變；忠此書，字紐遵韓氏法，部分從劉氏例，兼二家所變而用之，而韻書舊第至是盡變無遺。

其《字母通考》之首，拾李涪之餘論，力排江左吳音。《洪武正韻》之鹵莽，此已胚其兆矣。又其中今韻、古韻，漫無分別。如東韻收窻字，先韻收西字之類，雖舊典有徵，而施行頗駁。子注文繁例雜，亦病榛蕪。惟其援引浩博，足資考證。而一字一句，必舉所本，無臆斷偽撰之處，較後來明人韻譜則尚有典型焉。〔三〕（《四庫全書總目》卷四十二）

【注釋】

〔一〕【考證】《黃公說字》所列各書：唐《說文》、蜀《說文》、葛洪《字苑》、何承天《纂文》、呂靜《韻集》、李啟《聲韻》、呂忱《字林》、陽休之、夏侯詠《韻略》、孟昶《書林韻會》、林罕《字源》等目，不知何從見之。（《四庫全書總目》卷四十三）

〔二〕【韻會舉要自序】「六經」有韻語，無韻書，五方之音各以韻叶也。自南史沈約撰《類譜》，而四聲不相為用。隋陸法言等製韻書，而七音遂訛。迨李唐聲律設科，《韻略》下之禮部，進士詞章非是不在選，而有司去取決焉。一禮部韻，遂如金科玉條，不敢一字輕易出入。中更名公鉅儒，皆有科舉之累，而焉得議其非？獨於私作詩文，間用古韻，讀者已聲牙，不能以句。音學之失久矣。宋省、監申明儒紳論卞，《韻略集注》殆且五十餘家，率皆承訛襲訛，以苟決科之便。造韻者既未嘗盡括經傳之音，釋韻者又專以時文為據，或言經作某字，韻無此字，不可用，或言經本某音，監韻此字下無注，押者非。至使人寧背經音，無違韻注，其敝可勝言哉？它又未暇論也。同郡在軒先生黃公公紹，慨然欲正千有餘年韻書之失，始秤字書，作《古今韻會》。大較本之《說文》，參以籀古隸俗、《凡將》《急就》、旁行勇落之文，下至律書、方技、樂府、方言，靡所不究，而又檢以七音、六書，凡經史子集之正音、次音、叶音、異辭、異義，與夫事物倫類制度，纖悉莫不詳說而備載之。浩乎山海之藏也！僕辱館公門，獨先快睹，且日竊承緒論，惜其編帙浩瀚，四方學士不能遍覽。隱屏以來，因取《禮部韻略》，增以毛、劉二韻，及經傳當收未載之字，別為《韻會舉要》一編。雖未足以紀綱人文，亦可以解舊韻之惑矣。其諸條貫，俱如凡例。雖然，聲音之起而樂生焉，古先聖人以聲為律，有以也。言語文字云乎哉！今之人終身由之，而不知其道，反區區取信於沈、陸。自得之私，誠不知其可也。姑陳梗概，以俟來哲。歲丁酉日長至武陽熊忠。

今按，黃公紹是宋元之際的音韻訓詁學家，字在軒，邵武人。咸淳元年（1265）舉進士。入元後，隱居樵溪，拒不出仕。其詩文之作匯為《在軒集》。唐圭璋先生編輯的《全宋詞》收錄黃公紹詞三十三闋。又撰《古今韻會》。是書劉辰翁序作於元至元二十九年（1292），可證《古今韻會》成書於1292年以前。《儀顧堂續跋》評述是書曰：「其為《韻會》也，蓋以《禮部韻略》訓釋簡略，故博考經史，旁及九流百家，增其注說，又採異體、異義、辨其正俗，以為饋貧之糧……」《文心雕龍·神思》云：「博見為饋貧之糧，貫一為拯亂之藥。」

〔三〕【整理與研究】潘景鄭《著硯樓讀書記》第49頁載其家有元刻本《古今韻會舉要》，係石田翁舊物。明方日昇撰《韻會小補》三十卷，《四庫全書總目》入存目，但孫詒讓認為「採摭至為賅博」。竺家寧撰《古今韻會舉要的語音系

統》（臺灣學生書局 1986 年版），寧忌浮撰《古今韻會舉要及相關韻書》（中華書局 1997 年版，邵榮芬作序），王碩荃撰《古今韻會舉要辯證》（河北教育出版神 2002 年版），田業政撰《古今韻會舉要小補研究》（浙江大學 2015 年博士論文），李莉莉撰《古今韻會舉要體例研究》（湖南師範大學 2015 年碩士論文）。

195. 四聲等子一卷〔一〕

不著撰人名氏。〔二〕

錢曾《讀書敏求記》謂即劉鑒所作之《切韻指南》，曾一經翻刻，特易其名。今以二書校之，若辨音和類隔、廣通局狹內外轉攝振救、正音憑切、寄韻憑切、喻下憑切、日寄憑切及雙聲疊韻之例，雖全具於《指南·門法玉鑰匙》內，然詞義詳略顯晦，迥然不侔。至內攝之通止、遇、果、宕、曾、流、深，外攝之江、蟹、臻、山、效、假、梗、咸十六攝圖，雖亦與《指南》同，然此書曾攝作內八，而《指南》作內六，流攝此書作內六；而《指南》作內七；深攝此書作內七，《指南》作內八；皆小有不同。至以江攝外一附宕攝內五下，梗攝外七附曾攝內六下，與《指南》之各自為圖，則為例迥殊。雖《指南》假攝外六附果攝內四之下，亦間並二攝，然假攝統歌、麻二韻，歌、麻本通，故假得附果。若此書之以江附宕，則不知江諧東、冬，不通陽、唐；以梗附曾，則又誤通庚、蒸為一韻；似不出於一手矣。又此書七音綱目，以幫、滂、并、明、非、敷、奉、微之唇音為宮，影、曉、匣、喻之喉音為羽，頗變《玉篇》五音之舊。《指南》五音訣具在，未嘗以唇為宮，以喉為羽，亦不得混為一書。《切韻指南》卷首有後至元丙子（1276）熊澤民序，稱古有《四聲等子》，為傳流之正宗。然而中間分析，尚有未明。

關西劉士明著書曰《經史正音切韻指南》，則劉鑒之《指南》十六攝圖，乃因此書而革其宕攝附江、曾攝附梗之誤。此書實非鑒作也。以字學中論等韻者，司馬光《指掌圖》外，惟此書頗古，故並錄存之，以備一家之學焉。

（《四庫全書總目》卷四十二）

【注釋】

〔一〕【版本】有文瀾閣本、《粵雅堂叢書》本、《咫進齋叢書》本和《叢書集成本》等，以《咫進齋叢書》本為善。今按，《咫進齋叢書〈四聲等子〉版本研究》

認為，《叢書集成》本《四聲等子》係據《咫進齋叢書》本影印，二者應該全同，但唐作藩先生研究《四聲等子》時卻發現該書的咫進齋本和《叢書集成》本在版本上有較大不同，原來是咫進齋本有初刻、重刻之別，唐先生所據咫進齋本為初刻本，而《叢書集成》本影印所據卻是重刻本。姚覲元重刻時曾據粵雅堂本進行過系統校勘。（《湖南社會科學》2008 年第 2 期）

〔二〕【撰人與成書時代】有關討論詳見《中國學術名著提要‧語言文字卷》第 59～60 頁。楊劍橋先生認為：「此書受《集韻》影響很大，其著述年代不會早於《集韻》。《四聲等子》的著述年代應在《集韻》（1039）之後，《切韻指掌圖》董序（1203）之前，它是我國中期等韻圖的代表作之一。」

196. 洪武正韻十六卷

明洪武中奉敕撰。時預纂修者為翰林侍講學士樂韶鳳（安徽全椒人）、宋濂（浙江浦江人），待制王撰，修撰李淑允，編修朱右（浙江臨海人）〔一〕、趙壎（江西新喻人）、朱廉（浙江義烏人）、典簿瞿莊、鄒孟達，典籍孫蕡（廣東順德人）、答祿與權（蒙古人）；預評定者為左御史大夫汪廣洋（江蘇高郵人）、右御史大夫陳寧（湖南茶陵人）、御史中丞劉基（浙江青田人）、湖廣行省參知政事陶凱（浙江臨海人）。

書成於洪武八年（1375）。濂奉敕為之序〔二〕。大旨斥沈約為吳音，一以中原之韻更正其失。並平、上、去三聲，各為二十二部，入聲為十部。於是古來相傳之二百六部並為七十有六。其注釋一以毛晃《增韻》為稿本，而稍以他書損益之。**蓋歷代韻書，自是而一大變。**〔三〕

考《隋志》載沈約《四聲》一卷，新舊《唐書》皆不著錄，是其書至唐已佚。陸法言《切韻序》作於隋文帝仁壽元年（601），而其著書則在開皇初。所述韻書，惟有呂靜、夏侯詠、陽休之、周思言、李季節、杜臺卿六家，絕不及約，是其書隋時已不行於北方。今以約集詩賦考之，上、下、平五十七部之中，以東、冬、鍾三部通，魚、虞、模三部通，庚、耕、清、青四部通，蒸部、登部各獨用，與今韻分合皆殊，此十二部之仄韻，亦皆相應。他如《八詠詩》押葦字，入微韻，與《經典釋文》陳謝嶠讀合。《梁大壯舞歌》押震字，入真韻，與《漢書‧敘傳》合。《早發定山詩》押山字，入先韻；《君子有所思行》押軒字，入先韻，與梁武帝、江淹詩合。《冠子祝文》押化字，入麻韻，與《後漢書‧馮衍傳》合。與今韻收字亦頗異。濂序乃以陸法言以來之韻指為沈約，其謬殊甚！

　　法言《切韻序》又曰:「昔開皇初,有儀同劉臻等八人,同詣法言門宿⋯⋯論及音韻,以〔古〕今聲調既自有別,諸家取捨亦復不同,吳、楚則時傷輕淺,燕、趙則多傷重濁,秦、隴則去聲為入,梁、益則平聲似去⋯⋯江東取韻,與河北復殊。因論南北是非,古今通塞,欲更捃選精切,除削疏緩,蕭、顏多所決定。魏著作謂法言曰:『向來論難,疑處悉盡,我輩數人,定則定矣。』法言即燭下握筆,略記綱紀。」〔四〕今《廣韻》之首列同定八人姓名,曰劉臻、顏之推、魏〔彥〕淵、盧思道、李若、蕭該、辛德源、薛道衡,則非惟韻不定於吳人。且序中「江左取韻」諸語,已深斥吳音之失,安得復指為吳音?至唐李涪不加深考,所作《刊誤》〔五〕,橫肆譏評,其誣實甚!

　　濂在明初號為宿學,不應沿訛踵謬至此。蓋明太祖既欲重造此書,以更古法,如不誣古人以罪,則改之無名。濂亦曲學阿世,強為舞文耳。然源流本末,古籍昭然,天下後世,何可盡醜其目乎?觀《廣韻》平聲三鍾部恭字下注曰:「陸以恭、蚣、縱等入冬韻,非也。」蓋一紐之失,古人業已改定。又上聲二腫部湩字下注曰:「冬字上聲。」蓋冬部上聲惟此一字,不能立部,附入腫部之中,亦必注明,不使相亂。古人分析不苟至於如此。濂乃以私臆妄改,悍然不顧,不亦倡乎!

　　李東陽《懷麓堂詩話》曰:「國初顧祿為宮詞,有以為言者,朝廷欲治之。及觀其詩集,乃用《洪武正韻》,遂釋之。〔時〕此書實初出,(亟)〔急〕欲行之故也。」然終明之世,竟不能行於天下〔六〕,則是非之心,終有所不可奪也。又周賓所《識小編》曰:「洪武二十三年,《正韻》頒行已久,上以字義音切尚多未當,命辭臣再校之。學士劉三吾言:『前後韻書,惟元國子監生孫吾與所纂《韻會定正》《音韻歸一》應可流傳。』遂以其書進。上覽而善之,更名《洪武通韻》,命刊行焉。今其書不傳(云云)。」是太祖亦心知其未善矣。其書本不足錄,以其為有明一代同文之治,削而不載,則韻學之沿革不備。猶之記前典制者,雖其法極為不善,亦必錄諸史冊,固不能泯滅其跡,使後世無考耳。〔七〕(《四庫全書總目》卷四十二)

【注釋】

〔一〕【朱右】(1314～1376),字伯賢,號鄒陽子。浙江臨海人。著有《白雲稿》等。

〔二〕【宋序】⋯⋯楚漢以來,《離騷》之辭,郊祀安世之歌,以及於魏晉諸作,曷嘗拘於一律?亦不過協比其音而已。自梁之沈約,拘以四聲八病,始分為平、上、去、入,號曰《類韻》,大抵多吳音也。及唐以詩賦設科,益嚴聲律之禁,

因禮部之掌貢舉，易名曰《禮部韻略》，遂至毫髮弗敢違背，雖中經二三大儒，且謂承襲之久，不欲變更，縱有患其不通者，以不出於朝廷，學者亦未能盡信……

今按，「四聲八病」說是由沈約最早提出來的聲律說。四聲即平、上、去、入；八病指平頭、上尾、蜂腰、鶴膝、大韻、小韻、旁紐、正紐。

〔三〕【考證】既有入聲，又有全濁聲母，可見參雜南方方音，不盡合於當時的「中原雅音」。為曲韻南派的創始著作。（《辭海‧語言文字分冊》第80頁）

〔四〕【史源】《切韻序》詳見周祖謨《廣韻校本》卷首。此處引文頗有刪節。

〔五〕【刊誤】唐李涪撰。以考訂典章制度為主。有《百川學海》本。

〔六〕【評論】羅常培先生認為，14世紀前後的北方有兩種並行的讀音系統：「一個是代表官話的，一個是代表方言的；也可以說，一個是讀書音，一個是說話音。」《中原音韻》是反映官話即讀書音的，《洪武正韻》是反映官話即讀書音的。《洪武正韻》在明代屢次翻刻，影響很大；而清代對此書卻很輕視，沒有翻刻過。四庫館臣對它的批評似也與歷史真實不盡符合，除了學術因素之外，顯然還存在政治原因。楊劍橋先生認為，《洪武正韻》也是韻書革命上的一種重要著作，對於研究元明時代官話的實際讀音具有重要的價值。此書的主要缺點在於釋義和音切兩方面。它雜採古今南北之音，而未能完全合於當時的北方口語。

〔七〕【整理與研究】明人陽時偉撰《洪武正韻箋》四卷，寧忌浮教授認為其補箋提升了韻書的詞彙學價值，箋中援引的數種稀見文獻以及傳說都是難得的資料，所引《韻會定正》更為寶貴。今人劉文錦撰《洪武正韻聲類考》（中央研究院歷史語言研究所《集刊》3本2分），寧忌浮撰《洪武正韻研究》（上海辭書出版社2003年版）。寧氏對該書的編修經過、語音結構等作了詳盡的討論，關鍵是他又找到了藏在北京圖書館的八十韻本的《洪武正韻》。高龍奎《洪武正韻及相關韻書研究》（蘇州大學年博士論文）認為，《洪武正韻》是明初的一部官修韻書，它既與前代著述有著千絲萬縷的聯繫，又對整個明代韻書創作產生了深遠的影響。《韻學集成》《字學集要》就是在其影響下產生的兩部韻書。該文主要運用歷史比較法、反切系聯法、審音法、統計法等研究方法來討論明初的重要韻書《洪武正韻》及與之密切相關的《韻學集成》《字學集要》，從《洪武正韻》的傳承關係上來考察這一系列韻書的變化及其在漢語語音史上的價值。

197. 毛詩古音考四卷

明陳第〔一〕（1541～1617）撰。第有《伏羲圖贊》，已著錄。

言古韻者自吳棫，然《韻補》一書，厖雜割裂，謬種流傳，古韻乃以益亂。國朝顧炎武作《詩本音》，江永作《古韻標準》，以經證經，始廓清妄論。而開除先路，則此書實為首功。

大旨以為古人之音原與今異，凡今所稱叶韻，皆即古人之本音，非隨意改讀，輾轉牽就。如「母」必讀「米」，「馬」必讀「姥」，「京」必讀「疆」，「福」必讀「逼」之類，歷考諸篇，悉截然不紊。又《左》《國》《易象》《離騷》《楚辭》，秦碑、漢賦，以至上古謠、箴、銘、頌、贊，往往多與《詩》合，可以互證。於是排比經文，參以群籍，定為本證、旁證二條：本證者，《詩》自相證，以探古音之源；旁證者，他經所載以及秦漢以下去風雅未遠者，以竟古音之委。〔二〕鉤稽參驗，本末秩然，其用力可謂篤至。雖其中如「素」音為「蘇」之類，不知古無四聲，不必又分平仄；「家」又音「歌」，「華」又音「和」之類，不知為漢魏以下之轉韻，不可以通三百篇，皆為未密。然所列四百四十四字，言必有徵，典必探本，視他家執今韻部分、妄以通轉古音者，相去蓋萬萬矣。

初，第作此書，自焦竑以外，無人能通其說；故刊版旋佚。此本及《屈宋古音義》〔三〕，皆建寧徐時作購得舊刻，復為刊傳。〔四〕雖卷帙無多，然欲求古韻之津梁，捨是無由也〔五〕。（《四庫全書總目》卷四十二）

【注釋】

〔一〕【作者研究】金雲銘撰《陳第年譜》（臺灣銀行 1972 年版），郭庭平撰《陳第年譜研究》（中國文藝出版社 2018 年版）。

〔二〕【陳第自序】夫《詩》以聲教也。取其可歌、可詠、可長言嗟歎，至手足舞蹈而不自知，以感竦其興觀群怨、事父事君之心，且將從容以紬繹，夫鳥獸草木之名義，斯其所以為《詩》也。若其意深長，而於韻不諧，則文而已矣。故士人篇章，必有音節；田野俚曲，亦各諧聲。豈以古人之詩而獨無韻乎？蓋時有古今，地有南北，字有更革，音有轉移，亦勢所必至。故以今之音讀古之作，不免乖刺而不入，於是悉委之叶。夫其果出於叶也，作之非一人，採之非一國，何母必讀米，非韻杞、韻止，則韻祉、韻喜矣；馬必讀姥，非韻組、韻黼，則韻旅、韻土矣；京必讀疆，非韻堂、韻將，則韻常、韻王矣；福必讀偪，非韻食、韻翼，則韻德、韻億矣。厥類實繁，難以殫舉，其矩律

之嚴，即《唐韻》不啻。此其故何邪？又《左》《國》《易象》《離騷》《楚辭》、秦碑、漢賦，以至上古歌謠箴銘頌讚，往往韻與《詩》合，實古音之證也。或謂《三百篇》詩辭之祖，後有作者，規而韻之耳。不知魏晉之世古音頗存，至隋、唐漸盡矣。唐、宋名儒，博學好古，間用古韻，以炫異耀奇則誠有之，若讀垤為姪，以與日韻，《堯戒》也；讀明為芒，以與良韻，《皋陶歌》也。是皆前於詩者，夫又何放？且讀皮為婆，宋役人謳也；讀邱為欺，齊嬰兒語也；讀戶為甫，楚民間謠也；讀裘為基，魯朱儒諓也；讀作為詛，蜀百姓辭也；讀口為苦，漢白渠誦也；又家，姑讀也，秦夫人之占；懷，回讀也，魯聲伯之夢；旆，斤讀也，晉滅虢之徵；瓜，孤讀也，衛良夫之譟。彼其閭巷贊毀之間，夢寐卜筮之頃，何暇屑屑模擬，若後世吟詩者之限韻邪？愚少受《詩》家庭，竊嘗留心於此。晚季獨居海上，慶弔盡廢。律絕近體，既所不嫻，六朝古風，企之益遠。惟取《三百篇》日夕讀之，雖不能手舞足蹈，契古人之意，然可欣可喜可戚可悲之懷，一於讀《詩》泄之。又懼子姪之學《詩》不知古音也，於是稍為考據，列本證、旁證二條：本證者，《詩》自相證也；旁證者，採之他書也。二者俱無，則宛轉以審其音，參錯以諧其韻，無非欲便於歌詠，可長言嗟歎而已矣。蓋為今之詩，古韻可不用也。讀古之詩，古韻可不察乎？嗟夫！古今一意，古今一聲，以吾之意而逆古人之意，其理不遠也。以吾之聲而調古人之聲，其韻不遠也。患在是今非古，執字泥音，則支離日甚，孔子所刪，幾於不可讀矣。愚也聞見孤陋，考究未詳，姑藉之以請正明達君子。閩三山陳第季立題。

今按，是書成於萬曆三十四年（1606）。陳第「時有古今，地有南北，字有更革，音有轉移」的古音思想和「以經證經」的考音方法使其在古韻學史上倍受推重。

〔三〕【屈宋古音義】明陳第撰。第既撰《毛詩古音考》，復以《楚辭》去風人未遠，亦古音之遺，乃取屈原所著《離騷》等二十五卷，除其《天問》一篇，得二十四篇，又取宋玉《九辯》九篇、《招魂》一篇，益以《文選》所載《高唐賦》《神女賦》《風賦》《登徒子好色賦》四篇，得十四篇，共三十八篇。其中韻與今殊者二百三十四字，各推其本音，與《毛詩古音考》互相發明。惟每字列本證，其旁證則間附字下，不另為條，體例小異，以前書已明故也。書本一卷，其後二卷則舉三十八篇各為箋注，而音仍分見諸句下。蓋以參考古音，因及訓詁，遂附錄其後；兼以音義為名，實則卷帙相連，非別

為一書；故不析置集部，仍與《毛詩古音考》，同入小學類中。（《四庫全書
總目》卷四十二）

〔四〕【版本】渭南嚴氏刻本、學津本、長沙余肇鈞編刻《明辨齋叢書》本、武昌張
氏校刻本、中華書局 1988 年康瑞琮點校本。

〔五〕【評論】錢大昕《竹汀先生日記鈔》卷一云：「借讀陳季立第《毛詩古音考》
四卷、《屈宋古音義》三卷，顧亭林言古音，實本於此。」（第 2 頁）

198. 音論三卷

國朝顧炎武（1613～1682）撰。炎武有《左傳杜解補正》，已著錄。

自陳第作《毛詩古有音考》《屈宋古音義》，而古音之門徑始明。然創闢
榛蕪，猶未及研求邃密。至炎武乃探討本原，推尋經傳，作《音學五書》以正
之。此其《五書》之一也。上卷分三篇：一、古曰音，今曰韻；二、韻書之始；
三、唐宋韻譜異同。中卷分六篇：一、古人韻緩，不煩改字；二、古詩無叶
音；三、四聲之始；四、古人四聲一貫；五、入為閏聲；六、近代入聲之誤。
下卷分六篇：一、六書轉注之解；二、先儒兩聲各義之說不盡然；三、反切之
始；四、南北朝反語；五、反切之名；六、讀若。某共十五篇。皆引據古人之
說以相證驗。中惟所論入聲，變亂舊法，未為甚確。餘皆元元本本，足以訂俗
學之訛。蓋五書之綱領也。〔一〕

書成於崇禎癸未（1643）。其時舊本《集韻》與別本《廣韻》皆尚未出，故
不知唐宋部分之異同由於陳彭年、丁度。又唐封演《聞見記》其時亦未刊行，
故亦不知唐人官韻定自許敬宗。

然全書持論精博。百餘年來言韻學者，雖愈闡愈密，或出於炎武所論之
外，而發明古義，則陳第之後，炎武屹為正宗〔二〕。陳萬策《近道齋集》〔三〕
有《李光地小傳》，稱光地音學受之炎武。又萬策作《李光地詩集後序》稱：
「光地推炎武音學，妙契古先。故所注古音，不用吳棫《韻補》，而用炎武《詩
本音》。」則是書之為善本，可概見矣。〔四〕（《四庫全書總目》卷四十二）

【注釋】

〔一〕【評論】《音論》所論述的這些問題，皆為古音及古音學上具有重大意義的問
題。

〔二〕【評論】錢大昕《答孫淵如書》：「崑山顧氏之言古言善矣，而於聲音文字自
本，則猶得其半而失其半也。」（《潛研堂文集》卷三十三）

〔三〕【近道齋集】國朝陳萬策撰。萬策字對初，一字謙季，安溪（今屬福建泉州市）人，徙於晉江（今福建泉州）。康熙戊戌（1718）進士官至詹事府詹事，緣事降翰林院檢討，終於侍讀學士。此本乃乾隆癸亥（1743）其子冕世所輯。其《中西洋算法異同論》，頗能究其所以然。李光地、施琅諸傳，軼聞舊事，亦多可考云。（《四庫全書總目》卷一八四）

〔四〕【整理與研究】高天霞《顧炎武〈音論〉研究》認為，顧炎武之音學成就集中體現在其《音學五書》中，而《音論》乃「五書」之旗幟，顧氏在該書中討論了漢語音韻學上的十五個重大問題。高文即對顧氏在此十五個問題上的觀點展開述說。《音論·卷上》顧炎武考證了「韻」字出現的年代及其意義；梳理了韻書、韻譜沿革脈絡。顧氏之考論雖有小的瑕疵，但皆「元元本本」，為後人樹立了「欲審古音，必從《廣韻》始」的思想，為後人以今音推古音提供了方便。《音論·卷中》顧炎武集中批判了「叶音說」。他以「古人韻緩，不煩改字」、「古詩無叶音」、「四聲之始」與「古人四聲一貫」為論據，徹底推翻了「叶音說」。其中「古人四聲一貫」是該部分中顧氏最主要的一個觀點，也是受後人非議最多的一個觀點。所謂「古人四聲一貫」，其核心意思是在古有韻之文中，四聲可通押。顧氏的觀點是符合實際的，只不過顧氏在表述這一意思時用了「一貫」這個詞語，以至於被某些人誤解成了「古無四聲」。顧氏還指出了近代入聲在統系和收字上的錯誤，提出了入配陰聲的觀點。儘管顧氏的某些表述不夠嚴謹、個別觀點還值得進一步商榷，但顧氏「古詩無叶音」的主張以及他的入聲觀還是非常正確且極具啟發性的。《音論·卷下》主要觀點為，轉注重在轉聲；先儒一字兩聲未必各義；反切源於中國古已有之的「二合音」；「讀若」的價值在於依古「讀若」音與今反切音之異來考求古音，並以古音正今音。其中顧氏對轉注的認識雖不準確，但這樣的認識以及「先儒兩聲各義之說不盡然」都是與其「四聲一貫說」緊密聯繫在一起的。（西北師範大學 2010 年碩士論文）

199. 詩本音十卷

國朝顧炎武（1613～1682）撰。

《音學五書》之二也。其書主陳第「《詩》無叶韻」之說，不與吳棫《補音》爭，而亦全不用棫之例。但即本經所用之音互相參考，證以他書，明古音

原作是讀，非由遷就，故曰「本音」。每詩皆全列經文，而注其音於下。今韻合者，注曰：「《廣韻》某部。」與今音異者，即注曰：「古音某。」〔一〕

　　大抵密於陳第，而疏於江永。故永作《古韻標準》，駁正此書者頗多。然合者十九，不合者十一。南宋以來隨意叶讀之謬論，至此始一一廓清，厥功甚巨。當以永書輔此書，不能以永書廢此書也。若毛奇齡之逞博爭勝，務與炎武相詰難，則文人相輕之習，益不足為定論矣。〔二〕（《四庫全書總目》卷四十二）

【注釋】

〔一〕【體例】顧炎武把《詩經》的原文都抄錄下來，在韻腳下分別注明屬於《廣韻》哪一韻；凡顧氏認為古今讀音不同的字，則往往注明《詩經》的古讀，並統計出這個字在《詩經》和其他經書中作為押韻字的出現次數，以證明所考證的古讀。（《中國學術名著提要·語言文字卷》第99頁）

〔二〕【整理與研究】張民權《論顧炎武〈詩本音〉通韻合韻關係處理之得失》認為，顧炎武對合韻的處理主要是從其古韻十部出發和《詩》本音出發，故有得有失，所得在於堅持《詩》本音一貫的思想，在遇《詩》韻與諧聲不一致時，取《詩》韻而合諧聲。顧炎武對合韻的處理方式雖有些不妥，用方音解釋合韻現象卻有著積極的意義。（《語文研究》1999年第2期）

200. 易音三卷

　　國朝顧炎武（1613～1682）撰。

　　《音學五書》之三也。其書即《周易》以求古音。〔一〕上卷為《彖辭》《爻辭》，中卷為《彖傳》《象傳》，下卷為《繫辭》《文言》《說卦》《雜卦》。其音往往與《詩》不同，又或往往不韻。故炎武所注，凡與《詩》音不同者，皆以為偶用方音；而不韻者，則闕焉。考《春秋傳》所載《繇詞》，無不有韻，說者以為《連山》《歸藏》之文。然漢儒所傳，不過《周易》，而《史記》載大橫之兆，其《繇》亦然。意卜筮家別有其書，如焦贛《易林》之類，非《易》之本書。而《易》之本書，則如周秦諸子之書，或韻、或不韻，本無定體。其韻或雜方音，亦不能盡求其讀。故《彖辭》《爻辭》不韻者多，韻者亦間有；《十翼》則韻者固多，而不韻者亦錯出其間，非如《詩》三百篇協詠歌，被管絃，非韻不可以成章也。炎武於不可韻者，如《乾》之九二、九四，中隔一爻，謂義相承，則韻亦相承之類，未免穿鑿。又如六十四卦《彖辭》，惟四卦有韻，

殆出偶合。標以為例，亦未免附會。然其考核精確者，則於古音亦多有裨，固可存為旁證焉。〔二〕（《四庫全書總目》卷四十二）

【注釋】

〔一〕**【體例】**與（詩本音）相似，惟不抄錄《易經》全文，而是僅僅選取他認為用韻的字句，對其中的押韻字加注。（《中國學術名著提要·語言文字卷》第99頁）

〔二〕**【整理與研究】**吳國源《顧炎武易音研究條例初探——顧氏易音「承其義則亦承其音」辨》認為，顧炎武《易音》包含有六條《易音》研究條例，其中核心條例是「承其義則亦承其音」。這一關係原則中，「義」在「音」先，「義」是決定上下爻辭之間韻讀關係成立的第一條件，在此基礎上，音同或音近才能成為上下爻辭之間韻讀關係成立的依據。通過對《易音》中的實例分析，發現此條例不僅貫穿其他條例，而且貫通顧氏整個《易音》研究。從清代《易音》研究的整體情況來看，可以說顧炎武《易音》研究條例成為《易音》研究的基本範式，並且具有豐富的易學內涵。（《周易研究》2007年第5期）

201. 唐韻正二十卷

國朝顧炎武（1613～1682）撰。

《音學五書》之四也。其書以古音正《唐韻》之訛。書首有凡例曰：「凡韻中之字，今音與古音同者，即不注。其不同者，乃韻譜相傳之誤，則注云『古音某』，並引經傳之文以證之。其一韻皆同，而中有數字之誤，則止就數字注之，一東是也。一韻皆誤，則每字注之，四江是也。同者半，則同者注其略，不同者注其詳，且明其本。二韻而誤並為一，五支是也。一韻皆同無誤，則不注，二冬、三鍾是也。」蓋逐字以求古音，當移出者移而出，當移入者移而入。視全家謬執今韻言古音、但知有字之當入而不知有字之當出，以至今古糾牽不可究詰者，其體例特為明晰。與所作《韻補正》皆為善本。

然《韻補》誤叶古音，可謂之正；至《唐韻》則本為四聲而設，非言古韻之書，聲隨世移，是變非誤，概名曰正，於義未協。〔一〕是則炎武泥古之過，其偏亦不可不知也。〔二〕（《四庫全書總目》卷四十二）

【注釋】

〔一〕**【評論】**《唐韻正》，名為改正唐宋韻書，實為《詩本音》的詳細注解。

〔二〕【整理與研究】《顧炎武唐韻正研究》認為，《音學五書》是顧炎武關於音韻
學的研究著作，其中，《唐韻正》卷帙最多、用力最勤。他對《唐韻》中字的
上古讀音進行了考訂，對後世產生了深遠影響。對《唐韻正》中顧炎武證明
單字古音時使用的材料進行梳理、總結，將書中的證音材料歸納為六類：韻
文、異文、諧聲、聲訓、注音和方音，並探討此書的研究價值。同時，顧炎
武在對證音材料的選取時代和證音材料的具體分析兩個方面，還存在一定的
問題。(《現代語文》2020 年第 3 期)

202. 古音表二卷

國朝顧炎武（1613～1682）撰。

《音學五書》之五也。凡分十部：以東、冬、鍾、江為第一，支、脂、
之、微、齊、佳、皆、灰、咍為第二，魚、虞、模、侯為第三，真、諄、臻、
文、殷、元、魂、痕、寒、桓、刪、山、先、仙為第四，蕭、宵、肴、豪、幽
為第五，歌、戈、麻為第六，陽、唐為第七，耕、清、青為第八，蒸、登為第
九，侵、覃、談、鹽、添、咸、銜、嚴、凡為第十。皆以平聲為部首，而三聲
隨之。其移入之字與割並之部，即附見其中。考以古法，多相吻合。

惟入聲割裂分配，其說甚辨；然變亂舊部，論者多有異同。〔一〕其門人潘
耒作《類音》八卷，深為李光地《榕村語錄》所詬厲，其濫觴即從此書也。以
與所著五書共為卷帙，當並存以具一家之言。且其配隸古音，實有足糾吳棫
以來之謬者，故仍錄備參考焉。〔二〕(《四庫全書總目》卷四十二)

【注釋】

〔一〕【評論】其中論斷雖未盡精當，而能離析《唐韻》以求古音，奠定了清代古
音學的基礎。

〔二〕【整理與研究】《顧炎武古音表中「併入」和「收入」解析》認為，顧炎武《音
學五書‧古音表》中有兩個重要概念——「併入」和「收入」，這兩個術語的設
置正是顧氏觀察語音現象的慧眼獨具之處。(《湖北大學學報》1988 年第 6 期)

203. 韻補正一卷

國朝顧炎武（1613～1682）撰。

案《宋志》，吳棫有《毛詩叶韻補音》十卷，又《韻補》五卷。自朱子作
《詩集傳》，用其《毛詩叶韻補音》，儒者因朱子而不敢議棫，又因《毛詩叶韻

補音》並不敢議其《韻補》。炎武此書，於棫雖亦委曲迴護，有「安得如才老者與之論韻」之言。然所作《詩本音》，已不從棫說。至於此書，則更一一糾彈，不少假借。**蓋攻《韻補》者其本旨，推棫者其異詞也。**

　　案《朱子語錄》稱：「吳才老《補音》甚詳，然亦有推不去者。」〔一〕則朱子於棫之書，原不謂盡無遺議。馬端臨《經籍考》特錄朱子此條於《毛詩叶韻補音》之下，亦具有深心。炎武此書，絕不為叫囂攻擊之詞；但於古音叶讀之舛誤，今韻通用之乖方，各為別白注之，而得失自見。可謂不悖是非之正，亦不涉門戶之爭者矣。（《四庫全書總目》卷四十二）

【注釋】

〔一〕【史源】《朱子語錄》卷八十：「吳才老《補音》甚詳，然亦有推不去者。某煞尋得當時不曾記，今皆忘之矣。如『外禦其務』叶『烝也無戎』，才老無尋處，卻云務字古人讀做蒙，不知戎汝也。汝戎二字，古人通用，是協音汝也。」

204. 古今通韻十二卷

　　國朝毛奇齡（1623～1713）撰。奇齡有《仲氏易》，已著錄。

　　是書為排斥顧炎武《音學五書》而作。創為「五部」、「三聲」、「兩界」、「兩合」之說：「五部」者，東、冬、江、陽、庚、青、蒸為一部，支、微、齊、佳、灰為一部，魚、虞、歌、麻、蕭、肴、豪、尤為一部，真、文、元、寒、刪、先為一部，侵、覃、鹽、咸為一部；「三聲」者，平、上、去三聲相通，而不與入通，其與入通者，謂之叶；「兩界」者，以有入聲之東、冬、江、陽、庚、青、蒸、真、文、元、寒、刪、先、侵、覃、鹽、咸十七韻為一部，無入聲之支、微、齊、佳、灰、魚、虞、歌、麻、蕭、肴、豪、尤十三韻為一部，兩不相通，其相通者，謂之叶；「兩合」者，以無入十三韻之去聲與有入十七韻之入聲通用，而不與平、上通，其與平、上通者，謂之叶。

　　案：奇齡論例，既去所列五部分配五音，雖欲增一減一，而有所不可，乃又分為兩界，則五音之例亂矣。既分兩界，又以無入十三韻之去聲與有入十七韻之入聲同用，則兩界之例又亂矣。至三聲之例，本云平、上、去通而不與入通，而兩合之例又云去、入通而不與平、上通，則三聲、兩合，不又自相亂乎？蓋其病在不以古音求古音，而執今韻部分以求古音。〔一〕又不知古人之音亦隨世變，而一概比而合之。故徵引愈博，異同愈出，不得不多設條例以

該之。迨至條例彌多，矛盾彌甚，遂不得不遁辭自解，而叶之一說生矣。皆逞博好勝之念，牽率以至於是也。然其援據浩博，頗有足資考證者，存備一家之學亦無不可，故已黜而終存之焉。〔二〕（《四庫全書總目》卷四十二）

【注釋】

〔一〕【評論】張民權將毛氏古音學的主要錯誤歸納為四點，詳見氏著《清代前期古音學研究》下冊第 143～149 頁。今按，黃侃曾經對毛奇齡的音韻學成就給予積極的評價，時下過分地否定毛氏的歷史貢獻似乎不妥。

〔二〕【整理與研究】胡紅撰《毛奇齡〈古今通韻〉研究》（福建師範大學 2013 年碩士論文）。今按，如何準確地評價毛奇齡的《古今通韻》？這是一道音韻學史上的難題，至少應該寫成一部博士論文，給予實事求是的評價。做學問不是炒股票，應該對毛奇齡給予經得起歷史檢驗的評價。

205. 古韻標準四卷

國朝江永（1681～1762）撰。永有《周禮疑義舉要》，已著錄。

自昔論古音者不一家，惟宋吳棫，明楊慎、陳第，國朝顧炎武、柴紹炳〔一〕、毛奇齡之書，最行於世，其學各有所得。而或失於以今韻部分求古韻，或失於以漢魏以下、隋陳以前隨時遞變之音均，謂之古韻。故拘者至格閡而不通，泛者至叢脞而無緒。

永是書惟以《詩》三百篇為主，謂之《詩》韻；而以周、秦以下音之近古者附之，謂之補韻；視諸家界限較明。其韻分平、上、去聲各十三部，入聲八部。每部之首，先列韻目。其一韻岐分兩部者，曰分某韻。韻本不通而有字當入此部者，曰別收某韻。四聲異者，曰別收某聲、某韻。較諸家體例亦最善。每字下各為之注，而每部末又為之總論。〔二〕

書首復冠以《例言》及《詩韻舉例》一卷。大旨：於明取陳第，於國朝取顧炎武，而復補正其訛闕；吳棫、楊慎、毛奇齡之書，間有駁詰；柴紹炳以下，則自鄶無譏焉。古韻之有條理者，當以是編為最，未可以晚出而輕之也。（《四庫全書總目》卷四十二）

【注釋】

〔一〕【古韻通】國朝柴紹炳撰。其書大旨，即今韻部分立三法，以求古韻之通。（《四庫全書總目》卷四十四）

〔二〕【成書時間】此書成於乾隆二十四年（1759）。（《清代徽人年譜合刊》上冊第
　　64 頁）

〔三〕【整理與研究】馬建東《江永〈古韻標準〉的幾個問題》認為，研究古韻有兩
　　個關鍵，一個是選用什麼樣的材料，這關係到古韻研究的可靠性和準確性，
　　以及一切有關問題的研究；另一個是建立什麼樣的標準，這一問題則關涉研
　　究原則和方法，也關涉選材。後者尤為重要，因為有了材料只是研究展開的
　　前提，但沒有一個科學的標準，你的研究則毫無意義。江永研究古韻，就把
　　「標準」問題擺在極為重要的位置，從多方面考察，提出了以《詩經》用韻
　　為主，指明了辨韻分部的方法，使古韻研究走上了科學的道路。（《天水師專
　　學報》1991 年第 2 期）

206. 小爾雅一卷

　　案：《漢書・藝文志》有《小爾雅》一篇，無撰人名氏。《隋書・經籍志》
《唐書・藝文志》並載李軌〔一〕注《小爾雅》一卷，其書久佚。今所傳本，
則《孔叢子》第十一篇抄出別行者也。

　　分廣詁、廣言、廣訓、廣義、廣名、廣服、廣器、廣物、廣鳥、廣獸十
章，而益以度、量、衡，為十三章，頗可以資考據。然亦時有舛迕。如《廣
量》云：「豆四謂之區，區四謂之釜。」本諸《春秋傳》「四升為豆，各自其
四，以登於釜」之文。下云：「釜二有半謂之藪。」與《儀禮》「十六斗曰藪」
合。其下又云：「藪二有半謂之缶，缶二謂之鍾。」則實八斛，乃《春秋傳》
所謂陳氏新量，非齊舊量六斛四斗之鍾。是豆、釜、區用舊量，鍾則用新量
也。《廣衡》曰：「兩有半曰捷，倍捷曰舉，倍舉曰鈞。」《公羊傳》疏引賈逵
稱「俗儒以鈞重六兩」者，蓋即指此。使漢代小學遺書果有此語，逵必不以俗
儒目之矣。

　　他如謂「鵠中者謂之正」，則並正鵠之名不辨。謂「四尺謂之仞」，則《考
工記》「澮深二仞與洫深八尺」無異矣。漢儒說經，皆不援及。迨杜預注《左
傳》，始稍見徵引，明是書漢末晚出，至晉始行，非《漢志》所稱之舊本。晁
公武《漢書志》以為孔子古文，殆循名而失之。相傳已久，姑存其目。若其文
則已見《孔叢子》，不復錄焉。〔二〕（《四庫全書總目》卷四十三）

【注釋】

〔一〕【李軌】字弘範，湖北江夏人。東晉學者。生卒年不詳。他用反語廣泛為群
　　　書注音。

〔二〕【整理與研究】清人研究《小爾雅》的成果較多，莫栻撰《小爾雅廣注》四卷
　　　（《續修四庫全書》影印國家圖書館藏清高氏辨蟬居抄本），王煦撰《小爾雅
　　　疏》八卷（嘉慶五年刊本），胡承珙撰《小爾雅義疏》十三卷（道光七年求是
　　　堂刻本），胡世琦撰《小爾雅義證》（黃山書社 2011 年石雲孫整理版），錢東
　　　垣撰《小爾雅校證》，朱駿聲撰《小爾雅約注》一卷（光緒八年臨嘯閣刻朱氏
　　　群書本），葛其仁撰《小爾雅疏證》五卷（清道光自刻本），宋翔鳳撰《小爾
　　　雅訓纂》六卷（嘉慶十二年浮溪精舍刊本）。黃懷信教授在李學勤先生的指點
　　　下先撰成《小爾雅校注》（三秦書社 1992 年版），後擴完成《小爾雅匯校集
　　　釋》（三秦書社 2003 年版），將清人成果匯為一編。楊琳教授撰《小爾雅今
　　　注》（漢語大詞典出版社 2002 年版），但不及黃書完備。

207. 正字通十二卷

　　舊本或題明張自烈撰，或題國朝廖文英撰，或題自烈、文英同撰。〔一〕

　　考鈕琇《觚賸‧粵觚》下篇載：「此書本自烈作，文英以金購得之，因掩
為己有。」敘其始末甚詳。然其前列國書十二字母，則自烈之時所未有，殆文
英續加也。裘君弘《妙貫堂餘談》〔二〕又稱：「文英歿後，其子售版於連帥劉
炳。有海幢寺僧阿字知本為自烈書，為炳言之，炳乃改刻自烈之名。」諸本互
異，蓋以此也。

　　其書視梅膺祚《字彙》考據稍博，然徵引繁蕪，頗多舛駁。又喜排斥許
慎《說文》，尤不免穿鑿附會，非善本也。〔三〕

　　自烈，字爾公，南昌（今屬江西）人。文英，字百子，連州（今廣東連縣）
人。康熙中官南康府知府，故得鬻自烈之書云。〔四〕（《四庫全書總目》卷四十三）

【注釋】

〔一〕【作者考證】廖昆湖《正字通凡例》：「慮四方沉湎《字彙》日久，故部畫次
　　　第，如舊闕者補之，誤者正之。」（徐文靖《管城碩記》卷二十一「正字通一」
　　　引）據丁鋒《〈正字通〉著者是廖文英》一文，有關著作則多稱張自烈為《正
　　　字通》著者，緘口不提廖文英，其實廖文英才是《正字通》的著者。（見《辭

書研究》1984 年第 1 期）胡迎建《〈正字通〉著作者應是廖文英》一文與丁鋒看法一致。（見《文獻》1989 年第 1 期）《張自烈和〈正字通〉》認為確為張自烈撰。（見《南昌大學學報》1989 年第 3 期）古屋昭廣《〈正字通〉版本及作者考》一文認為，《正字通》最早的版本是白鹿書院本，並非弘文書院本；後來印行的劉炳補修本和清畏堂本基本上都使用白鹿書院本的版木。張自烈在明崇禎年間編的字典叫《字彙辯》，經過張氏自己的增訂後改名為《正字通》，而廖文英只有出版的功勞。（見《中國語文》1995 年第 4 期）蕭惠蘭《張自烈著〈正字通〉新證》稱為破解迷案提供關鍵性的新證據。（見《湖北大學學報》2003 年第 5 期）《〈正字通〉著作權考辨——兼論張自烈、廖文英之關係》認為，此書是由張自烈撰著，廖文英刊行，二人是文友及主客關係。（見《南昌大學學報》2007 年第 2 期）

〔二〕【妙貫堂餘談】裘君弘撰。君弘字任遠，新建人。康熙丙子舉人。（《皇朝通志》卷一百一）

〔三〕【朱彝尊《字鑒跋》】嗟夫！字學之不講久矣。舉凡《說文》《玉篇》《佩觿》《類篇》諸書，俱束諸高閣，習舉子業者，專以梅氏之《字彙》、張氏之《正字通》，奉為兔園冊，飲流而忘其源，齊其末而不揣夫本，爽謬有難悉數也已。

〔四〕【整理與研究】古屋昭廣撰《張自烈〈正字通〉字音研究》（好文出版 2009 年版）。

208. 韻經五卷

舊本題梁吳興沈約撰類，宋會稽夏竦〔一〕集古，明弘農楊慎轉注，江夏郭正域校。

前有正域自序曰：「近體詩惟宗沈韻。今所傳韻，非沈也，唐禮部韻也，故唐詩宗之。沈韻上平有九咍、十八痕，下平有二十二凡，上有十六混、十九豏，去有八祭、十代、十七焮，八有十六昔，而今韻無之。」其凡例又稱：「家藏有《四聲韻》，及約故本。」案：《梁書》《南史》，《沈約傳》並載約撰《四聲譜》，《隋志》載其書一卷，而《唐志》已不著錄。觀陸法言《切韻》序，歷述呂靜、夏侯詠，陽休之、周思言、李季節、杜臺卿六家之韻，獨不及約書。是隋開皇時其書已不顯。唐李涪作《刊誤》，但訐陸韻，而不及沈書，則僖宗時已佚矣。正域何由於數百年後得其故本？

　　且沈韻雖不可見，而其集猶存。今以所用之韻，一一排比鉤稽之，惟東、冬、鍾三韻同用，魚、虞、模三韻同用，庚、耕、清、青四韻同用，而蒸、登兩韻各獨用，與《廣韻》異，餘則四聲並同。又安得如正域所云九咍之類？其為贗託，殆不足辨。

　　至夏竦《古文四聲》五卷，本採鐘鼎奇字，分韻編次，以便檢尋。乃字書，非韻書，乃古文，非今文；正域乃稱夏竦集古，尤為乖迕。觀其首列徐蕆所作吳棫《韻補序》，楊慎《轉注古音略》自序，而不及竦序，知並未見其書，而但以名勦說也。王弘撰《山志》乃指此為沈約真本，譏屠隆〔二〕未見《韻經》，誤指《平水韻》為約書，不亦倀乎！

　　又朱彝尊《重刊廣韻序》曰：「近有嶺外妄男子，偽撰沈約之書，信而不疑者有焉。」考王士禛《居易錄》，記康熙庚午（1690）廣東香山縣監生楊錫震，自言得沈約《四聲譜》古本於廬山僧今㲦，因合吳棫《韻補》而詳考音義，博徵載籍，為《古今詩韻注》凡二百六十一卷，赴通政司疏上之。奉旨付內閣，與毛奇齡所進《古今通韻》訂其同異。彝尊所指當即其人。今內府書目但有奇齡之書，而錫震之書不錄，未知其門目何如。疑其所據即正域此本也。

（《四庫全書總目》卷四十四）

【注釋】

〔一〕【夏竦】（985～1051），字子喬，江西德安人。官居相位，為人姦邪。有《文莊集》。

〔二〕【屠隆】（1542～1605），字長卿，號赤水。浙江鄞縣人。官至禮部主事。《明史‧文苑傳》附見徐渭傳中。

209. 西儒耳目資無卷數

　　明金尼閣撰。金尼閣，字四表，西洋人〔一〕。

　　其書作於天啟乙丑（1625），成於丙寅（1626）〔二〕。以西洋之音通中國之音。中分三譜：一曰《譯引首譜》〔三〕，二曰《列音韻譜》〔四〕，皆因聲以隸形。三曰《列邊正譜》〔五〕，則因形以求聲。其說謂元音有二十九：自鳴者五，曰丫、額、依、阿、午；同鳴者二十，曰則、測、者、扯、格、克、百、魄、德、忒、日、物、弗、額、勒、麥、搦、色、石、墨；無字者四。自鳴者為萬音之始，無字者為中國所不用也。故惟以則、測至石、黑二十字為字父。其列音分：一丫，二額，三衣，四阿，五午，六愛，七澳，八益，九安，十歐，十一硬，十

二恩，十三鴉，十四葉，十五藥，十六魚，十七應，十八音，十九阿答切，二十阿德切，二十一瓦，二十二五石切，二十三尾，二十四屋，二十五而，二十六翁，二十七至二十九非中國所有之聲，皆標西字而無切，三十隘，三十一堯，三十二陽，三十三有，三十四煙，三十五月，三十六用，三十七雲，三十八阿蓋切，三十九無切，四十阿剛切，四十一阿幹切，四十二阿根切，四十三歪，四十四威，四十五王，四十六彎，四十七五庚切，四十八溫，四十九碗，五十遠。皆謂之字母。其輾轉切出之字，則曰子、曰孫，曰曾孫，皆分清、濁、上、去、入五聲。而五聲又各有甚次，與本聲為三。

大抵所謂字父，即中國之字母；所謂字母，即中國之韻部；所謂清濁，即中國之陰平、陽平；所謂甚次，即中國之輕重等子。其三合、四合、五合成音者，則西域之法，非中國韻書所有矣。考句瀆為谷，丁寧為鉦，見《左氏傳》；彌牟為木，見於《檀弓》。相切成音，蓋聲氣自然之理。故《華嚴》字母，出自梵經，而其法普行於中國，後來雖小有增損，而大端終不可易，由文字異而聲氣同也。鄭樵《七音略》稱：「七音之韻，出自西域；雖重百譯之遠，一字不通之處，而音義可傳。所以瞿曇之書，能入諸夏；而宣尼之書，不能至跋提河；聲音之道有障礙耳。」是或一說歟？歐邏巴地接西荒，故亦講於聲音之學。其國俗好語精微，凡事皆刻意研求，故體例頗涉繁碎，然亦自成其一家之學。〔六〕我皇上耆定成功，拓地蔥嶺。欽定《西域同文志》，兼括諸體，鉅細兼收。歐邏巴驗海占風，久修職貢，固應存錄是書，以備象胥之掌。惟此本殘闕頗多，列音韻譜惟存第一攝至十七攝，自十八攝至五十攝皆佚，已非完書，故附存其目焉。（《四庫全書總目》卷四十四）

【注釋】

〔一〕【作者研究】譚慧穎《關於〈西儒耳目資〉的著者問題》一文認為，《西儒耳目資》一書的署名作者是明末來華傳教士金尼閣。但此書也含有中國學者和其他西方學者的勞動。金尼閣是不是這部書的真實作者？參與撰著的其他學者做了哪些工作？金尼閣的確是《西儒耳目資》的首要作者，而其他學者（如韓雲、王徵等）也各有貢獻。（見《國際漢語教學動態與研究》2006 年第 4 期）毛瑞方《王徵與〈西儒耳目資〉》一文認為，晚明士人王徵是《西儒耳目資》的中方作者，是繼金尼閣後完成西方語言學中國本土化的重要橋樑。文章從三個方面澄清了王徵在《西儒耳目資》成書、刊刻中的貢獻，解決了《西

儒耳目資》的作者問題。王徵在此書中獨立撰寫了《西儒耳目資釋疑》和《三
韻兑考》，與金尼閣合作完成了《譯引首譜》《列音韻譜》《列邊正譜》三篇的
《問答》，王徵還有校、刻《西儒耳目資》之功，《西儒耳目資》的作者應著
錄為「金尼閣、王徵撰」。（見《淮北師範大學學報》2011 年第 6 期）邱光華
亦認為王徵是《西儒耳目資》的第一功臣。（見《語言研究集刊》2014 年第
2 期）今按，金尼閣（NicolasTrigault，1577～1628），法國天主教耶酥會傳教
士。明萬曆三十八年（1610）來中國，首先到澳門，次年去南京學習中文。
以後到各地傳教，終老於杭州。

〔二〕【版本】1933 年北平圖書館影印本，1957 年文字改革出版社影印本。

〔三〕【譯引首譜】《譯引首譜》是總論，用圖式說明漢字聲、韻、調的配合形式。

〔四〕【列音韻譜】《列音韻譜》是從拼音查漢字。

〔五〕【列邊正譜】《列邊正譜》是從漢字查拼音

〔六〕【評論】此書是漢語史上第一部用拉丁字母注明音讀的書，它對漢語語音的
分析，沒有傳統等韻那些紛繁的名目，借用拉丁字母把語音奧秘揭示得清清
楚楚，在近代漢語語音研究上有相當重要的價值。（曹述敬主編《音韻學辭
典》第 237～239 頁）

210. 類音八卷

國朝潘耒（1646～1708）撰。耒，字次耕，號稼堂，吳江（今屬江蘇蘇州）人。
康熙己未（1679）召試博學鴻詞，授翰林院檢討。

耒受業於顧炎武。炎武之韻學，欲復古人之遺；耒之韻學，則務窮後世
之變。其法增三十六母為五十母。每母之字，橫播為開口、齊齒、合口、撮口
四呼；四呼之字，各縱轉為平、上、去、入四聲；四聲之中，各以四呼分之。
惟入聲十類餘，三聲皆二十四類。凡有字之類二十二，有聲無字之類二。以
有字者排為韻譜，平聲得四十九部，上聲得三十四部，去聲得三十八部，入
聲得二十六部，共為一百四十七部。蓋因等韻之法，而又推求以己意，於古
不必合，於今不必可施用，亦獨成一家之言而已。〔一〕

李光地《榕村語錄》曰：「潘次耕若有將其師所著《音學五書》撮總纂訂，
令其精當，豈不大快？卻自出意見，欲駕亭林之上，反成破綻。以自己土音
影響意揣，便欲武斷從來相傳之緒言，豈可乎？」〔二〕是亦此書之定評也。（《四
庫全書總目》卷四十四）

【注釋】

〔一〕【評論】此書按所謂天然存在的音類來分音定韻，以音之定數來安排韻圖，難免有削足適履之處，但從總體上看，此書基本反映出清初的實際語音面貌，包含了某些方音成分。（《音韻學辭典》第 117 頁）

〔二〕【史源】見四庫本《榕村語錄》卷三十。

〔三〕【整理與研究】王力撰《類音研究》（《清華大學學報‧自然科學版》1935 年第 3 期）。

211. 四聲切韻表一卷

國朝江永（1681～1762）撰。永有《周禮疑義舉要》，已著錄。

是書前列凡例六十二條，備論分析考定之意，而列表於後。〔一〕其論古法七音、三十六母，不可增減移易，凡更定者皆妄作，最為有見。其論入聲尤詳。大旨謂顧炎武《古音表》務反舊說之非；然永亦不遵古法，頗以臆見改變。夫字有數而音無窮，故無無音之字，而有無字之音。永既知冬韻無上聲字，臻韻無上去二聲字、祭、泰、夬、廢四韻無平上二聲字，而入聲乃必使之備。或一部之字，使分入於數部；或數部之字，使合入於一部。自謂窮極精微，其用心不為不至。然如伐之一字，《公羊》自有兩呼；天之一字，《釋名》亦復異讀。陸法言亦云：「吳楚時患輕浮，燕趙多傷重濁。」顧炎武至謂孔子傳《易》亦不免於方音，其說永亦深取之。而乃欲以一人一地之音，改古來入聲之部分，豈沈、陸諸人惟能辨三聲、不能辨四聲乎？至其雜引偏旁諧聲以申交之說，雖有理可通，而牽合亦甚。永作《古韻標準》，知不以今韻定古韻；獨於此書，乃以古韻定今韻，亦可謂不充其類矣。〔二〕（《四庫全書總目》卷四十四）

【注釋】

〔一〕【成書時間】此書成於乾隆二十四年（1759），江永時年 79 歲。（《清代徽人年譜合刊》上冊第 64 頁）

〔二〕【評論】此書為表現《廣韻》音系的等韻圖。江氏（曰楨）志趣在於審古音，其書表現的是反映古今源流的《廣韻》音系；汪氏則認為，定中古語音界畔，不宜牽合古音。江氏書於後人啟發極大，其體現古今源流的地方，原不必規正。（《音韻學辭典》第 207 頁）。

（二）史部

1. 史記一百三十卷

　　漢司馬遷〔一〕（約前 145 或前 135～？）撰，褚少孫補。遷事蹟具《漢書》本傳。少孫，據張守節《正義》引張晏之說，以為潁川人，元、成間博士。又引褚顗《家傳》，以為梁相褚大弟之孫，宣帝時為博士，寓居沛，事大儒王式，故號「先生」。二說不同，然宣帝末距成帝初不過十七八年，其相去亦未遠也。

　　案：遷《自序》凡十二本紀，十表，八書，三十世家，七十列傳，共為百三十篇〔二〕。《漢書》本傳稱其十篇闕，有錄無書。張晏注以為遷歿之後，亡《景帝紀》《武帝紀》《禮書》《樂書》《兵書》《漢興以來將相年表》《日者列傳》《三王世家》《龜策列傳》《傅靳列傳》。劉知幾《史通》則以為十篇未成，有錄而已，駁張晏之說為非。今考《日者》《龜策》二傳，並有「太史公曰」，又有「褚先生曰」，是為補綴殘稿之明證，當以知幾為是也。然《漢志》春秋家載《史記》百三十篇，不云有闕，蓋是時官本已以少孫所續，合為一編。觀其《日者》《龜策》二傳，並有「臣為郎時（云云）」，是必嘗經奏進，故有是稱。其「褚先生曰」字，殆後人追題以為別識歟？〔三〕

　　周密《齊東野語》摘《司馬相如傳贊》中有「揚雄以為靡麗之賦，勸百而諷一」之語，又摘《公孫弘傳》中有「平帝元始中詔賜弘子孫爵」語〔四〕。焦竑《筆乘》摘《賈誼傳》中有「賈嘉最好學，至孝昭時列為九卿」語，皆非遷所及見。王懋竑《白田雜著》亦謂：「《史記》止紀年，而無歲名。今《十二諸侯年表》上列一行載庚申、甲子等字，乃後人所增。」〔五〕則非惟有所散佚，且兼有所竄易。年祀綿邈，今亦不得而考矣。然字句竄亂或不能無，至其全書則仍遷原本。

　　焦竑《筆乘》據《張湯傳贊》如淳注，以為續之者有馮商、孟柳〔六〕。又據《後漢書·楊經傳》以為嘗刪遷書為十餘萬言，指今《史記》非本書，則非其實也。其書自晉、唐以來傳本無大同異，惟唐開元二十三年（735 年）敕升《史記·老子列傳》於《伯夷列傳》上。錢曾《讀書敏求記》云，尚有宋刻，今未之見。南宋廣漢張材又嘗刊去褚少孫所續，趙山甫復病其不全，取少孫書別刊附入〔七〕。今亦均未見其本。世所通行，惟此本耳。

　　至為孫奭《孟子疏》所引《史記》西子金錢事，今本無之，蓋宋人詐託古書，非今本之脫漏。又《學海類編》中載偽洪遵《史記真本凡例》一卷〔八〕，於原書臆為刊削，稱即遷藏在名山之舊稿。其事與梁鄱陽王《漢書》真本相類，益荒誕不足為據矣。

　　注其書者，今惟裴駰、司馬貞、張守節三家尚存。其初各為部帙，北宋始合為一編，明代國子監刊版，頗有刊除點竄。南監本至以司馬貞所補《三皇本紀》冠《五帝本紀》之上，殊失舊觀。然匯合群說，檢尋校易，故今錄合併之本，以便觀覽，仍別錄三家之書，以存其完本焉。〔九〕（《四庫全書總目》卷四十五）

【注釋】

〔一〕**【作者研究】**鄭鶴聲撰《司馬遷年譜》（上海商務印書館 1931 年版），張大可撰《司馬遷評傳》（南京大學出版社 1997 年版）、《司馬遷大傳》（華中科技大學出版社 2019 年版）。今按，關於司馬遷的生卒年，詳見曹道衡、沈玉成撰《中古文學史料叢考》第 1～2 頁（中華書局 2003 年版）。

〔二〕**【評論】**《史記》開創了五體結構體史例。本紀採用編年形式，以王朝為體系，反映朝代變遷大勢；十表編年與十二本紀互為經緯，表現天下大勢；八書是文化專門史；世家用編年和紀傳的形式，「非天下所以存亡」者不著；七十列傳主要記述了周秦至漢武帝時期重要的歷史人物，又可分為專傳、合傳、類傳、附傳和自傳等類。請詳參安平秋、張玉春《史記說略》一文。

〔三〕**【考證】**余嘉錫撰《太史公書亡篇考》（《余嘉錫論學雜著》，中華書局 1963 年版）。

〔四〕**【史源】**周密《齊東野語》卷十「史記多誤」條。

〔五〕**【史源】**《白田雜著》卷三《太初元年考》。

〔六〕**【史源】**《漢書・藝文志》：「馮商所續太史公七篇。」韋昭曰：「馮商受詔續太史公十餘篇，在班彪《別錄》。商字子高。」師古曰：「《七略》云：商，陽陵人。治《易》，事五鹿充宗，後事劉向，能屬文，後與孟柳俱待詔，頗序列傳，未卒，病死。」

〔七〕**【毛晉《史記索隱後序》】**讀史家多尚《索隱》，宋諸儒尤推小司馬《史記》與小顏氏《漢書》，如日月並炤，故淳熙、咸淳間官本頗多。廣漢張介仲削去褚少孫續補諸篇，以《索隱》為附庸，尊正史也。趙山甫病非全書，取所削者別刊一帙。澄江耿直之又病其未便流覽，以少孫所續循其卷第而附入之。雖

桐川郡有三刻，惟耿本最精。余家幸藏桐川本有二：擬從張本，恐流俗染人之深，難免山甫之嫌；擬從耿本，恐列《三皇本紀》為冠，大非太史公象，潤餘而成歲之數，遂訂裴駰《集解》而重新焉。每讀至舛逸同異處，如宰我未嘗從田橫之類，輒不能忘情於小司馬，幸又遇一《索隱》單行本子，凡三十卷，《自序》綴於二十八卷之尾，後二卷為《讚述》，為《三皇本紀》，乃北宋秘省大字刊本。晉疺正其訛謬重脫，附於裴駰《集解》之後，真讀史第一快事也。倘有問張守節《正義》者，有王震澤先生行本在。

〔八〕【訂正史記真本凡例】舊本題宋洪遵撰。前有自序稱：「手錄司馬遷《史記》一帙，盡汰去楊惲、褚少孫等所補十篇，並去其各篇中增益之語，而以己所校定者錄於下方。」此其書前凡例也。考諸家目錄，皆不載遵有此書。諸家言史學者，如《漢書刊誤》《新唐書糾謬》《五代史纂誤》，俱表表於世。自宋以來，亦從無引及此本者。今觀其所刊正，不盡無理，而云得司馬遷名山所藏真本，與今本覈其異同，知其孰為楊惲所增，孰為褚少孫所補，則三洪皆讀書人，斷不謬妄至此。豈有由漢及宋，尚有司馬遷真本藏於山中，遵忽然得之者耶？其為明季妄人託名偽撰，殆無疑義。（《四庫全書總目》卷四六）

〔九〕【整理與研究】《史記》通行版本和讀本流傳的《史記》版本有多種。1958 年商務印書館出版賀次君《史記書錄》，詳載《史記》重要版本六十餘種。幾種通行讀本為：1. 宋刊黃善夫本《史記集解索隱正義》一百三十卷，南宋慶元二年（1196 年）建安黃善夫刊本。現存三家注合刻本以此本為最古最全。2. 明崇禎元年（1628 年）陳仁錫刊刻《史記評林》為後出之善本。陳氏評論，多得司馬遷微意，尤其對於每篇體例，俱能揭其大旨，故為晚明學者所重。3. 清殿本《史記集解索隱正義》一百三十卷清乾隆四年（1739 年）武英殿校刊本，為清官刊「二十四史」殿本之一。此本以明北監劉應秋本為底本，參用宋本校勘而成，於史文及三家注校正者甚多。此本為清代精校精刊本，流佈最廣。4. 張文虎校本《史記集解索隱正義》一百三十卷，清同治九年（1870 年）金陵書局刊，清唐仁壽、張文虎校本。此本唐、張二氏博取宋、元、明諸善本匯校匯考，又採擇梁玉繩《史記志疑》、王念孫《讀書雜志》、錢大聽《史記考異》等書成果，詳為校勘，考其異同，精審採擇，世稱善本。5. 中華書局點校本《史記》一百三十卷，此本 1959 年初版，分為十冊。該本以金陵書局張文虎校本為底本，對《史記》原文及「三家注」作了全新的斷句、

標點和分段整理，是最便閱讀的讀本。關於《史記》的版本，詳參張玉春《史記版本研究》（商務印書館 2001 年版）。

關於《史記》的研究，以日瀧川資言《史記會注考證》為代表。《考證》以金陵書局《史記》為底本，引錄三家注以來有關研治《史記》資料及注家一百二十餘種典籍，上起盛唐，下迄近代，囊括中日名著（其中中國典籍百零幾種，日人著作二十餘種），別擇綴輯於注文中，時加審辨說明。《考證》資料豐富，輯錄了《正義》佚文一千二百餘條，補入注中。可能有一部分並非《正義》原文，但大部分應是可靠的。《考證》還對《史記》所採舊典，凡能考據的，一一注出，方便研究者溯本求源，比勘研究。《考證》對史實、文字、詞語進行的考辨，頗多精語。對地名，往往注以今地，便於披閱。《考證》也有嚴重的缺點，特別是對資料的搜集遺漏較多，大約只吸收了唐以來《史記》研究三分之一的成果。例如黃震、鮑彪、吳師道、張鵬一、雷學淇等人說法就未羅致。對於金石文字和近人論著的採摘尤為疏略。此外，在摘引資料和訓古方面也有不少疏失。日人水澤利忠撰《史記會注考證校補》，尤重校勘，與《考證》相輔相成。1986 年上海古籍出版社將兩書重新影印，題名《史記會注考證附校補》面世。魯實先撰《史記會注考證駁議》（嶽麓書社 1986 年版）。陳直撰《史記新證》（天津人民出版社 1976 年版），韓兆琦撰《史記箋證》（江西人民出版社 2005 年版）。張大可、安平秋等主編《史記研究集成》（華文出版社 2004 年版），全書共分 14 卷：《司馬遷評傳》《史記通論》《史記題評與詠史記人物詩》《史記論贊與世情研究》《史記精言妙語》《史記集評》《史記人物與事件》《史記史學研究》《史記文學研究》《司馬遷思想研究》《史記文獻與編纂學研究》《史記版本與三家注研究》《史記研究史與史記研究家》《史記論著提要與論文索引》。今按，這種專書的集成研究模式，為其他專書研究提供了寶鑒。

2. 史記集解一百三十卷

宋裴駰撰。駰字龍駒，河東聞喜（今山西聞喜縣）人。官至南中郎參軍。其事蹟附見於《宋書・裴松之傳》。

駰以徐廣（352〜425）《史記音義》粗有發明，殊恨省略，乃採九經、諸史並《漢書音義》及眾書之目，別撰此書。其所引證多先儒舊說，張守節《正義》嘗備述所引書目次，然如《國語》多引虞翻注，《孟子》多引劉熙注，

《韓詩》多引薛君注，而守節未著於目。知當日援據浩博，守節不能遍數也。
〔一〕

原本八十卷，隋、唐《志》著錄並同。此本為毛氏汲古閣所刊，析為一百三十卷，原第遂不可考。然注文猶仍舊本，自明代監本以《索隱》《正義》附入。其後又妄加刪削，訛舛遂多。如《五帝本紀》「昔高陽氏有才子八人」句下、「高辛氏有才子八人」句下，俱脫「名見《左傳》」四字。《秦始皇本紀》「輕車重馬，東就食」句下脫「徐廣曰一無此重字」八字，《項羽本紀》「其九月會稽守」句下脫「徐廣曰爾時未言太守」九字，《武帝紀》「祠上帝明堂」句下脫「徐廣曰常五年一修耳，今適二年，故但祀明堂」十八字，「然其效可睹矣」句下脫「又數本皆無可字」七字，《河渠書》「岸善崩」句下脫「如淳曰河水岸」六字，《司馬相如傳》「彷徨乎海外」句下此引郭璞云：「青邱山名，上有田，亦有國，出九尾狐，在海外。」《太史公自序》「《易・大傳》」句下此引張晏曰：「謂《易・繫辭》」，監本均誤作《正義》。

至於字句異同，前後互見。如《夏本紀》「九江入賜大龜」句下孔安國曰：「出於九江水中」，監本作「山中」，《孝文本紀》「昌至渭橋」句下引蘇林曰：「在長安北三里」，監本多「渭橋」二字，「祁侯賀為將軍」句下引徐廣曰：「姓繪。」監本多一「賀」字，「當有玉英見」句下引《瑞應圖》云：「玉英，五帝並修則見」，監本作「五常」，案：「五帝並修」語不可解，似當以監本為是。「屬國悍為將屯將軍」句下引徐廣曰：「姓徐。」監本多一「悍」字，《孝景本紀》「封故御史大夫周苛孫平為繩侯」句下引徐廣曰：「作應。」監本多一「平」字，《武帝》「紀自太主」句下引徐廣曰：「武帝姑也。」監本多「太主」二字，《龜策列傳》「蝟辱於鵲」句下引郭璞曰：「蝟憎其意，心惡之也」，監本作「而心惡之」。凡此之類，當由古注簡質，後人以意為增益，已失其舊。

至坊本流傳，脫誤尤甚。如《夏本紀》「灃水所同」句下引孔安國曰：「灃水所同，同於渭也。」坊本闕一「同」字。《項羽本紀》「乃封項伯為射陽侯」句下脫「徐廣曰，項伯名纏，字伯」九字，是又出監本下矣。惟《貨殖傳》「蘖麯鹽豉千瓵」句下監本引孫叔敖云：「瓵，瓦器，受斗六升，合為瓵，音貽。」當是孫叔然之訛，此本亦復相同。是校讎亦不免有疏，然終勝明人監本也。
〔二〕（《四庫全書總目》卷四十五）

【注釋】

〔一〕**【評論】**《集解》以廣徵博引、訂定文字為勝。

〔二〕【版本】日本東京國立博物院保存唐人寫本一卷（第二十九卷）。（《日本藏漢
籍珍本追蹤紀實》第 163 頁）杏雨書屋藏《史記集解》殘本六十九卷，為北
宋刊南宋補本，被確認為「日本國寶」，與中國國家圖書館所藏宋本（原藏鐵
琴銅劍樓）堪稱雙璧。（《日本藏漢籍珍本追蹤紀實》第 340～342 頁）

3. 史記索隱三十卷

唐司馬貞撰。貞，河內（今河南沁陽）人。開元中，官朝散大夫、弘文館學
士。

貞初受《史記》於崇文館學士張嘉會，病褚少孫補司馬遷書多傷踳駁，又
裴駰《集解》舊有音義，年遠散佚，諸家音義，延篤、章隱、鄒誕生、柳顧言
等書亦失傳，而劉伯莊、許子儒等又多疏漏，乃因裴駰《集解》撰為此書。〔一〕

首注駰序一篇，載其全文。其注司馬遷書，則如陸德明《經典釋文》之
例，惟標所注之字，蓋經傳別行之古法。凡二十八卷，末二卷為述贊一百三
十篇及補《史記》條例。欲降《秦本紀》《項羽本紀》為世家，而呂后、孝惠
各為本紀，補曹、許、郑、吳芮、吳濞、淮南系家，而降陳涉於列傳，蕭何、
曹參、張良、周勃、五宗、三王各為一傳，而附國僑、羊舌肸於管晏，附尹
喜、莊周於老子，韓非於商鞅，附魯仲連於田單，附宋玉於屈原，附鄒陽、枚
乘於賈生。又謂司馬相如、汲鄭傳不宜在西南夷後，大宛傳不合在遊俠、酷
吏之間，欲更其次第，其言皆有條理。至謂司馬遷述贊不安，而別為之，則未
喻言外之旨。終以《三皇本紀》自為之注，亦未合闕疑傳信之意也。

此書本於《史記》之外別行，及明代刊刻監本，合裴駰、張守節及此書，
散入句下，恣意刪削。如《高祖本紀》「母媼」、「母溫」之辨，有關考證者，
乃以其有異舊說，除去不載。又如《燕世家》「啟攻益」事，貞注曰：「經傳無
聞，未知其由」，雖失於考據《竹書》，案：今本《竹書》不載此事，此據《晉
書·束皙傳》所引。亦當存其原文，乃以為冗句，亦刪汰之。此類不一，漏略
殊甚。然至今沿為定本，與成矩所刊朱子《周易本義》，人人明知其非，而積
重不可復返。此單行之本為北宋秘省刊板，毛晉得而重刻者，錄而存之，猶
可以見司馬氏之舊，而正明人之疏舛焉。〔二〕（《四庫全書總目》卷四十五）

【注釋】

〔一〕【評論】《索隱》以探幽發微、訂正史實、說解詳密為特點。

〔二〕【整理與研究】程金造撰《史記索隱引書考實》（中華書局 1998 年版）。

4. 史記正義一百三十卷

唐張守節撰。守節始末未詳。據此書所題，則其官為諸王侍讀率府長史也。

是書據自序，三十卷，晁公武、陳振孫二家所錄則作二十卷。蓋其標字列注，亦必如《索隱》，後人散入句下，已非其舊。至明代監本採附《集解》《索隱》之後，更多所刪節，失其本旨。

如守節所長，在於地理。故自序曰：「郡國城邑，委曲詳明。」而監本於《周本紀》「子帶立為王」句下脫「《左傳》云，周與鄭人蘇忿生十二邑，溫其一也」十七字，《秦本紀》「反秦於淮南」句下脫「楚淮北之地，盡入於秦」九字，《項羽本紀》「項王自立為西楚霸王」句下脫「孟康云：舊名江陵為南楚，吳為東楚，彭城為西楚」十九字，《呂后本紀》「呂平為扶柳侯」句下脫「漢扶柳縣也有澤」七字，《孝景本紀》「遂西圍梁」句下脫「梁孝王都睢陽今宋州（今河南商邱）」九字，「立楚元王子平陸侯」句下脫「應劭云，平陸，西河縣」八字，《孝武本紀》「見五畤」句下脫「或曰在雍州雍縣南。孟康曰，畤者，神靈上帝也」十八字，《晉世家》「是為晉侯」句下脫「其城南半入州城中，削為坊，城牆北半見在」十七字，《趙世家》「吾國東有河，薄洛之水」句下脫「案安平縣，屬定州也」八字，「餓死沙邱宮」句下脫「《括地志》〔一〕云，趙武靈王墓在蔚州靈邱縣東三十里，應說是也」二十三字，《韓世家》「得封於韓原」句下脫「《古今地名》云，韓武子食采於韓原故城也」十六字，《淮陰侯列傳》「家在伊盧」句下脫「韋昭及《括地志》皆說之也」十字，《貨殖列傳》「殷人都河西」句下脫「盤庚都殷墟，地屬河西也」十字，「周人都河南」句下脫「周自平王以後，都洛陽」九字，《自序》「阨困鄱」句下脫「漢末陳蕃子逸為魯相，改音皮。田襃《魯記》曰，靈帝末，汝南陳子游為魯相，陳蕃子也，國人為諱而改焉」三十九字。又如《秦本紀》「樗里疾相韓」句下，此本作「福昌縣東十四里」，監本脫「十四里」三字。《貨殖傳》「夫燕亦勃碣之間」句下，此本作「碣石渤海在西北」，監本脫「北」字。

又守節徵引故實，頗為賅博。故自序曰：「古典幽微，竊探其美。」而監本《夏本紀》「皋陶作士」句下脫「士若大理卿也」六字，「於是夔行樂」句下脫「若今太常卿也」六字，《周本紀》「作冏命」句下脫「應劭云，太僕，周穆王所置，蓋大御眾僕之長，中大夫也」二十一字，「以應為太后養地」句下脫「太后，秦昭之母宣太后芈氏」十一字，《秦始皇本紀》「為我遺鎬池

君」句下脫「張晏云，武王居鎬，鎬池君則武王也，伐商，故神云始皇荒淫若紂矣，今武王可伐矣」三十二字，《敘論》「孝明皇帝」句下，脫「班固《典引》云，後漢明帝永平十七年，詔問班固，太史遷《贊》語中寧有非耶，班固上表陳秦過失及賈誼言奏之」四十二字，《項羽本紀》「會稽守」句下脫「守晉狩，景帝中二年七月更郡守為太守」十六字，《孝景本紀》「伐馳道樹殖蘭池」句下脫「案馳道，天子道，秦始皇作之，丈而樹」十四字，《孝武本紀》「是時上求神君」句下脫「《漢武帝故事》云，起柏梁臺以處神君，長陵女子也，先是嫁為人妻生一男，數歲死，女子悼痛之，歲中亦死，而靈宛若祠之，遂聞言宛若為主，民人多往請福，說家人小事有驗，平原君亦祠之，至後子孫尊貴。及上即位，太后延於宮中祭之，聞其言不見其人，至是神君求出，為營柏梁臺舍之。初，霍去病微時，自禱神君，及見其形自修飾，欲與去病交接，去病不肯，謂神君曰：吾以神君精潔，故齋戒祈福。今欲淫，此非也。自絕不復往，神君慚之乃去也」一百七十字，「見安期生」句下脫「《列仙傳》云，安期生，琅琊阜鄉亭人也。賣藥海邊，秦始皇請語三夜，賜金數千萬，出於阜鄉亭，皆置去，留書以赤玉舄一量為報曰，後千歲求我於蓬萊山下」五十九字，「李少君病死」句下脫「《漢書・起居注》云，李少君將去，武帝夢與共登嵩高山，半道有使乘龍時從雲中云：『太一請少君』，帝謂左右，將捨我去矣。數月而少君病死。又發棺看，惟衣冠在也」六十一字，「史寬舒受其方」句下脫「姓史名寬舒」五字，「禮書疏房第第」句下脫「疏，謂窗也」四字，「律書其於十二支為丑」句下脫「徐廣曰，此中闕不說大呂及丑也。案此下闕文，或一本云丑者紐也。言陽氣在上未降，萬物厄紐未敢出也」四十一字，《天官書》「氐為天根」句下脫「《星經》云：『氐四星為露寢聽朝所居，其占明大則臣下奉度。』《合誠圖》云：『氐為宿宮也。』」三十一字〔二〕，「其內五星五帝坐」句下脫「群下從謀也」五字，《楚世家》「伐申過鄧」句下脫「服虔云，鄧，曼姓也」七字，《趙世家》「事有所止」句下脫「為人君止於仁，為人臣止於敬，為人子止於孝，為人父止於慈，與國人交止於信」三十一字，「封廉頗為信平君」句下脫「言篤信而平和也」七字，《韓世家》「公何不為韓求質於楚」句下脫「質子蟣虱」四字，又脫「公叔嬰知秦楚不以蟣虱為事必以韓合於秦楚王聽入質子於韓」二十六字，又脫「次下云知秦楚不以蟣虱為事重明脫不字」十七字，《田叔列傳》「相常從入苑中」句下脫「堵牆也」三字，《田蚡列傳》「其春武安侯病」句下脫「然夫子作《春

秋》依夏正」九字，《衡將軍列傳》「平陽人也」句下脫《漢書》云，其父鄭季，河東平陽人，以縣吏給事平陽侯之家也」二十三字。

至守節於「六書」、「五音」至為詳審，故書首有《論字例》《論音例》二條。而監本於《周本紀》「懼太子釗之不任」句下脫「釗，音招，又吉堯反。任，而針反」十一字，《秦始皇本紀》「彗星復見」句下脫「復，扶富反。見，行見反」八字，「以發縣卒」句下脫「子忽反下同」五字，「佐弋竭」句下脫「弋音翊」三字，「二十人皆梟首」句下脫「梟，古堯反，懸首於木上曰梟」十一字，「體解軻以徇」句下脫「紅賣反」三字，「東收遼東而王之」句下脫「王，於放反」四字，「故歸其質子」句下脫「質音致」三字，「衣服、旌旄、節旗」句下脫「旌音精，旄音毛，旗音其」九字，「只誦功德」句下脫「只音脂」三字，「赭其山」句下脫「赭音者」三字，「僕射周青臣」句下脫「音夜」二字，「上樂以刑殺為威」句下脫「五孝反」三字，「二世紀以安邊竟」句下脫「音境」二字，《敘論》「為君討賊」句下脫「於偽反」三字，《項羽本紀》「將秦軍為前行」句下脫「胡郎反」三字，《高祖本紀》「時時冠之正義音館」句下脫「下同」二字，《孝景紀》「天下乂安」句下脫「乂音魚廢反」五字，「龍鬐拔墮」句下脫「徒果反」三字，「攀龍胡鬐號」句下脫「戶高反下同」五字，「為且用事泰山」句下脫「為，於偽反。將為封禪也」九字，《鄭世家》「段出奔鄢」句下脫「音偃」二字，《田叔列傳》「喜遊諸公」句下脫「喜許記反諸公謂丈人行也」十一字。其他一兩字之出入，殆千有餘條，尤不可毛舉。苟非震澤王氏刊本具存，無由知監本之妄刪也〔三〕。（《四庫全書總目》卷四十五）

【注釋】

〔一〕【括地志】唐李泰主編。書成於貞觀十五年（641）。南宋後散佚。清王大綸有《括地志補輯》一卷附《考異》，見王欣夫《蛾術軒篋存善本書錄》第506～507頁。李泰撰《括地志輯校》（中華書局2005年版）。新輯的比孫輯多幾十條，但離原著五百五十卷、序略五卷的分量相距太遠。

〔二〕【《史記·天官書》出於《甘石星經》】錢大昕《跋星經》云：「甘、石書不見於班史。世所傳《星經》乃後人偽託，採晉、隋二《志》之文成之，詞意淺近，非先秦書也。予嘗謂史公《天官書》古奧，自成一種文字，此必出於甘、石之傳，非龍門所能自造。後之言天象者，捨《史》《漢》而別求甘、石之經，是棄周鼎而求康瓠矣。」（《潛研齋文集》卷三十）

〔三〕【版本】此書有百衲本。張元濟曾述版本源流：「王本聲價，可以具見。是為黃善夫刊本，即王本所自出。明有秦藩及柯氏兩刻，均稱善本，亦皆出於黃氏。昔黃紹箕遊歷日本，獲睹是書，題作『慶元舊槧』，當有所據。初由彼邦收回，原闕六十七卷，近向南海潘氏、江安傅氏及日本上杉侯爵先後借補，幸成完璧。」（《張元濟古籍書目序跋彙編》第 974 頁）張元濟跋又云：「明人刊書，武斷最甚。余嘗以是刻與監本對勘，《集解》全刪者四百九十九條，節刪者三十五條；《索隱》全刪者六百一十三條，節刪者一百二十二條；而以《正義》為尤多，全刪八百三十七條，節刪一百五十七條。」（同上書第 988 頁）

5. 讀史記十表十卷

國朝汪越撰，徐克範補。越字師退，康熙己酉〔一〕（1668）舉人。克範字堯民，家南陵〔二〕（今安徽繁昌）人。

是書有《後記》一篇，記越初作此書成，以書抵克範曰：「有《讀史記十表》一帙，遍求友人商榷，殊無一人按定子長原表，通首訖尾，印證鄙說之是非者，不解何故？仰惟細加推勘，示明紕繆，以便改訂，有補義則亦書於篇，將來授梓（云云）。」〔三〕蓋古來增減前人舊本，多在其人之身後。惟此書則同時商榷而補之，故考校頗為精密，於讀史者尚屬有裨。

考史家之難，在於表志。而表文經緯相牽，或連或斷，可以考證，而不可以誦讀，學者往往不觀。劉知幾考正史例，至為詳悉。而《史通》已有廢表之論，則其他可知。越等獨排比舊文，鉤稽微義，雖其間一筆一削，務以《春秋》書法求之，未免或失之鑿。而訂訛砭漏，所得為多，其存疑諸條，亦頗足正《史記》之牴牾。異乎瞶捧一書，纖毫必為迴護者，於史學之中可謂人略我詳矣。（《四庫全書總目》卷四十五）

【注釋】

〔一〕【校勘】己酉，《皇朝文獻通考》卷二百十九《經籍考》九作「康熙乙酉（1705）」。

〔二〕【校勘】四庫本《讀史記十表》卷前提要與卷端均題作「南陽」。

〔三〕【史源】四庫本《讀史記十表》無此後記。

6. 漢書一百二十卷〔一〕

漢班固〔二〕（32～92）撰，其妹班昭（45～約120）續成之。始末具《後漢書》本傳。

是書歷代寶傳，咸無異論〔三〕。惟《南史·劉之遴傳》云，鄱陽嗣王範得班固所撰《漢書》真本，獻東宮皇太子，令之遴與張纘、到溉、陸襄等參校異同，之遴錄其異狀數十事。以今考之，則語皆謬妄。據之遴云：「古本《漢書》稱永平十年（67年）五月二十日己酉郎班固上，而今本無上書年月日子。」案：固自永平受詔修《漢書》，至建初中乃成。又《班昭傳》云：「八表並《天文志》未竟而卒，和帝詔昭就東觀藏書踵成之。」是此書之次第續成，事隔兩朝，撰非一手。之遴所見古本，既有紀、表、志、傳，乃云總於永平中表上，殆不考成書之年月也。之遴又云：「古本《敘傳》號為中篇，今本為《敘傳》。」又今本《敘傳》載班彪（3～54）事行，而古本云彪自有傳。夫古書敘皆載於卷末，固自述作書之意，故謂之敘，追溯祖父之事蹟，故謂之傳。後代史家皆沿其例。之遴謂原作中篇，文繫篇末，中字竟何義也？至云彪自有傳，語尤荒誕。彪在光武之世舉茂才，為徐令，以病去官，後數應三公之召，實為東漢之人。惟附於《敘傳》，故可於況伯斿稚之後詳其生平。若自為一傳，列於西漢，則斷限之謂何？奚不考《敘傳》所云起元高祖，終孝平、王莽之誅乎？之遴又云：「今本紀及表、志、列傳不相合為次，而古本相合為次，總成三十八卷。」案：固自言紀、表、志、傳凡百篇，篇即卷也，是不為三十八卷之明證。又言述紀十二，述表八，述志十，述列傳七十，是各為次第之明證。且《隋志》作一百十五卷今本作一百二十卷，皆以卷帙太重，故析為子卷（今本紀分一子卷，表分二子卷，志分八子卷，傳分九子卷）。若並為三十八卷，則卷帙更重。古書著之竹帛，殆恐不可行也。之遴又云：「今本《外戚》在《西域》後，古本次《帝紀》下。又今本高五子、文三王、景十三王、孝武六子、宣元六王雜在諸傳中，古本諸王悉次《外戚》下，在《陳項》傳上。」夫紀、表、志、傳之序，固自言之，如之遴所述，則傳次於紀，而表、志反在傳後。且諸王既以代相承，宜總題諸王傳，何以《敘傳》作《高五王傳第八》《文三王傳第十七》《景十三王傳第二十三》《武五子傳第三十三》《宣元六王傳第五十》耶？且《漢書》始改《史記》之《項羽本紀》《陳勝世家》為列傳，自應居列傳之首，豈得移在諸王之後。其述《外戚傳》第六十七，《元后傳》第六十八，《王莽傳》第六十九，明以王莽之勢成於元後，史家微意寓焉。若移《外戚傳》次於

本紀，是惡知史法哉？之遴又引古本述云：「淮陰毅毅，仗劍周章，邦之傑子，實惟彭英，化為侯王，雲起龍驤。」然今「芮尹江湖」句有張晏注，是晏所見者即是今本，況《之遴傳》所云獻太子者，謂昭明太子也。《文選》載《漢書》述贊云：「信惟餓隸，布實黥徒，越亦狗盜，芮尹江湖，雲起龍驤，化為侯王。」與今本同，是昭明亦知之遴所謂古本者不足信矣。自漢張霸始撰偽經，至梁人於《漢書》復有偽撰古本。然一經考證，紕繆顯然。顏師古注本冠以指例六條，歷述諸家，不及之遴所說，蓋當時已灼知其偽。李延壽不訊端末，遽載於史，亦可云愛奇嗜博，茫無裁斷矣。

固作是書，有受金之謗，劉知幾《史通》尚述之。然《文心雕龍・史傳》篇曰：「徵賄鬻筆之愆，公理辨之究矣。」是無其事也。又有竊據父書之謗，然韋賢、翟方進、元后三傳，俱稱「司徒掾班彪曰」，顏師古注發例於《韋賢傳》曰：「《漢書》諸贊，皆固所為，其有叔皮先論述者，固亦顯以示後人。而或者謂固竊盜父名，觀此可以免矣，是亦無其事也。」

師古注條理精密，實為獨到，然唐人多不用其說，故《猗覺寮雜記》稱，師古注《漢書》，魁梧音悟，票姚皆音去聲，杜甫用魁梧、票姚皆作平聲。楊巨源詩：「請問漢家誰第一，麒麟閣上識酂侯。」亦不用音贊之說，殆貴遠賤近，自古而然歟？要其疏通證明，究不愧班固功臣之目〔四〕，固不以一二字之出入病其大體矣。〔五〕（《四庫全書總目》卷四十五）

【注釋】

〔一〕【版本】羅振玉《唐寫本漢書跋》云：「唐寫本《漢書・王莽傳》殘卷，存三十八行。」（《雪堂類稿》乙冊第 295 頁）靜嘉堂文庫藏南宋紹興年間湖北提舉茶鹽司刊本《漢書》一百卷，已被確認為「日本重要文化財」。（《日本藏漢籍珍本追蹤紀實》第 274～277 頁）此書有百衲本，張元濟曾述版本源流：「此為北宋景祐宋祁、余靖等參校刊正之本。錢大昕《養新錄》、王念孫《讀書雜志》均經證明，元大德、明正統兩次覆刻，具從此出，可為現存班書最古之本。」（《張元濟古籍書目序跋彙編》第 974 頁）

〔二〕【作者研究】鄭鶴聲撰《班固年譜》（商務印書館 1933 年版），安作璋撰《班固評傳》（廣西教育出版社 1996 年版），陳其泰等撰《班固評傳》（南京大學出版社 2002 年版），權海帆撰《蘭臺圓夢：班固傳》（太白文藝出版社 2018 年版）。

〔三〕【評論】錢大昕《潛研堂文集》卷二十八《跋漢書》云:「《漢書》刊《史記》之文以從整齊,後代史家之例,皆由此出……然多承用舊文,不加刊改……大抵《史記》之文,其襲《左氏》者,必不如《左氏》;《漢書》之文,其襲《史記》者,必不如《史記》。」(第451頁)

〔四〕【班固功臣之目】楊明照《漢書顏注發覆》云:「注中於前修成文,往往將為己說,括囊不言,有若自出機杼焉者。」(詳見《學不已齋雜著》第51~114頁)

〔五〕【整理與研究】隋、唐時期,「漢書學」大興,成為僅次於「三禮」的顯學。姚察撰《漢書訓纂》《漢書集解》等書。顏師古注《漢書》,集其大成,轟動一時。歷代之宗《漢書》,至宋尤為盛。明、清時期,《漢書》成為「後世不祧之祖」。至晚清,王先謙彙集前人成果,撰成《漢書補注》。王欣夫先生認為:「余讀王葵園《漢書補注》,服其彙集之功,而微憾各家校本及筆記、脞錄,尚未搜採。頗有志於補遺之作,因廣羅材料,即此諸校本,皆葵園所未見也。」(《蛾術軒篋存善本書錄》第74~75頁)楊樹達先生匡謬補遺,續撰《漢書補注補正》(商務印書館1925年版)、《漢書窺管》(科學出版社1955年版,上海古籍出版社2006年版),一時號稱「漢聖」。20世紀下半期,《漢書》研究步入低谷,論著較少,代表性的僅見陳直的《漢書新證》(天津人民出版社1959年版)。吳平、曹剛華、查珊珊輯《漢書研究文獻輯刊》(國家圖書館2008年版)。

7. 後漢書一百二十卷

　　《後漢書》本紀十卷,列傳八十卷,宋范蔚宗(398～445)撰,唐章懷太子賢注。蔚宗事蹟具《宋書》本傳,賢事蹟具《唐書》本傳。〔一〕

　　考《隋志》載范書九十七卷,新、舊《唐書》則作九十二卷,互有不同,惟《宋志》作九十卷,與今本合。然此書歷代相傳,無所亡佚。考《舊唐志》,又載章懷太子注《後漢書》一百卷。今本九十卷,中分子卷者凡十,是章懷作注之時,始並為九十卷,以就成數。《唐志》析其子卷數之,故云一百。《宋志》合其子卷數之,故仍九十,其實一也。又隋、唐《志》均別有蔚宗《後漢書論贊》五卷,《宋志》始不著錄,疑唐以前論贊與本書別行,亦宋人散入書內。然《史通‧論贊篇》曰:「馬遷自序傳後歷寫諸篇,各敘其意。既而班固變為詩體,號之曰『述』。蔚宗改彼『述』名,呼之以『贊』。固之總述,合在

一篇，使其條貫有序。蔚宗後書，乃各附本事，書於卷末，篇目相離，斷絕失序。夫每卷立論，其煩已多，而嗣論以贊，為黷彌甚，亦猶文士製碑序，終而續以『銘曰』，釋氏演法義盡，而宣以『偈言』（云云）。」〔二〕則唐代范書論贊已綴卷末矣。史志別出一目，所未詳也。

范撰是書，以志屬謝瞻。范敗後，瞻悉蠟以覆車，遂無傳本。今本八志，凡三十卷，別題梁剡令劉昭注。據陳振孫《書錄解題》，乃朱乾興初判國子監孫奭建議校勘，以昭所注司馬彪《續漢書志》與范書合為一編。案：《隋志》載司馬彪《續漢書》八十三卷，《唐書》亦同。《宋志》惟載劉昭補注《後漢志》三十卷，而彪書不著錄，是至宋僅存其志，故移以補《後漢書》之闕。其不曰「續漢志」，而曰《後漢志》，是已併入范書之稱矣。或謂酈道元《水經注》嘗引司馬彪《州郡志》，疑其先已別行。又謂杜佑《通典》述科舉之制，以《後漢書》《續漢志》連類而舉，疑唐以前已並八志入范書，似未確也。自八志合併之後、諸書徵引，題《後漢書》某志，儒者或不知為司馬彪書，故何焯《義門讀書記》曰：「八志，司馬紹統之作。案：紹統，彪之字也。本漢末諸儒所傳，而述於晉初，劉昭注補，別有總敘，緣諸本或失載劉敘，故孫北海〔三〕《藤陰札記》〔四〕亦誤出蔚宗志律曆之文（云云）。」〔五〕考洪邁《容齋隨筆》，已誤以八志為范書，則其誤不自孫承澤始。今於此三十卷並題司馬彪名，庶以祛流俗之訛焉。〔六〕（《四庫全書總目》卷四十五）

【注釋】

〔一〕【作者研究】瞿林東等撰《范曄評傳》（南京大學出版社 2006 年版）。今按，李賢（654 或 655～684），即唐章懷太子，為武則天次子，後被武則天逼令自殺，陪葬乾陵。

〔二〕【史源】劉知幾《史通》卷四內篇《論贊》第九。

〔三〕【孫承澤】號退谷，山東益都人。世隸上林苑籍，故自稱曰北平。平生以尊崇朱子得名。

〔四〕【藤陰札記】國朝孫承澤撰。是編乃其講學之語，共一百餘條。大抵以程、朱為宗，而深詆金溪、姚江，亦頗涉及史事。可謂紕繆之至矣。（《四庫全書總目》卷九七）

〔五〕【史源】何焯《義門讀書記》卷二十五「後漢書」：「八志，司馬紹統之作。本漢末諸儒所傳，而述於晉初劉昭注補，別有總敘，緣諸本或失刊劉敘，故孫北海《藤陰札記》亦誤出蔚宗志律曆之文。」

〔六〕【版本】此書有百衲本，底本為宋紹興刊本。(《張元濟古籍書目序跋彙編》
　　第 975 頁) 今按，《卷盦書跋》第 21～22 頁載有《後漢書疏證》。

8. 補後漢書年表十卷

　　宋熊方撰。方字廣居，豐城（今屬江西宜春市）人。由上舍生官至右迪功郎，
權澧州司戶參軍。是書前後進表，不著年月，表中有「皇帝陛下奮神武以撥
亂，致太平而中興，仰稽聖功，同符光武」之語，又有「灑宸翰於九經，永光
庠序；煥雲章於八法，冠絕鍾、王」之語。御書太學石經乃高宗時事，則方為
南渡初人矣。

　　昔司馬遷作《史記》，始立十表。《梁書・王僧虔傳》稱其旁行斜上，體仿
周譜，蓋三代之遺法也。班固八表，實沿其例。范蔚宗作《後漢書》，獨闕斯
製，遂使東京典故，散綴於記傳之內，不能絲聯繩貫，開帙瞀然，方因作此
編，補所未備。凡《同姓侯王表》二卷，《異姓諸侯表》六卷，《百官表》二
卷，其所證據，一本范氏舊文，義例則仿之前書，而稍為通變。如王子、外
戚、恩澤諸侯表，皆不復分析，惟各書其狀於始封之下，而以功以親，自可瞭
如指掌。又百官雖因西漢，而廢置不一，方取劉昭之志，自太傅至河南尹，凡
二十有三等，以繫於年，而除拜薨免之實悉見。其貫穿鉤考，極為精詳，綱目
條章，亦俱燦然有法。

　　惟中間端緒繁密，故蹐駁之處，亦間有之。如海昏侯會邑、安眾侯松，
其肇封固自西漢，而前書皆云今見為侯，則明章以後尚嗣封弗絕，自應在東
京列侯之數。雖史文闕略，不能得其傳世之詳，亦當標其國號名屬，而注云
後闕，始合史法。方乃因其世系無徵，遂黜其名，僅以「見前書王子侯表」一
語附識篇末。審如是，則城陽恭王祉亦見前書王子侯表，何以此書又得載入
乎？此其為例不純者也。又如伏完乃伏湛七世孫，襲封不其侯，見於《湛傳》
及《皇后紀》者甚明，惟袁宏《漢紀》有「建安元年封董承、伏完十三人為列
侯」之文，范史誤採入本紀中，方不加考辨，於伏湛下既書「侯，完嗣任」，
而孝獻時諸侯表內又別出一列侯伏完，殊為復舛。又《皇后紀》稱「完為屯騎
校尉，建安十四年卒，子典嗣」。是曹操弒伏后時，完已先卒，故史但稱操殺
后兄弟宗族而不及完，方乃誤以為曹操所誅國除，而於侯典一代竟不列入。
又如漢壽亭侯，世但稱壽亭侯，沿習舊訛，未能糾正。此其考核偶疏者也。又
漢制以太傅至將軍為五府，自大將軍、車騎軍、度遼將軍以外，其餘雜將軍

號，隨時建置，見於紀傳者尚多，乃於《百官表》內概不之及，頗傷闕漏，此其採摭之未備者也。凡此數端，皆為所短。〔一〕

要其經緯周密，敘次井然，使讀者按部可稽，深為有裨於史學。《豐城縣志》稱：「方作是書，自題其堂曰補史。」其深自矜重，殆亦非徒然矣。〔二〕（《四庫全書總目》卷四十五）

【注釋】

〔一〕【評論】盧文弨《抱經堂文集》卷二《校定熊方後漢書年表序》：「熊氏草創之勞固不可泯，而其牴牾之失亦不能為之諱⋯⋯」（中華書局 1990 年版第 41 頁）

〔二〕【評論】盧文弨《抱經堂文集》卷二有序（中華書局 1990 年版第 42 頁），錢大昕《潛研堂文集》卷二十四有是書序（第 383 頁）。錢大昭撰《後漢書補表》，較此書為精。

9. 兩漢刊誤補遺十卷

宋吳仁傑〔一〕撰。仁傑有《易圖說》，已著錄。

是書前有淳熙己酉（1189）曾絳序，稱仁傑知羅田縣時自刊版。又卷末有慶元己未（1199）林瀛跋，稱陳虔英為刊於全州郡齋。〔二〕殆初欲刊而未果，抑虔英又重刊歟？舊刻久佚，此本乃朱彝尊之子昆田抄自山東李開先家，因傳於世〔三〕。

據其標題，當為劉攽《兩漢書刊誤》而作，而書中乃兼補正劉敞、劉奉世之說。考趙希弁《讀書附志》載《西漢刊誤》一卷，《東漢刊誤》〔四〕一卷，稱劉攽撰。《文獻通考》載《東漢刊誤》一卷，引《讀書志》之文，亦稱劉攽撰。又載三劉《漢書標注》六卷，引《讀書志》之文，稱劉敞、劉攽、劉奉世同撰。又引陳振陳《書錄解題》，稱別本題《公非先生刊誤》，其實一書。徐度《卻掃編》引攽所校陳勝、田橫傳二條，稱其兄敞及兄子奉世皆精於《漢書》。每讀，隨所得釋之，後成一編，號「三劉漢書」。以是數說推之，蓋攽於前、後《漢書》初各為《刊誤》一卷，趙希弁所說是也。後以攽所校《漢書》與敞父子所校，合為一編，徐度所記是也。然當時乃以攽書合於敞父子書，非以敞父子書合於攽書，故不改敞父子《漢書標注》之名，而東漢一卷，無所附麗，仍為別行，則馬端臨所列是也。至別本乃以攽書為主，而敞、奉世說附入

之，故仍題《刊誤》之名，則陳振孫所記是也。厥後遂以《東漢刊誤》並附以行，而《兩漢刊誤》名焉。仁傑之兼補三劉〔五〕，蓋據後來之本，而其名則未及改也。

《文獻通考》載是書十七卷，《宋史・藝文志》則作十卷。今考其書，每卷多者不過十四頁，少者僅十二頁，勢不可於十卷之中，析出七卷，而十卷之中補前漢者八卷，補後漢者僅二卷，多寡亦太相懸，殆修《宋史》時已佚其七卷，以不完之本著錄歟？〔六〕

劉氏之書，於舊文多所改正，而隨筆標記，率不暇剖析其所以然。仁傑是書，獨引據賅洽，考證詳晰，元元本本，務使明白無疑而後已，其淹通實勝於原書。雖中間以「麟止」為「麟趾」之類，間有一二之附會，要其文致，固瑕一而瑜百者也。曾絳序述周必大之言，以「博物洽聞」稱之，固不虛矣。

（《四庫全書總目》卷四十五）

【注釋】

〔一〕【吳仁傑】字斗南。原籍洛陽，移居崑山。

〔二〕【序跋】四庫本《兩漢刊誤補遺》未見曾絳序、林瀛跋。

〔三〕【朱彝尊《吳氏兩漢刊誤補遺跋》】載《曝書亭集》卷四十五。

〔四〕【東漢刊誤】劉攽撰。羅振玉《重刊宋本東漢刊誤跋》：「《東漢刊誤》四卷，宋刊本，日本福井氏崇蘭館藏，我國已佚之秘籍也。」（詳見《雪堂類稿》第372～375頁）

〔五〕【評論】沈欽韓云：「三劉之學，無所不窺，故其《兩漢書刊誤》奏刀割然，洞中湊理。雖有小疵，要亦通人之過當，洵有益於讀是書者也。吳仁傑後起，乃欲訾謷之。觀其《補遺》《義解》，支離曼衍，使初學小生增一重雲霧，而無益於班、范二家也。余深信三劉而於吳氏無取。」（《蛾術軒篋存善本書錄》第75頁）

〔六〕【考證】羅振玉《重刊宋本東漢刊誤跋》：「《四庫全書提要》謂此書補前漢者八卷，補後漢者僅二卷，多寡相懸，殆修《宋史》時已佚其七卷，以不完之本著錄。今考吳氏之書，乃補正劉氏而作，閱今本《補遺》第九、十兩卷中，其訂正劉氏者僅五條，餘皆是補《刊誤》之遺；且詳觀此兩卷之首尾，則始《帝紀》，迄《外國傳》，其無缺卷可知，殆因《東漢刊誤》已甚詳盡，故吳氏所補，僅得二卷。《通考》之十七卷，七字殆是衍文，館臣未得見《東漢刊誤》，遂致臆度，而失其實。」（《雪堂類稿》第375頁）

10. 三國志六十五卷

晉陳壽（233～297）撰，宋裴松之（372～451）注。壽事蹟具《晉書》本傳，松之事蹟具《宋書》本傳。〔一〕

凡《魏志》三十卷，《蜀志》十五卷，《吳志》二十卷。其書以魏為正統，至習鑿齒作《漢晉春秋》，始立異議〔二〕。自朱子〔三〕以來，無不是鑿齒而非壽。然以理而論，壽之謬萬萬無辭；以勢而論，則鑿齒帝漢順而易，壽欲帝漢逆而難。蓋鑿齒時晉已南渡，其事有類乎蜀，為偏安者爭正統，此孚於當代之論者也。壽則身為晉武之臣，而晉武承魏之統，偽魏是偽晉矣，其能行於當代哉！此猶宋太祖篡立近於魏，而北漢、南唐跡近於蜀，故北宋諸儒皆有所避而不偽魏。高宗以後偏安江左近於蜀，而中原魏地全入於金，故南宋諸儒乃紛紛起而帝蜀。此皆當論其世，未可以一格繩也。惟其誤沿《史記》周、秦本紀之例，不託始於魏文，而託始曹操，實不及《魏書‧敘紀》之得體，是則誠可已不已耳。

宋元嘉中，裴松之受詔為注〔四〕。所注雜引諸書〔五〕，亦時下己意。綜其大致，約有六端：一曰引諸家之論以辨是非，一曰參諸書之說以核訛異，一曰傳所有之事詳其委曲，一曰傳所無之事補其闕佚，一曰傳所有之人詳其生平，一曰傳所無之人附以同類。

其中往往嗜奇愛博，頗傷蕪雜。如《袁紹傳》中之胡母班，本因為董卓使紹而見，乃注曰：「班嘗見太山府君及河伯，事在《搜神記》，語多不載。」斯已贅矣。《鍾由傳》中乃引陸氏《異林》一條，載由與鬼婦狎昵事。《蔣濟傳》中引《列異傳》一條，載濟子死為秦山伍伯，迎孫阿為泰山令事。此類鑿空語怪，凡十餘處，悉與本事無關，而深於史法有礙，殊為瑕纇。又其初意似亦欲如應劭之注《漢書》，考究訓詁，引證故實〔六〕。故於《魏志‧武帝紀》沮授字，則注「沮，音菹」，獷平字則引《續漢書‧郡國志》，注「獷平，縣名，屬漁陽」。甬道字則引《漢書》，「高祖二年與楚戰，築甬道」。贅旒字則引《公羊傳》，先正字則引《文侯之命》。釋位字則引《左傳》。至屆字則引《詩》。綏爰字、率俾字、昏作字則皆引《書》。糾虔天刑字則引《國語》。至《蜀志‧卻正傳》釋誨一篇，句句引古事為注，至連數簡。又如《彭羕傳》之「革不訓老」，《華他傳》之「勇本似專」，《秦宓傳》之「棘革異文」，《少帝紀》之「叟更異字」，亦間有所辯證。其他傳文句則不盡然。然如《蜀志‧廖立傳》首，忽注其姓曰「補救切」，《魏志‧涼茂傳》中，忽引《博物記》注一「綟」字之

類，亦間有之。蓋欲為之而未竟，又惜所已成，不欲刪棄，或詳或略，或有或無，亦頗為例不純。

然網羅繁富，凡六朝舊籍今所不傳者，尚一一見其厓略。又多首尾完具，不似酈道元《水經注》、李善《文選注》，皆竄裁割裂之文。故考證之家取材不竭，轉相引據者反多於陳壽本書焉。〔七〕（《四庫全書總目》卷四十五）

【注釋】

〔一〕【作者研究】陳健梅撰《裴松之年譜》（2000 年復旦大學碩士論文）。楊耀坤、伍野春撰《陳壽・裴松之評傳》（南京大學出版社 1998 年版）。

〔二〕【解釋】習氏《漢晉春秋》以蜀為正統，其敘事皆謂蜀先主為昭烈帝。

〔三〕【解釋】朱子作《通鑒綱目》，始遵習鑿齒《漢晉春秋》之例，黜魏帝蜀。同時張栻作《經世紀年》，蕭常作《續後漢書》，持論並同。

〔四〕【裴松之受詔為注】元嘉五年（428），宋文帝下詔。六年七月，裴松之注成，文帝許為不朽之作。

〔五〕【關於裴注引書的數量】歷來研究者甚多，浦起龍、錢大昕、趙翼、沈家本、王鍾翰、陳垣、周國林、虞萬里、伍野春、何亞南及王文暉皆有考證，其中王文暉所考堪稱定論，詳見《三國志成語研究》第 16～26 頁（湖北人民出版社 2004 年版）。

〔六〕【考證】伍野春認為：「宋文帝的要求主要是增廣事實，從裴注內容看，增廣事實占全注內容的百分之九十，這就證明裴松之是按旨意辦事的，並非『欲如應劭之注《漢書》，考究訓詁，引證故實』。」（《陳壽・裴松之評傳》第 245 頁）今按，裴注名義上是注，實際上是補，其史料價值與原著相等。

〔七〕【整理與研究】錢大昭撰《三國志辨疑》，盧弼撰《三國志集解》。有關研究狀況，請參考拙編《建國以來三國史研究論著書目論文篇目索引》（附載張大可《三國史研究》第 460～588 頁）。

11. 晉書一百三十卷

唐房喬（579～648）等奉敕撰。〔一〕

劉知幾《史通・外篇》謂：「貞觀中，詔前後《晉史》十八家未能盡善，敕史官更加纂撰。」自是言晉史者，皆棄其舊本，競從新撰。然唐人如李善注《文選》，徐堅編《初學記》，白居易編《六帖》，於王隱、虞預、朱鳳、何法盛、謝靈運、臧榮緒、沈約之《書》，與夫徐廣、干寶、鄧粲、王韶、曹嘉之、

劉謙之之《紀》，孫盛之《晉陽秋》，習鑿齒之《漢晉陽秋》，檀道鸞之《續晉陽秋》，並見徵引。是舊本實未嘗棄，毋乃書成之日即有不愜於眾論者乎？

考書中惟陸機、王羲之兩傳，其論皆稱「制曰」，蓋出於太宗之御撰〔二〕。夫典午一朝政事之得失，人材之良楛，不知凡幾，而九重掞藻，宣王言以彰特筆者，僅一工文之士衡，一善書之逸少，則全書宗旨，大概可知。其所襃貶，略實行而獎浮華。其所採擇，忽正典而取小說。波靡不返，有自來矣。即如《文選》注馬汧督誄，引臧榮緒、王隱書，稱馬汧立功孤城，死於非罪，後加贈祭，而《晉書》不為立傳，亦不附見於周處、孟觀等傳。又《太平御覽》引王隱書云：「武帝欲以郭琦為佐著作郎，問尚書郭彰，彰憎琦不附己，答以不識。上曰：『若如卿言，烏丸家兒能事卿，即堪郎也。』及趙王倫篡位，又欲用琦，琦曰：『我已為武帝吏，不能復為今世吏。』終於家。」〔三〕琦蓋始終亮節之士也，而《晉書》亦削而不載。

其所載者，大抵宏獎風流，以資談柄。取劉義慶《世說新語》與劉孝標所注，一一互勘，幾於全部收入。是直稗官之體，安得目曰史傳乎？黃朝英《緗素雜記》詆其引《世說》「和嶠峨峨如千丈松，礧砢多節目」，既載入《和嶠傳》中，又以嶠字相同，並載入《溫嶠傳》中〔四〕，顛倒舛迕，竟不及檢，猶其枝葉之病，非其根本之病也。正史之中，惟此書及《宋史》，後人紛紛改撰，其亦有由矣。特以十八家之書並亡，考晉事者捨此無由，故歷代存之不廢耳。〔五〕

《音義》三卷，唐何超撰。超字令升，自稱東京人。楊齊宣為之序。其審音辨字，頗有發明，舊本所載，今仍附見於末焉。〔六〕（《四庫全書總目》卷四十五）

【注釋】

〔一〕【成書時間】書成於貞觀二十年（646）。

〔二〕【御撰】唐太宗愛好陸機的文章與王羲之的書法，為兩傳各寫了一篇史論，故有御撰之說。

〔三〕【史源】《太平御覽》卷二百三十四引王隱《晉書》，與此一字不差。

〔四〕【史源】宋黃朝英《靖康緗素雜記》卷十「和松」條。

〔五〕【評論】王樹民先生認為：「《晉書》在組織編排上比較嚴密，許多重要史實和資料也能保存下來。在體例方面，除本紀、志和列傳之外，增加了載記，用以記載時起時滅的列國之事，其志書與《五代史志》同為世人所重，都是值得肯定的。」（《中國史學史綱要》第 95 頁）

今按，《卷盦書跋》第 22～23 頁載有《晉書斠注》。

〔六〕【整理與研究】周文玖教授撰《晉書八書二史研究》（中國大百科全書出版社
　　2009 年版）。

12. 宋書一百卷

　　梁沈約〔一〕（441～513）撰。約事蹟具《梁書》本傳。

　　約表上其書謂：「本紀、列傳，繕寫已畢，合志、表七十卷。所撰諸志，須成續上。」今此書有紀、志、傳而無表。劉知幾《史通》謂此書為紀十，志三十，列傳六十，合百卷，不言其有表。《隋書・經籍志》亦作《宋書》一百卷，與今本卷數符合。或唐以前其表早佚，今本卷帙出於後人所編次歟？

　　以志序考之，稱凡損益前史諸志為八門，曰律曆，曰禮，曰樂，曰天文，曰五行，曰符瑞，曰州郡，曰百官，是律曆未嘗分兩門。今本總目題卷十一志第一志序，卷十二志第二曆上，卷十三志第三曆下，而每卷細目，作志第一律志序，志第二曆上，志第三曆下，則出於後人編目，強為分割，非約原本之舊次，此其明證矣。八志之中，惟《符瑞》實為疣贅。州郡惟據太康地志及何承天〔二〕、徐爰〔三〕原本，於僑置創立，並省分析，多不詳其年月，亦為疏略。至於《禮志》，合郊祀、祭祀、朝會、輿服總為一門，以省支節。《樂志》詳述八音眾器及鼓吹鐃歌諸樂章，以存義訓，如鐸舞曲，聖人制禮樂篇，有聲而詞不可詳者，每一句為一斷，以存其節奏，義例尤善。若其追述前代，晁公武《讀書志》雖以失於限斷為譏〔四〕，然班固《漢書》增載地理，上敘九州，創設五行，演明洪範，推原溯本，事有前規。且魏、晉並皆短祚，宋承其後，歷時未久，多所因仍。約詳其沿革之由，未為大失，亦未可遽用糾彈也。觀《徐爰傳》述當時修史，議為桓玄等立傳，約則謂桓玄、盧循等身為晉賊，非關後代，吳隱、謝混等義止前朝，不宜濫入，劉毅、何無忌等志在興復，情非造宋並為刊除，歸之晉籍。其申明史例，又何嘗又不謹嚴乎！

　　其書至北宋已多散失〔五〕，《崇文總目》謂闕《趙倫之傳》一卷。陳振孫《書錄解題》謂獨闕《到彥之傳》。今本卷四十六有趙倫之、王懿、張邵傳，惟彥之傳獨闕，與陳振孫所見同。卷後有臣穆附記，謂此卷體同《南史》，傳末無論，疑非約書，其言良是。蓋宋初已闕此一卷，後人雜取《高氏小史》〔六〕及《南史》以補之，取盈卷帙。然《南史》有《到彥之傳》，獨捨而不取。又《張邵傳》後附見其兄子暢，直用《南史》之文，而不知此書卷五十九已有

《張暢傳》，忘其重出，則補綴者之疏矣。臣穆當即鄭穆，《宋史》有傳，嘉祐中嘗校勘《宋書》，其所考證，僅見此條。蓋重刊之時，削除偶剩，亦足見明以來之刊本隨意竄改，多非古式云。（《四庫全書總目》卷四十五）

【注釋】

〔一〕【作者研究】鈴木虎雄撰《宋沈休文先生約年譜》（臺灣商務印書館 1980 年版）。

〔二〕【何承天】宋文帝元嘉中，著作郎何承天纂《宋書》，有紀、志、傳等部分。

〔三〕【徐爰】孝武帝大明六年（462），著作郎徐爰撰成《宋書》六十五卷。今本《宋書》的主要部分為徐爰所撰，沈約不過接敘其後所缺十餘年之事，故成書甚速，且獨享大名。沈約還有意壓抑徐爰，將他列入《恩倖傳》中。

〔四〕【評論】志書敘事，上溯魏晉，不以宋代為限，讀者於制度禮樂等，可得較完整的概念。

〔五〕【版本】杏雨書屋藏宋刻眉山版《七史》本一百卷，凡四十冊，與中國國家圖書館所藏宋本合為雙璧。（《日本藏漢籍珍本追蹤紀實》第 343～345 頁）

〔六〕【高氏小史】唐高峻、高迴撰。記述遠古至唐文宗時歷史。今已佚。

13. 南齊書五十九卷

梁蕭子顯（489～537）撰。子顯事蹟附載《梁書·蕭子恪傳》。

章俊卿《山堂考索》引《館閣書目》云：「《南齊書》本六十卷，今存五十九卷，亡其一。」劉知幾《史通》、曾鞏《敘錄》〔一〕則皆云八紀、十一志、四十列傳，合為五十九卷，不言其有闕佚。然《梁書》及《南史》子顯本傳實俱作六十卷，則《館閣書目》不為無據。考《南史》載子顯自序，似是據其敘傳之詞。又晁公武《讀書志》載其《進書表》云：「天文事秘，戶口不知，不敢私載。」疑原書六十卷為子顯《敘傳》，末附以表，與李延壽《北史》例同。至唐已佚其《敘傳》，而其表至宋猶存。今又並其表佚之，故較本傳闕一卷也。

又《史通·序例》篇，謂令升先覺，遠述邱明，史例中興，於是為盛。沈《宋》之志序，蕭《齊》之序錄，雖以序為名，其實例也。子顯雖文傷蹇躓，而義甚優長，為序例之美者。〔二〕今考此書，良政、高逸、孝義、幸臣諸傳皆有序，而文學傳獨無敘，殆亦宋以後所殘闕歟？齊高好用圖讖，梁武崇尚釋

氏，故子顯於《高帝紀》卷一引《太乙九宮占》〔三〕，《祥瑞志》附會緯書，《高逸傳》論推闡禪理。蓋牽於時尚，未能釐正。又如《高帝紀》載王蘊之撫刀，袁粲之郊飲，連綴瑣事，殊乖紀體。至列傳尤為冗雜。然如紀建元創業諸事，載沈攸之書於《張敬兒傳》，述顏靈寶語於《王敬則傳》，直書無隱，尚不失是非之公。《高十二王傳》引陳思之表，曹冏之論，感懷宗國，有史家言外之意焉，未嘗無可節取也。

自李延壽之史盛行，此書誦習者鮮，日就訛脫。《州郡志》及《桂陽王傳》中均有闕文，無從補正。其餘字句舛誤，如《謝莊傳》，《南史》作「詔徙越嶲〔四〕」，此書作「越州」；《崔懷慎傳》，《南史》作「臣子兩遂」，此書作「兩節者」，又不可勝乙。今裒合諸本，參核異同，正其灼然可知者。其或無考，則從闕疑之義焉。〔五〕（《四庫全書總目》卷四十五）

【注釋】

〔一〕【史源】《元豐類稿》卷十一《南齊書目錄序》。今按，杏雨書屋藏宋刻眉山版《七史》本五十九卷，凡十五冊，與中國國家圖書館所藏宋本合為雙璧。（《日本藏漢籍珍本追蹤紀實》第 343～345 頁）

〔二〕【史源】劉知幾《史通》卷四。

〔三〕【史源】《南齊書·高帝紀贊》所引太乙九宮占，自漢高祖五年推至宋禎明元年，幾數百年，而其術遂大顯於世。至希明承詔纂次，參校眾法，益為詳備。（《四庫全書總目》卷一〇九《太乙金鏡式經》提要）

〔四〕【越嶲】漢有越嶲郡。在今四川省西昌地區。見《漢書·西南夷傳》。《史記·西南夷列傳》作「嶲」。

〔五〕【整理與研究】朱季海有《南齊書校議》（中華書局 1984 年版）。

14. 梁書五十六卷

唐姚思廉（557～637）奉敕撰。《唐書》思廉本傳稱：「貞觀三年（629），詔思廉同魏徵撰。」《藝文志》亦稱《梁書》《陳書》皆魏徵（580～643）同撰。舊本惟題思廉，蓋徵本監修，不過參定其論贊。案：此據《史通·古今正史篇》「魏徵總知其務，凡有論贊，徵多預焉」之文。〔一〕獨標思廉，不沒秉筆之實也。

是書《舊唐書·經籍志》及思廉本傳俱云五十卷，《新唐書》作五十六卷。考劉知幾《史通》謂：「姚察（533～606）有志撰勒，施功未周，其子思廉憑其

舊稿，加以新錄，述為《梁書》五十六卷。」則《新唐書》所據為思廉編目之舊，《舊唐書》誤脫「六」字審矣。〔二〕

　　思廉本推其父意以成書，每卷之後，題陳吏部尚書姚察者二十五，題史官陳吏部尚書姚察者一篇，蓋仿《漢書》卷後題班彪之例。其專稱史官者，殆思廉所續纂歟？思廉承藉家學，既素有淵源。又貞觀二年（628）先已編纂，及詔入秘書省論撰之後，又越七年，其用力亦云勤篤。

　　中如《簡文紀》載「大寶二年（551）四月丙子，侯景襲郢州，執刺史蕭方諸」，而《元帝紀》作「閏四月丙午」，則兩卷之內，月日參差。《侯景傳》上云：「張彪起義」，下云「彪寇錢塘」，則數行之間，書法乖舛。趙與時《賓退錄》議其於《江革傳》中則稱何敬容掌選，序用多非其人，於《敬容傳》中則稱其銓序明審，號為稱職，尤是非矛盾〔三〕。其餘事蹟之複互者，前後錯見。證以《南史》，亦往往牴牾。蓋著書若是之難也。

　　然持論多平允，排整次第，猶具漢、晉以來相傳之史法，要異乎取成眾手，編次失倫者矣。（《四庫全書總目》卷四十五）

【注釋】

〔一〕【史源】劉知幾《史通》卷十二外篇。

〔二〕【版本】杏雨書屋藏宋刻眉山版《七史》本五十六卷，凡十四冊，與中國國
　　　家圖書館所藏宋本合為雙璧。（《日本藏漢籍珍本追蹤紀實》第343～345頁）

〔三〕【史源】趙與時《賓退錄》卷九：「姚思廉《梁書》列傳第三十卷《江革傳》，
　　　謂何敬容掌選，序用多非其人，革性彊直，常有褒貶。而第三十一卷何敬容
　　　傳乃謂敬容銓序明審，號為稱職。夫史者所以傳信萬世，今若此，其將何所
　　　從乎？其餘可笑者甚多，未暇盡著。」

15. 陳書三十六卷

　　唐姚思廉（557～637）奉敕撰。劉知幾《史通》謂：「貞觀初，思廉奉詔撰成二史，彌歷九載，方始畢功。」〔一〕而曾鞏校上序謂：「姚察錄梁、陳之事，其書未就，屬子思廉繼其業。武德五年（622），思廉受詔為《陳書》。貞觀三年（629），論撰於秘書內省。十年（636）正月壬子，始上之。」〔二〕是思廉編輯之功，固不止於九載矣。

　　知幾又謂「陳史初有顧野王、傅縡各為撰史學士，太建初，中書郎陸瓊續撰諸篇，姚察就加刪改。」〔三〕是察之修史，實兼採三家。考《隋書‧經籍

志》有顧野王《陳書》三卷，傅縡《陳書》三卷，陸瓊《陳書》四十二卷，殆即察所據之本。而思廉為傅縡、陸瓊傳詳述撰著，獨不言其修史，篇第殊為疏略。至《顧野王傳》稱其撰《國史紀傳》二百卷，與《隋志》卷帙不符，則疑《隋志》舛訛，思廉所記得其真也。察傳見二十七卷，載其撰梁、陳二史事甚詳。

是書為奉詔所修，不同私撰，故不用序傳之例，無庸以變古為嫌。惟察陳亡入隋，為秘書丞、北絳郡開國公，與同時江總、袁憲諸人並稽首新朝，歷踐華秩，而仍列傳於《陳書》。揆以史例，失限斷矣。且江總何人？乃取與其父合傳，尤屬自污。觀李商隱贈杜牧詩有「前身應是梁江總」〔四〕句，乃藉以相譽，豈總之為人，唐時尚未論定耶？書中惟二卷、三卷題陳吏部尚書姚察，他卷則俱稱史臣。蓋察先纂《梁書》，此書僅成二卷，其餘皆思廉所補撰。

今讀其列傳，體例秩然，出於一手，不似《梁書》之參差，亦以此也。惟其中記傳年月，間有牴牾，不能不謂之疵累。然諸史皆然，亦不能獨責此書矣。（《四庫全書總目》卷四十五）

【注釋】

〔一〕【史源】《史通通釋·題目第十一》：「姚察《陳書》：察字伯審。有至性，領著作，撰梁、陳史未畢功。隋開皇時，遣內史舍人虞世基索本，且進上。有所闕者，臨亡之時，以體例誡約子思廉博訪續撰。按：史無《梁略》之名，而劉氏云爾，定是察稿初名。」今按，杏雨書屋藏宋刻眉山版《七史》本三十六卷，凡八冊，與中國國家圖書館所藏宋本合為雙璧。（《日本藏漢籍珍本追蹤紀實》第 343～345 頁）

〔二〕【史源】《元豐類稿》卷十一《陳書目錄序》。

〔三〕【史源】劉知幾《史通》卷十二《外篇·古今正史》。

〔四〕【史源】朱鶴齡《李義山詩集注》卷三上引《贈司勳杜十三員外》：「杜牧司勳字牧之，清秋一首杜秋詩。前身應是梁江總，名總還曾字總持。」今按，江總（519～594），南朝陳洛陽人。有《江總詩集》傳世。

16. 魏書一百十四卷

北齊魏收〔一〕（505 或 506～572）奉敕撰。

收表上其書，幾十二紀，九十二列傳，分為一百三十卷。今所行本為宋
劉恕、范祖禹等所校定。恕等《序錄》謂：隋魏澹更撰《魏書》九十二卷，
唐又有張太素《後魏書》一百卷，今皆不傳。魏史惟以魏收本為主，校其亡
逸不完者二十九篇，各疏於逐篇之末。然其據何書以補闕，則恕等未言。《崇
文總目》謂澹書才存紀一卷，太素書存志二卷，陳振孫《書錄解題》引《中
興書目》謂：「收書闕《太宗紀》，以魏澹書補之；志闕《天象》二卷，以張
太素書補之。又謂澹、太素之書既亡，惟此紀、志獨存，不知何據。」是振
孫亦疑未能定也。今考《太平御覽・皇王部》所載《後魏書》，帝紀多取魏
收書，而芟其字句重複，《太宗紀》亦與今本首尾符合，其中轉增多數語。
「永興四年，宴群臣於西宮，使各獻直言」下多「弗有所諱」四字，「泰常八年，廣西宮，
起外牆垣，周回二十里」下多「是歲民饑，詔所在開倉賑給」十一字。按：此數語，《北史》
有之，然《北史》前後之文與《御覽》所引者絕異。夫《御覽》引諸史之文，有刪無
增，而此紀獨異，其為收書之原本歟？抑補綴者取魏澹書而間有節損歟？然
《御覽》所引《後魏書》，實不專取一家。如此書卷十二《孝靜帝紀》亡，
後人所補，而《御覽》所載《孝靜紀》與此書體例絕殊。又有西魏《孝武紀》
《文帝紀》《廢帝紀》《恭帝紀》，則疑其取諸魏澹書。《隋書・魏澹傳》自道武下
及恭帝為十二紀，劉知幾《史通》云：「澹以西魏為真，故文帝稱紀。」又此書卷十三《皇
后傳》亡，亦後人所補。今以《御覽》相校，則字句多同，惟中有刪節，而
末附西魏五後，當亦取澹書以足成之。蓋澹書至宋初尚不止僅存一卷，故為
補綴者所取資。至澹書亦闕，始取《北史》以補之（如崔彧、蔣少游及《西域傳》）。
故《崇文總目》謂魏澹《魏史》、李延壽《北史》與收史相亂，卷第殊舛，
是宋初已不能辨定矣〔二〕。惟所補《天象志》二卷，為唐太宗避諱，可信為
唐人之書無疑義耳。

收以是書為世所詬厲，號為「穢史」〔三〕。今以收傳考之，如云：「收受尒
朱榮子金，故減其惡。」其實榮之凶悖，收未嘗不書於冊。至論中所云：「若
修德義之風，則韓、彭、伊、霍，夫何足數。」反言見意，正史家之微詞。指
以虛褒，似未達其文義。又云：「楊愔、高德正勢傾朝野，收遂為其家作傳。
其預修國史，得陽休之之助，因為休之父固作佳傳。」案：愔之先世為楊椿、
楊津，德正之先世為高允、高祐。椿、津之孝友亮節，允之名德，祐之好學，
實為魏代聞人，寧能以其門祚方昌，遂引嫌不錄？況《北史・陽固傳》稱：
「固以譏切聚斂，為王顯所嫉，因奏固剩請米麥，免固官，從征硤石，李平奇

固勇敢，軍中大事，悉與謀之。」不云固以貪虐，先為李平所彈也。李延壽書作於唐代，豈亦媚陽休之乎？又云：「盧同位至儀同，功業顯著，不為立傳。崔綽位止功曹，本無事蹟，乃為首傳。」夫盧同希元乂之旨，多所誅戮，後以乂黨罷官，不得云功業顯著。綽以卑秩見重於高允，稱其道德，固當為傳獨行者所不遺。觀盧文訴辭，徒以父位儀同，綽僅功曹，較量官秩之崇卑，爭專傳、附傳之榮辱，《魏書》初定本，盧同附見《盧元傳》，崔綽自有傳，後奉敕更審，同立專傳，綽改入附傳。是亦未足服收也。

蓋收恃才輕薄，有「驚蛺蝶」〔四〕之稱，其德望本不足以服眾。又魏齊世近，著名史籍者並有子孫，孰不欲顯榮其祖父？既不能一一如志，遂譁然群起而攻。平心而論，人非南董，豈信其一字無私！但互考諸書，證其所著，亦未甚遠於是非。「穢史」之說，無乃已甚之詞乎？〔五〕

李延壽修《北史》，多見館中墜簡，參核異同，每以收書為據。其為收傳論云：「勒成魏籍，婉而有章，繁而不蕪，志存實錄。」其必有所見矣。今魏澹等之書俱佚，而收書終列於正史，殆亦恩怨並盡，而後是非乃明歟？收敘事詳贍，而條例未密，多為魏澹所駁正。《北史》不取澹書，而澹傳存其《敘例》，絕不為掩其所短，則公論也。（《四庫全書總目》卷四十五）

【注釋】

〔一〕【魏收】字伯起，鉅鹿（今河北晉縣）人。《北史》卷五六、《北齊書》卷三七均有傳。

〔二〕【版本】杏雨書屋藏宋刻眉山版《七史》本一百卷，凡四十冊，與中國國家圖書館所藏宋本合為雙璧。（《日本藏漢籍珍本追蹤紀實》第343～345頁）

〔三〕【穢史】魏收屬於東魏北齊系統，所以《魏書》強烈地反映了以這個系統為中心的色彩。凡不屬於這個系統或關係不夠密切的人，紛紛提出反對意見，認為「抑揚失當，褒貶任情」。

〔四〕【驚蛺蝶】蛺蝶即蝴蝶。魏收行為放蕩，出使梁朝期間，買妓女帶進賓館，他的部下也買了多名妓女，不管是誰買的，魏收知道了，將所有妓女「遍行奸穢」。可謂「一日踏盡長安花」，「贏得青樓薄倖名」。

〔五〕【評論】王樹民先生認為：「《魏書》在古代史學史上的地位還是應得到認可的。《食貨志》記載了均田制和三長制等，《官氏志》記載了鮮卑族原有的和改定的氏姓，《釋老志》為特創的體例，有系統的記載了佛道二教流傳的情況，都有很高的史料價值。」（《中國史學史綱要》第83頁）

17. 北齊書五十卷

唐李百藥〔一〕（565～648）奉敕撰。

蓋承其父德林之業，纂緝成書，猶姚思廉之繼姚察也。〔二〕大致仿《後漢書》之體，卷後各繫論贊，然其書自北宋以後漸就散佚，故晁公武《讀書志》已稱殘闕不完。今所行本，蓋後人取《北史》以補亡，非舊帙矣。〔三〕

今覈其書，本紀則《文襄紀》香集冗雜，《文宣紀》《孝昭紀》論辭重複。列傳則九卷、十卷、十一卷、十四卷、十五卷、二十六卷、二十七卷、二十九卷至四十卷俱無論贊，二十八卷有贊無論，十二卷、四十六卷、四十七卷、四十八卷、四十九卷有論無贊。又《史通》引李百藥《齊書》論魏收云：「若使子孫有靈，竊恐未挹高論。」又云：「足以入相如之室，遊尼父之門，志存實錄，祗訐奸私。」今《魏收傳》無此語，皆掇拾者有所未及也。至如《庫狄干傳》之連及其子士文，《元斌傳》之稱齊文襄，則又掇拾者刊削未盡之辭矣。北齊立國本淺，文宣以後，綱紀廢弛，兵事俶擾，既不及後魏之整飭疆圉，復不及後周之修明法制。其倚任為國者，亦鮮始終貞亮之士，均無奇功偉節，資史筆之發揮。觀《儒林》《文苑傳》敘去其已見《魏書》及見《周書》者，寥寥數人，聊以取盈卷帙，是其文章萎苶，節目叢脞，固由於史材、史學不及古人，要亦其時為之也。然一代興亡，當有專史典章之沿革，政事之得失，人材之優劣，於是乎有徵焉，未始非後來之鑒也。（《四庫全書總目》卷四十五）

【注釋】

〔一〕【李百藥】（565～648），字重規，唐定州安平人。《舊唐書》卷七十二、《新唐書》卷一〇二有傳。

〔二〕【成書時間】書成於貞觀十年（636）。

〔三〕【版本】杏雨書屋藏宋刻眉山版《七史》本五十卷，凡十冊，與中國國家圖書館所藏宋本合為雙璧。（《日本藏漢籍珍本追蹤紀實》第343～345頁）

18. 周書五十卷

唐令狐德棻（583～666）等奉敕撰。

貞觀中，修梁、陳、周、齊、隋五史，其議自德棻發之，而德棻專領《周書》，與岑文本、崔仕師、陳叔達〔一〕、唐儉〔二〕同修。晁公武《讀書志》稱，宋仁宗時出太清樓本，合史館秘閣本，又募天下書，而取夏竦、李巽家

本，下館閣，是正其文字。其後林希、王安國上之。是北宋重校尚不云有所散佚〔三〕。今考其書，則殘闕殊甚，多取《北史》以補亡，又多有所竄亂，而皆不標其所移掇者何卷，所削改者何篇，遂與德棻原書混淆莫辨。今案其文義，粗尋梗概，則二十五卷、二十六卷、三十一卷、三十二卷、三十三卷俱傳後無論，其傳文多同《北史》，惟更易《北史》之稱周文者為太祖。《韋孝寬傳》連書周文、周孝閔帝，則更易尚有未盡。至《王慶傳》連書大象元年、開皇元年，不言其自周入隋，尤剽取《北史》之顯證矣。又如《韋孝寬傳》末刪《北史》「兄敻」二字，則《韋敻傳》中所云，與孝寬並馬者，事無根源。《盧辯傳》中刪去其曾事節閔帝事，則傳中所云及帝入關者，語不可曉。是皆率意刊削，遂成疏漏。至於遺文脫簡，前後迭出，又不能悉為補綴。蓋名為德棻之書，實不盡出德棻，且名為移掇李延壽之書，亦不盡出延壽，特大體未改而已。

劉知幾《史通》曰：「今俗所行周史，是令狐德棻等所撰，其書文而不實，雅而不檢，真蹟甚寡，客氣尤繁。尋宇文開國之初，事由蘇綽，軍國詞令，皆準尚書。太祖敕朝廷他文，悉準於此。蓋史臣所記，皆稟其規。柳虯之徒，從風而靡。案綽文雖去彼淫麗，存茲典實，而陷於矯枉過正之失，乖乎適俗隨時之義。苟記言若是，則其謬愈多。爰及牛弘，彌尚儒雅，即其舊事，因而勒成。務累清言，罕逢佳句，而令狐不能別求他述，用廣異聞，惟憑本書，重加潤色，遂使周氏一代之史，多非實錄。」又議其以王劭、蔡允恭、蕭政韶、蕭大圜、裴政、杜臺卿之書中有俚言，故致遺略。〔四〕其詆諆德棻甚力。

然文質因時，紀載從實。周代既文章爾雅，仿古制言，載筆者勢不能易彼妍辭，改從俚語。至於敵國詆謗，里巷謠諑，削而不書，史之正體，豈能用是為譏議哉！況德棻旁徵簡牘，意在摭實。故《元偉傳》後於元氏戚屬事蹟湮沒者，猶考其名位，連綴附書，固不可概斥為疏略。《庾信〔五〕傳》論仿《宋書·謝靈運傳》之體，推論六義源流，於信獨致微辭，良以當時儷偶相高，故有意於矯時之弊，亦可見其不專虛辭矣。知幾所云，非篤論也。〔六〕晁公武《讀書志》祖述其語，掩為己說，聽聲之見，尤無取焉。（《四庫全書總目》卷四十五）

【注釋】

〔一〕【陳叔達】（？～635），字子聰，吳興長城人。唐太宗即位，累遷禮部尚書。有集十五卷，今已佚。

〔二〕【唐儉】（579～656），字茂約。唐并州晉陽人。封營國公，授民部尚書。

〔三〕【版本】杏雨書屋藏宋刻眉山版《七史》本五十卷，凡十二冊，與中國國家
圖書館所藏宋本合為雙璧。（《日本藏漢籍珍本追蹤紀實》第343～345頁）

〔四〕【史源】《史通》卷十七《外篇‧雜說中第八》。今按，王劭，字君懋，隋太原
人。與劉焯等同修國史。著有《齊志》《齊書》《隋書》等。蔡允恭，荊州江
陵人。允恭有風采，善綴文，仕隋，歷著作佐郎，起居舍人。雅善吟詠，隋
煬帝屬辭賦，多令諷誦之。嘗遣教宮女，允恭深以為恥。有集十卷，又撰《後
梁春秋》十卷。事蹟具《舊唐書》卷一百九十上。蕭政詔，事蹟待考。蕭大
圜，字仁顯，梁簡文帝之子。《周書》《北史》均有傳。性好學，務於著述，
撰《梁舊事》三十卷、《寓記》三卷、《士喪儀注》五卷、《要決》兩卷、文集
二十卷。另有《淮海亂離志》。裴政，字德表，隋河東聞喜人。著有《承聖實
錄》十卷，又與盧辯依《周禮》設官立制，參定周律。

〔五〕【庾信】（513～581），字子山。南朝梁南陽人。有《庾子山集》行世。

〔六〕【評論】王樹民先生認為：「劉知幾的時代去唐初不遠，修史的原稿還能看
到，他的話自然不是虛造的。原來西魏和北周是興起於關中地區的封建統
治集團，隋朝和唐朝的統治者都是出於這個系統，為周統治者說好話，也
正是給自己的祖先臉上貼金。」（《中國史學史綱要》第91頁）

19. **隋書八十五卷**

唐魏徵（580～643）等奉敕撰。貞觀三年（629），詔徵等修隋史。十年（636），
成紀傳五十五卷。十五年（641），又詔修梁、陳、齊、周、隋五代史志。顯慶
元年（656），長孫無忌上進。

據劉知幾《史通》所載，撰紀傳者為顏師古、孔穎達，案：《集古錄》據穎達
墓碑，謂碑稱與魏鄭公同修《隋書》，而傳不著，蓋但據《舊唐書》言之，未考知幾書也。撰
志者為于志寧、李淳風、韋安仁、李延壽、令狐德棻。〔一〕案：宋刻《隋書》
之後有天聖中校正舊跋，稱同修紀傳者尚有許敬宗，同修志者尚有敬播。至
每卷分題，舊本十志內，惟《經籍志》題侍中鄭國公魏徵撰。《五行志序》或
云褚遂良〔二〕作。紀傳亦有題太子少師許敬宗撰者。今從眾本所載，紀傳以
徵，志題以無忌云云。是此書每卷所題撰人姓名，在宋代已不能畫一。至天
聖中重刊，始定以領修者為主，分題徵及無忌也。

其紀傳不出一手，間有異同。如《文帝本紀》云「善相者趙昭」，而《藝
術傳》則作來和。又本紀云「以賀若弼為楚州總管」，而弼本傳則作吳州。蓋

卷帙浩繁，牴牾在所不免。至顧炎武《日知錄》所摘《突厥傳》中上言「沙缽略可汗擊阿波破擒之」，下言「雍虞閭以隋所賜旗鼓西征阿波，敵人以為隋兵所助，多來降附，遂生擒阿波」一條，則疑上文本言擊阿波破之，傳寫誤衍一「擒」字。炎武以為一事重書〔三〕，似未必然也。

其十志最為後人所推，而或疑其失於限斷。考《史通・古今正史》篇稱：「太宗以梁、陳及齊、周、隋氏並未有書，乃命學士分修，仍以秘書臨魏徵總知其務。始以貞觀三年創造，至十八年方就。合為《五代紀傳》，並目錄凡二百五十二卷。書成，下於史閣，惟有十志，斷為三十卷。尋擬續奏，未有其文。太宗崩後，刊勒始成其篇第，編入《隋書》，其實別行，俗呼為《五代史志》（云云）。」〔四〕是當時梁、陳、齊、周、隋五代史本連為一書，十志即為五史而作，故亦通括五代。其編入《隋書》，特以隋於五史居末，非專屬隋也。後來五史各行，十志遂專稱《隋志》，實非其舊，乃議其兼載前代，是全不核始末矣。

惟其時《晉書》已成，而《律曆志》所載備數、和聲、審度、嘉量、衡權五篇，《天文志》所載地中、晷影、漏刻、經星、中宮二十八舍、十煇諸篇，皆上溯魏晉，與《晉志》復出，殊非史體。且同出李淳風一人之手，亦不應自剿己說。殆以《晉書》不在五史之數，故不相避歟？《五行志》體例與《律曆》《天文》三志頗殊，不類淳風手作。疑宋時舊本，題褚遂良撰者，未必無所受之。《地理志》詳載山川，以定疆域，《百官志》辨明品秩，以別差等，能補蕭子顯、魏收所未備。惟《經籍志》編次無法，述經學源流，每多舛誤。如以《尚書》二十八篇為伏生口傳，而不知伏生自有《書》教齊、魯間；以《詩序》為衛宏所潤益，而不知傳自毛亨；以《小戴禮記》有《月令》《明堂位》《樂記》三篇，為馬融所增益，而不知劉向《別錄・禮記》已載此三篇，在十志中為最下〔五〕。然後漢以後之藝文，惟藉是以考見源流，辯別真偽，亦不以小疵為病矣。〔六〕（《四庫全書總目》卷四十五）

【注釋】

〔一〕【史源】《史通》卷十二《外篇・古今正史第二》。今按，于志寧（588～665），字仲謐。唐雍州高陵人。官至太子太傅。李淳風（602～670），唐岐州雍縣人。自幼研習天算星占之學，編撰《麟德曆》，著有《乙巳占》十卷，編寫《晉書》《隋書》天文志和律曆志。

〔二〕【褚遂良】（596～658），字登善，杭州人。博涉文史，尤工隸楷，為唐初四大書家之一。

〔三〕【史源】《日知錄》卷二十六「隋書」條。

〔四〕【史源】《史通》卷十二《外篇‧古今正史第二》。今按，歷代對《五代史志》的評價較高。

〔五〕【評論】《經籍志》「編次無法」、「在十志中為最下」的說法，似為苛論。其實《經籍志》為目錄學史上的一大里程碑。《總目》所採用的四部分類法正是始於《隋書‧經籍志》。

〔六〕【整理與研究】楊守敬撰《隋書地理志考證》九卷《補遺》一卷（光緒二十七年刻第三次校改本）。清章宗源撰《隋書經籍志考證》十三卷（光緒三年湖北崇文書局刊本），姚振宗撰《隋書經籍志考證》五十二卷（《快閣獅石山房叢書》本），岑仲勉撰《隋書求是》（中華書局 2004 年版）。

20. 南史八十卷

唐李延壽撰。延壽事蹟附載《新唐書‧令狐德棻傳》。

延壽承其父大師之志，為《北史》《南史》。而《南史》先成，就正於令狐德棻，其乖失者嘗為改定。宋人稱延壽之書刪煩補闕，為近世佳史。顧炎武《日知錄》又摘其李安民諸傳一事兩見，為紀載之疏〔一〕。以今考之，本紀刪其連綴諸臣事蹟，列傳則多刪詞賦，意存簡要，殊勝本書。然宋、齊、梁、陳四朝九錫之文，符命之說，告天之詞，皆沿襲虛言，無關實證，而備書簡牘，陳陳相因，是芟削未盡也。且合累朝之書，勒為通史，發凡起例，宜歸畫一。今延壽於《循吏》《儒林》《隱逸傳》既遞載四朝人物，而《文學》一傳，乃因《宋書》不立此目，遂始於齊之邱靈鞠，豈宋無文學乎？《孝義傳》搜綴湮落，以備闕文，而蕭矯妻羊氏、衛敬瑜妻王氏先後互載，男女無別，將謂史不當有《列女傳》乎？況《北史》謂《周書》無《文苑傳》，遂取列傳中之庾信、王褒入於《文苑》，則宋之謝靈運、顏延之、何承天、裴松之諸人何難移冠《文苑》之前？《北史》謂魏、隋有《列女傳》，齊、周並無此篇。今又得趙氏、陳氏附備《列女》，則宛陵女子等十四人何難取補《列女》之闕？書成一手，而例出兩歧，尤以矛陷盾，萬萬無以自解者矣。

蓋延壽當日專致力於《北史》，《南史》不過因其舊文，排纂刪潤，故其減字節句，每失本意，間有所增益，又緣飾為多。如《宋路太后傳》〔二〕較《宋書》為詳。然沈約修史，工於詆毀前朝，而不載路太后飲酒置毒之事，當亦揆以前後恩慈，不應存此異說也。延壽採雜史為實錄，又豈可盡信哉？然自《宋

略》《齊春秋》《梁典》諸書盡亡，其備宋、齊、梁、陳四史之參校者，獨賴此
書之存，則亦何可盡廢也。〔三〕（《四庫全書總目》卷四十六）

【注釋】

〔一〕【史源】《日知錄》卷二十六「宋齊梁三書南史一事互異」條。

〔二〕【史源】見《南史》卷十一。

〔三〕【整理與研究】1975 年中華書局出版排印本。高敏撰《南史掇瑣》，顯示其史
料價值。

21. 北史一百卷

唐李延壽撰。

延壽表進其書〔一〕，稱本紀十二卷，列傳八十八卷，為《北史》，與今本
卷數符合。《文獻通考》作八十卷者，誤也。延壽既與修《隋書》十志，又世
居北土，見聞較近。參核同異，於《北史》用力獨深，故敘事詳密，首尾典
贍。如載元韶之奸利，彭樂之勇敢，郭琬、杳龍超諸人之節義，皆具見特筆。
出酈道元於酷吏，附陸法和於藝術，離合編次，亦深有別裁。視《南史》之多
仍舊本者，迥如兩手。〔二〕

惟其以姓為類，分卷無法。《南史》以王、謝分支，《北史》亦以崔、盧繫
派。故家世族，一例連書。覽其姓名，則同為父子，稽其朝代，則各有君臣。
參錯混淆，殆難辨別。甚至長孫儉附《長孫嵩傳》，薛道衡附《薛辨傳》，遙遙
華冑，下逮雲仍，隔越抑又甚矣。考延壽之敘次列傳，先以魏宗室諸王，次以
魏臣，又次以齊宗室，及齊臣，下逮周、隋，莫不皆然。凡以勒一朝始末，限
斷分明，乃獨於一二高門，自亂其例，深所未安。至於楊素父子，有關隋室興
亡，以其系出弘農，遂附見魏臣《楊敷傳》後。又魏收及魏長賢諸人，本非父
子兄弟，以其同為魏姓，遂合為一卷，尤為舛迕。觀延壽敘例，凡累代相承者
皆謂之家傳，豈知家傳之體，不當施於國史哉？且《南、北史》雖曰二書，實
通為一家之著述，故延壽《裴蘊傳》云：「祖之平，父忌，《南史》有傳。」〔三〕
《王頒傳》云：「父僧辨，《南史》有傳。」即互相貫通之旨也。乃《南史》既
有《晉熙王昶傳》矣，《北史》復有《劉昶傳》。《南史》既有《鄱陽王寶寅傳》
矣，《北史》復有《蕭寶夤傳》。《南史》既有《豫章王綜樂良王大圜傳》矣，
《北史》復有《蕭贊（蕭綜入魏改名贊）蕭大圜傳》。朱修之、薛安都諸人，《南
史》則取諸《宋書》，《北史》則取諸《魏書》，不為刪並。殆專意《北史》，無

暇追刪《南史》，以致有此誤乎？然自宋以後，《魏書》《北齊書》《周書》皆殘闕不全，惟此書僅《麥鐵杖傳》有闕文，《荀濟傳》脫去數行，其餘皆卷帙整齊，始末完具。征北朝之故實者，終以是書為依據。故雖「八書」具列，而「二史」仍並行焉。(《四庫全書總目》卷四十六)

【注釋】

〔一〕【成書時間】顯慶四年（659）成書。記北朝和隋朝（386～618）共 233 年歷
　　　史。所記統治者內部鬥爭諸事，較分朝諸史為得實。

〔二〕【整理與研究】高敏撰《北史掇瑣》，顯示其史料價值。

〔三〕【裴蘊】（？～618），河東聞喜人。《隋書》卷六十七、《北史》卷七十五均有
　　　傳。

22. 舊唐書二百卷

晉劉昫等奉敕撰。《五代史記》昫本傳不言昫撰此書，史漏略也。〔一〕

自宋嘉祐後，歐陽修、宋祁等重撰新書，此書遂廢。然其本流傳不絕，儒者表昫等之長以攻修、祁等之短者亦不絕。今觀所述，大抵長慶以前，本紀惟書大事，簡而有體。列傳敘述詳明，贍而不穢，頗能存班、范之舊法。長慶以後，本紀則詩話、書序、婚狀、獄詞委悉具書，語多支蔓，如《文宗紀》云：「上每誦杜甫《曲江行》云：『江頭宮殿鎖千門，細柳新蒲為誰綠。』乃知天寶以前，曲江四岸皆有行宮臺殿，百司廨署。」又云：「戶部侍郎判度支王彥威進所撰《供軍圖略》，其序云云。《武宗紀》云：右庶子呂讓進狀，亡兄溫女，太和七年嫁左衛兵曹蕭敏，生二男。開成三年，敏心疾乖忤，因而離婚，今敏日愈，卻乞與臣姪女配合。又云御史臺奏，據三司推勘吳湘獄，謹具逐人罪狀如後，揚州都虞侯盧行立、劉群於會昌二年五月十四日於阿顏家吃酒云云。」列傳則多敘官資，曾無事實，或但載寵遇，不具首尾。如《夏侯孜傳》只載歷官所至及責讓詔詞，不及一事。《朱樸傳》只載其相昭宗而不及其始末。所謂繁略不均者，誠如宋人之所譏。

案《崇文總目》：初，吳兢撰《唐史》，自創業訖於開元，凡一百一十卷。韋述因兢舊本，更加筆削，刊去《酷吏傳》，為紀、志、列傳一百十二卷。至德、乾元以後，史官于休烈又增《肅宗紀》二卷，史官令狐峘等復於紀、志、傳隨篇增輯，而不加卷帙，為《唐書》一百三十卷。是《唐書》舊稿，實出吳兢。雖眾手續增，規模未改。昫等用為藍本，故具有典型。觀《順宗〔二〕紀論》題史臣韓愈，《憲宗紀論》題史臣蔣系，此因仍前史之明證也。

至長慶以後，史失其官，無復善本，昫等自採雜說傳記，排纂成之，動乖體例，良有由矣。至於卷一百三十二既有《楊朝晟傳》，卷一百四十四復為立傳；蕭穎士〔三〕既附見於卷一百二，復見於卷一百九十《文苑傳》；宇文韶《諫獵表》既見於卷六十二，復見於卷六十四；蔣乂《諫張茂宗尚主疏》既見於卷一百四十一，復見於卷一百四十九。《輿服志》所載條議，亦多同列傳之文。蓋李崧、賈緯諸人，各自編排，不相參校。〔四〕昫掌領修之任〔五〕，曾未能鉤稽本末，使首尾貫通，舛漏之譏，亦無以自解。

平心而論，蓋瑕瑜不掩之作。黨《新書》者必謂事事勝《舊書》，黨《舊書》者又必謂事事勝《新書》，皆偏見也。我皇上獨秉睿裁，定於正史之中二書並列，相輔而行，誠千古至公之道，論史諸家可無庸復置一議矣。〔六〕（《四庫全書總目》卷四十六）

【注釋】

〔一〕【劉昫傳不言修唐史】後晉天福六年（941），開始編撰，由宰相趙瑩監修，實出張昭遠、賈緯等人之手。錢大昕認為：「宰相監修國史，沿唐故事，雖有監修之名，初無撰述之實。此史家之成例，不可議其缺漏。」（《十駕齋養新錄》卷六「劉昫傳不言修唐史」條）

〔二〕【唐順宗】（761～806），即李誦。公元 805 年在位，僅八個月，為宦官俱文珍所逼迫退位。

〔三〕【蕭穎士】（708～759），字茂挺，安徽阜陽人。平生廣收門徒，人稱蕭夫子。文與李華齊名。有《蕭茂挺文集》一卷。

〔四〕【官書】王樹民先生認為：「官修史書，雖取集體的形式，實為史官各自單幹。後世官修的史書多有這類的現象，成為古代史學史上的荒唐之事。」（《中國史學史綱要》第 101 頁）

〔五〕【名譽主編】書成之日，劉昫繼任宰相，遂領銜奏上，實際上他不僅未曾執筆撰寫，甚至未掌監修之任。

〔六〕【整理與研究】武秀成教授撰《舊唐書辯證》（上海古籍出版社 2003 年版）。

23. 新唐書二百二十五卷〔一〕

宋歐陽修（1007～1072）、宋祁等奉敕撰。其監修者則曾公亮，故書首進表以公亮為首。陳振孫《書錄解題》曰：「**舊例修書，止署官高一人名銜。**歐公曰：『宋公於我為前輩，且於此書用力久，何可沒也？』遂於紀傳各著之。宋

公感其退遜，故書中列傳題祁名，本紀、志、表題修名。」然考《隋書》諸志，已有此例，實不始於修與祁。又《宋史・呂夏卿傳》稱《宰相世系表》，夏卿所撰，而書中亦題修名，則仍以官高者為主，特諸史多用一人，此用二人為異耳。〔二〕

是書本以補正劉昫之舛漏，自稱：「事增於前，文省於舊。」劉安世《元城語錄》則謂：「事增文省，正新書之失，而未明其所以然。今即其說而推之，史官記錄，具載舊書，今必欲廣所未備，勢必搜及小說，而至於猥雜。唐代詞章，體皆詳贍，今必欲減其文句，勢必變為澀體，而至於詰屈。」安世之言，所謂中其病源者也。若夫《史》《漢》本紀多載詔令，古文簡質，至多不過數行耳。唐代王言，率崇縟麗，駢四儷六，累牘連篇。宋敏求所輯《唐大詔令》，多至一百三十卷。使盡登本紀，天下有是史體乎？祁一例刊除，事非得已，過相訾議，未見其然。

至於呂夏卿私撰《兵志》，見晁氏《讀書志》〔三〕，宋祁別撰《紀志》，見王得臣《麈史》，則同局且私心不滿。書甫頒行，吳縝《糾謬》即踵之而出。其所攻駁，亦未嘗不切中其失。然一代史書，網羅浩博，門分類別，端緒紛挐，出一手則精力難周，出眾手則體裁互異。爰從「三史」以逮「八書」，牴牾參差，均所不免，不獨此書為然。呂、宋之書，未知優劣。吳縝所糾，存備考證則可。因是以病新書，則一隅之見矣。（《四庫全書總目》卷四十六）

【注釋】

〔一〕【版本】靜嘉堂文庫藏北宋刊本南宋配補本《新唐書》殘本一百九十七卷，被確認為「日本重要文化財」。（《日本藏漢籍珍本追蹤紀實》第282～285頁）

〔二〕【考證】錢大昕《竹汀先生日記鈔》卷一：「讀《東都事略》宋祁傳，考其年月，知《唐書》於慶曆中（當是四年）開局，至嘉祐五年書成，恰十七年。歐公在局不及七年，故不欲專其名。西莊謂歐、宋修史不同時者，誤也。」（遼寧教育出版社1998年版第1頁）今按，《唐書》於慶曆五年（1045）開局，嘉祐五年（1060）年修成。宋祁在仁宗天聖晚年著手私撰《新唐書》。

〔三〕【兵志】《郡齋讀書志》卷六：「《呂夏卿兵志》三卷。右皇朝呂夏卿撰。公武得之於宇文時中，季蒙題其後云：夏卿修《唐史》，別著《兵志》三篇，自秘之，戒其子弟勿妄傳。鮑欽止吏部好藏書，苦求得之。其子無為太守恭孫偶言及，因懇借抄錄於吳興之山齋。」今按，彭元瑞《知聖道齋讀書跋》卷一「唐書直筆」條：「此書乃其修史時發凡。斷制精確，足為古今通

例。其文仿公穀，奧峭有法。北宋人猶近古，若沿入胡寅、尹起莘手，則迂庸不足觀已。」

24. 舊五代史一百五十卷目錄二卷

宋薛居正（912～981）等奉敕撰。考晁公武《讀書志》云：「開寶中詔修梁、唐、晉、漢、周書，盧多遜、扈蒙、張澹、李昉、劉兼、李穆、李九齡同修，宰相薛居正等監修。」《玉海》引《中興書目》云：「開寶六年（973）四月戊申，詔修五代史。七年（974）閏十月甲子，書成。凡百五十卷，目錄二卷，為紀六十一，志十二，傳七十七。多據累朝實錄及范質《五代通錄》〔一〕為稿本。」

其後歐陽修別撰《五代史記》七十五卷，藏於家。修沒後，官為刊印，學者始不專習薛史。然二書猶並行於世，至金章宗泰和七年，詔學官止用歐陽修史，於是薛史遂微。元、明以來罕有援引其書者，傳本亦漸就湮沒，惟明內府有之，見於《文淵閣書目》，故《永樂大典》多載其文。然割裂淆亂，已非居正等篇第之舊。

恭逢聖朝右文稽古，網羅放佚，零縑斷簡，皆次第編摩。臣等謹就《永樂大典》各韻中所引薛史，甄錄條繫，排纂先後，檢其篇第，尚得十之八九。又考宋人書之徵引薛史者，每條採錄，以補其闕，遂得依原本卷數，勒成一編。〔二〕晦而復彰，散而復聚，殆實有神物呵護以待時而出者。遭逢之幸，洵非偶然也。歐陽修文章遠出居正等上，其筆削體例，亦特謹嚴。然自宋時論二史者即互有所主，司馬光作《通鑑》，胡三省作《通鑑注》，皆專據薛史，而不取歐史。沈括、洪邁、王應麟輩為一代博洽之士，其所著述，於薛、歐二史亦多兼採，而未嘗有所軒輊。蓋修所作皆刊削舊史之文，意主斷制，不肯以紀載叢碎，自貶其體。故其詞極工，而於情事或不能詳備。至居正等奉詔撰述，本在宋初，其時秉筆之臣，尚多逮事五代。見聞較近，紀傳皆首尾完具，可以徵信。故異同所在，較核事蹟，往往以此書為證。雖其文體平弱，不免敘次煩冗之病，而遺聞瑣事，反藉以獲傳，實足為考古者參稽之助。

又歐史止述司天、職方二考，而諸志俱闕，凡禮樂、職官之制度，選舉、刑法之沿革，上承唐典，下開宋制者，一概無徵，亦不及薛史諸志為有裨於文獻。蓋二書繁簡，各有體裁，學識兼資，難於偏廢。昔修與宋祁所撰《新唐書》，事增文省，足以括劉昫舊書。而昫書仰荷皇上表章，今仍得列於正史。況是書文雖不及歐陽，而事蹟較備，又何可使隱沒不彰哉？

　　謹考次舊文，釐為《梁書》二十四卷，《唐書》五十卷，《晉書》二十四卷，《漢書》十一卷，《周書》二十二卷，《世襲列傳》二卷，《僭偽列傳》三卷，《外國列傳》二卷，《志》十二卷，共一百五十卷，別為《目錄》二卷。而搜羅排纂之意，則著於凡例，茲不贅列焉。〔三〕（《四庫全書總目》卷四十六）

【注釋】

〔一〕【五代通錄】六十五卷，宋初范質撰。以編年形式敘述五代之事。

〔二〕【舊五代史跋】《舊五代史》輯自《永樂大典》，而以《冊府元龜》補之，底本俱注明，嘗以《大典》史文校《冊府元龜》，多不同，知《冊府元龜》非全用《薛史》，元注應存也。（俞正燮《癸巳存稿》卷八第 225 頁，遼寧教育出版社 2003 年版）

　　　　今按，彭元瑞《知聖道齋讀書跋》卷一「抄本《舊五代史》」條云：「《永樂大典》散篇輯成之書，以此為最。以其注明《大典》卷數及採補書名卷數，具知存闕章句，不沒其實也。《四庫全書》本如此，後武英殿鐫本，遂盡刪之。曾屢爭之總裁，不見聽，於是薛氏真面目不可尋究，後人引用，多致誤矣。幸抄存此本，不可廢也。」

　　　　又按，此書有百衲本。張元濟云：「江西熊氏曾以庫本影印，南潯劉氏復據舊抄刊行。以校殿本，除《大典》及他書從出卷數及案語外，異同尚復不尠，而劉本又比庫本稍詳。」（《張元濟古籍書目序跋彙編》第 980 頁）彼此對校，殿本少於劉本者凡五百三十八條，庫本少於劉本者凡四百七十一條，雖殿本增於劉本者有三十九條，庫本亦三條，而以此校彼，總不能不以劉本為較備。（同上第 1031 頁）

　　　　又按，錢大昕為邵晉涵撰墓誌銘：「自歐陽公《五代史》出，而薛氏《舊史》廢，獨《永樂大典》採此書，君在館會粹編次，其闕者，採《冊府元龜》諸書補之，由是薛《史》復傳人間……自四庫館開，而士大夫始重經史之學。言經學則推戴吉士震，言史學則推君。」（《潛研堂文集》卷四十三）

〔三〕【整理與研究】程毅中云：「邵晉涵等人在輯錄時作了不少考異補缺的工作，可惜還做得不夠完善。主要的一個問題是對《冊府元龜》裏的五代史料，應該怎麼處理。邵晉涵等人用了《冊府元龜》的資料來補充《永樂大典》裏的缺佚，但有時把它當作薛史佚文，有時又不把它看作薛史，而只作為旁證列入案語，或者棄之不顧，在體例上很不一致。另外，本校的工作做得也不夠，

因此往往出現前後不統一的地方。至於他校和考證的工作，當然更有用武之地。新版《舊五代史》的校點者曾用殘宋本和明本《冊府元龜》作了仔細的復校，但沒有充分利用；而且對本書的內證也沒有充分注意，因此輯本所遺留的問題解決得還不多。」（《古籍整理淺談》第 153～157 頁）。陳垣撰《舊五代史輯本發覆》。陳智超、陳尚君分別輯有《舊五代史》新本，前者未見，後者已由復旦大學出版社出版。

25. 新五代史記七十五卷

宋歐陽修（1007～1072）撰。

本名《新五代史記》，世稱《五代史》者，省其文也。唐以後所修諸史，惟是書為私撰，故當時未上於朝。修歿之後，始詔取其書，付國子監開雕，遂至今列為正史。大致褒貶祖《春秋》，故義例謹嚴；敘述祖《史記》，故文章高簡。而事實則不甚經意，諸家攻駁，散見他書者無論，其特勒一編者，如吳縝之《五代史纂誤》，楊陸榮之《五代史志疑》，引繩批根，動中要害。雖吹求或過，要不得謂之盡無當也。

然則薛史如左氏之紀事，本末賅具，而斷制多疏；歐史如《公》《穀》之發例，褒貶分明，而傳聞多謬，兩家之並立，當如三傳之俱存。尊此一書，謂可兼賅五季，是以名之輕重為史之優劣矣。

且《周官》太史掌國之六典，漢法亦天下計書先上太史。史之所職，兼司掌故。八書十志，遷、固相因。作者沿波，遞相撰述。使政刑禮樂，沿革分明，皆所謂國之大紀也。修作是書，僅司天、職方二考，寥寥數頁，餘概從刪。雖曰世衰祚短，文獻無徵，然王溥《五代會要》，搜輯遺編，尚哀然得三十卷。何以經修編錄，乃至全付闕如？此由信《史通》之謬談，劉知幾欲廢表志，見《史通》《表曆》《書志》二篇。成茲偏見。元纂宋、遼、金三《史》，明纂《元史》，國朝纂《明史》，皆仍用舊規，不從修例，豈非以破壞古法，不可以訓乎！此書之失，此書最大。若不考韓通之褒贈，案：宋太祖褒贈韓通敕，今載《宋文鑒》中。有所諱而不立傳者，一節偶疏疏，諸史類然，不足以為修病也。

修之文章，冠冕有宋。此書一筆一削，尤具深心，其有裨於風教者甚大。惟其考證之疏，則有或不盡知者，故具論如右，俾求者有所別白。

其注為徐無黨作〔一〕，頗為淺陋。相傳已久，今仍並錄之焉。（《四庫全書總目》卷四十六）

【注釋】

〔一〕【評論】至徐無黨注，不知參核事蹟，寥寥數語，尤屬簡陋。（吳）縝一一抉
其闕誤，無不疏通剖析，切中癥結，故宋代頗推重之。章如愚《山堂考索》
亦具列紀傳不同各條，以明此書之不可以不作，未可遽以輕議前修，斥其浮
薄。至如所稱唐明宗紀趙鳳罷一條，徐無黨注中「忘其日」三字，檢今本無
之。又《晉出帝紀》「射雁於繁臺」句，今本並無「雁」字。《周太祖紀》之
甲辰當作「甲申」，今本亦正作甲申，不作甲辰。縝既糾修誤，不應竟構虛詞，
或後來校刊《五代史》者，因其說而追改之耶？（《四庫全書總目》卷四十六
《五代史記纂誤》提要）

26. 宋史四百九十六卷

元托克托（1314~1355）等奉敕撰〔一〕。案：托克托，原作「脫脫」，今改正。

其總目題本紀四十七，志一百六十二，表三十二，列傳二百五十五。然
卷四百七十八至卷四百八十三，實為世家六卷，總目未列，蓋偶遺也。

其書僅一代之史，而卷帙幾盈五百，檢校既已難周。又大旨以表章道學
為宗，餘事皆不甚措意，故舛謬不能殫數。柯維騏《宋史新編》僅引《容齋五
筆》辨正向敏中、李宗諤數事，未能旁及。其後沈世泊撰《宋史就正編》，綜
覈前後，多所匡糾。如謂《高宗紀》紹興十三年（1143）八月戊戌，洪皓至自
燕，而《洪皓傳》作七月見於內殿。《朱倬傳》宣和五年（1123）登進士第，據
《徽宗紀》則宣和六年（1124）策進士，是為甲辰科，實非五年。此紀傳之互
異也。《宋準傳》云：「李昉知貢舉，擢準甲科，會貢士徐士廉擊登聞鼓，訴昉
取捨非當，太宗怒，召準覆試後，遂行殿試。」據《選舉志》則「開寶六年
（973）御殿給紙筆，別賜殿試，遂為常制」，是太祖時事誤作太宗。《蘇舜欽傳》
云：「康定中河東地震，舜欽詣匭通疏。」據《五行志》則地震在寶元元年（1038），
康定止一年，無地震事。此志傳之互異矣。《杜太后傳》云：「母范氏，生五子
三女，太后居長。」而《杜審琦傳》則云：「審琦，昭憲皇太后之兄，太后昆
仲五人，審琦居長。」又《太后傳》云：「生太祖、太宗、秦王廷美」。據《廷
美傳》則其母為陳國夫人耿氏。《張浚傳》云：「濬擢殿中侍御史，駕幸東南，
後軍統制韓世忠所部逼逐諫臣墜水死，濬奏奪世忠觀察使。」據《韓世忠傳》，
世忠乃左軍統制，非後軍統制。案：本紀後軍統制為張煥，紀又云後軍將孫琦等作亂，
逼左正言盧臣中隋水死，不言世忠。又《滕康傳》，世忠以不能戢所部坐贖金，康復

論世忠無赫赫功，詔降世忠一官。是奏奪世忠觀察使者乃滕康，非張浚。此傳文前後之互異也。

譏《宋史》者，謂諸傳載祖父之名，而無事實，似誌銘之體。詳官階之遷除，而無所刪節，似申狀之文。然好之者，或以為世系官資，轉可籍以有考。及證以他書，則《宋史》諸傳多不足憑。如《晁補之傳》云：「太子少傅迴五世孫，宗愨之曾孫也，父端友。」據黃庭堅為補之父端友撰誌銘云：「晁氏世載遠矣，有諱迴者，以太子少保致仕，諡文元。君之曾王父，諱迪，贈刑部侍郎。王父諱宗簡，贈吏部尚書。父諱仲偃，庫部員外郎。刑部梘文元，母弟也。」是補之實非迴五世孫。又《晁迴傳》云：「迴子宗愨。」據曾鞏《南豐集》，宗愨父名遘，是補之實非宗愨曾孫。《謝絳傳》云：祖懿文，父濤。據范仲淹撰《謝濤誌銘》，懿文生崇禮，崇禮生濤，濤生絳。是謝絳實為懿文曾孫。然則所述世系，豈足盡信哉？《洪邁傳》云：「乾道二年（1166）知吉州，六年（1170）知贛州，辛卯（1171）歲饑，十一年知婺州，十三年拜翰林學士，淳熙改元，進煥章閣學士。」據本紀，淳熙十四年有翰林學士洪邁言，則淳熙改元當作紹熙改元。乾道無十三年，傳云「辛卯歲饑」為乾道七年（1171），則十三年上加「淳熙」二字。又邁以淳熙十年（1183）知太平州，今瑞麻贊、姑孰帖尚在太平，而傳文闕載。然則所敘官資，又豈可盡信哉？至於宋師伐遼，高鳳以易州來歸，見《北盟會編》，而《宋史》誤作郭藥師。紹興中趙鼎以奉國軍節度使出知紹興府，見《宰輔編年錄》〔二〕，而《宋史》誤作忠武軍。失載王堅之守城不降，與林同〔三〕之題壁自盡，忠義之士，尚多闕落，尤為疏漏之大者矣。其所攻駮，皆一一切中其失。然其前後複查牴牾，尚不止此，世泊亦不能悉舉也。〔四〕

蓋其書以宋人國史為稿本，宋人好述東都之事，故史文較詳，建炎以後稍略。理、度兩朝，宋人罕所紀載，故史傳亦不具首尾。《文苑傳》止詳北宋，而南宋止載周邦彥等數人。《循吏傳》則南宋更無一人，是其明證。至於南唐劉仁瞻之死節，歐陽修《五代史記》、司馬光《通鑒》俱為之證明，而此書仍作以城降。李浣終於遼，未嘗入宋，見《遼史》本傳，而此書仍附於《李濤傳》。是於久列學官之書，共在史局之稿，尚不及互相勘證，則其他抑可知矣。自柯維騏以下，屢有改修，然年代綿邈，舊籍散亡，仍以是書為稿本，小小補苴，亦終無以相勝。故考兩宋之事，終以原書為據，迄今竟不可廢焉。（《四庫全書總目》卷四十六）

【注釋】

〔一〕【掛名】三史撰人均題脫脫之名，但實際工作以歐陽玄規劃之力為多，其次
　　　為揭傒斯、張起岩等。

〔二〕【宋宰輔編年錄】宋徐自明撰。自明字誠甫，號慥堂，永嘉人。嘗官太常博
　　　士，終零陵郡守……編年繫日，起建隆戊午，迄嘉靖定乙亥，大都本之《通
　　　鑑長編》《繫年要錄》《丁未錄》《東都事略》，而又旁採他書以附益之。本末
　　　賅具，最為詳覈。（下略）（《四庫全書總目》卷七十九）

　　　　　　今按，孫詒讓對此條提要有所駁正（詳見《溫州經籍志》第526頁）。

〔三〕【林同】（？～1276），字子真，號空齋，福清人。著有《孝詩》一卷，有四庫
　　　本傳世。

〔四〕【評論】錢大昕《跋宋史》云：「自史遷以經師相傳授者為《儒林傳》，而史家
　　　因之。泊宋洛、閩諸大儒講明任道，自謂直接孔、孟之傳，嗣後儒分為二，
　　　有說經之儒，有講學之儒。《宋史》乃創為《道學傳》，列於《儒林》之前，
　　　以尊周、二程、張、邵、朱六子，而程、朱之門人附見焉……愚讀之而不能
　　　無疑焉……彼修《宋史》者徒知尊道學，而未知其所以尊也。」（《潛研齋文
　　　集》卷二十八）

27. 遼史一百十六卷

　　元托克托（1314～1355）等奉敕撰。至正三年（1343）四月，詔儒臣分撰，於
四年（1344）三月書成。為本紀三十卷，志三十一卷，表八卷，列傳四十六卷，
《國語解》一卷。

　　考遼制，書禁甚嚴。凡國人著述，惟聽刊行於境內，有傳於鄰境者，罪
至死（見沈括《夢溪筆談》僧行均《龍龕手鏡》條下）。蓋國之虛實，不以示敵，用意
至深，然以此不流播於天下。迨五京兵燹之後，遂至舊章散失，漸滅無遺。觀
袁桷《修三史議》、蘇天爵《三史質疑》，知遼代載籍，可備修史之資者寥寥無
幾。故當時所據，惟耶律儼、陳大任二家之書〔一〕。見聞既陿，又蔵功於一載
之內，無暇旁搜，潦草成編，實多疏略。其間左支右詘，痕跡灼然。如每年遊
幸，既具書於本紀矣，復為《遊幸表》一卷。部族之分合，既詳述於《營衛
志》矣，復為《部族表》一卷。屬國之貢使，亦具見於《本紀》矣，復為《屬
國表》一卷。義宗之奔唐，章肅之爭國，既屢見於紀、志、表矣，復屢書於列
傳。文學僅六人，而分為兩卷，伶官、宦官，本無可紀載，而強綴三人。此其

重複瑣碎，在史臣非不自知，特以無米之炊，足窮巧婦，故不得已而縷割分隸，以求卷帙之盈。勢使之然，不足怪也。

然遼典雖不足徵，宋籍非無可考。《東都事略》載遼太宗建國號大遼，聖宗即位，改大遼為大契丹國。道宗咸雍二年（1066），復改國號大遼。考重熙十六年（1047）《釋迦佛舍利鐵塔記》，石刻今尚在古爾板蘇巴爾漢，其文稱：「維大契丹國興中府，重熙十五年丙戌歲十一月丁丑朔（云云）。」與王偁所記合，而此書不載，是其於國號之更改尚未詳也。《文獻通考》稱遼道宗改元壽昌。洪遵《泉志》引李季興《東北諸蕃樞要》云：「契丹主天祚，年號壽昌。」又引《北遼通書》云：「天祚即位，壽昌七年改為乾統。」而此書作「壽隆」，殊不思聖宗諱「隆緒」，道宗為聖宗之孫，何至紀元而犯祖諱。考今興中故城（即古爾板蘇巴爾漢，譯言三塔也，故土人亦稱三座塔云。）東南七十里柏山，有安德州靈巖寺碑稱「壽昌初元歲次乙亥」，又有玉石觀音像偈和詩碑稱「壽昌五年九月」，又易州有興國寺太子誕聖邑碑稱「壽昌四年七月」，均與洪遵所引合。又《老學庵筆記》載：「聖宗改號重熙，後避天祚嫌名，追稱重熙曰重和。」考《興中故城鐵塔旁記》，有天慶二年釋迦定光二佛舍利塔記，稱「重和十五年鑄鐵塔」，與陸游所記亦合。而此書均不載，是其於改元之典章多舛漏也。《潛研堂金石文跋尾》〔二〕又稱據太子誕聖邑碑諸人結銜，知遼制有知軍州事、通判軍州事、知縣事之名，而《百官志》亦不載，是其於制度有遺闕也。至厲鶚《遼史拾遺》所摭，更不可以僕數。此則考證未詳，不得委之文獻無徵矣。

然其書以實錄為憑，無所粉飾。如《宋史》載太平興國七年（982）戰於豐州，據此書則云宋使請和。《宋史·忠義傳》有康保裔，據此書則云保裔被擒而降，後為昭順軍節度使。審其事勢，《遼史》較可徵信。此三史所由並行而不可偏廢歟！〔三〕（《四庫全書總目》卷四十六）

【注釋】

〔一〕【史源】主要以耶律儼《皇朝實錄》、陳大任《遼史》和葉隆禮《契丹國志》為藍本，兼採遼人之行狀、家傳、墓誌、碑刻等。

〔二〕【潛研堂金石文跋尾】錢大昕撰。收入《嘉定錢大昕全集》第陸冊（江蘇古籍出版社 1997 年版）、《續修四庫全書》第 891 冊。

〔三〕【史料價值】元修《遼史》疏漏、錯亂，在《二十四史》中歷來最為世人詬病。由於傳世遼代史料的極度匱乏，因此，此書始終具有不可替代的重要性。請詳參李錫厚《遼史說略》（《經史說略·二十五史說略》，北京燕山出版社）。

28. 遼史拾遺二十四卷

　　國朝厲鶚（1692～1752）撰。鶚字太鴻，錢塘（今浙江杭州）人。康熙庚子（1720）
舉人。〔一〕

　　是書拾《遼史》之遺，有注有補，均摘錄舊文為綱，而參考他書條列於
下。凡有異同，悉分析考證，綴以按語。《國語解》先後次第與目錄有不合者，
亦悉為釐正，又補輯遼境四至，及俗物產諸條於後。其中如劉守光自為節度
使，《唐書》及《五代史》列傳載之最詳，乃獨取《資治通鑒》一條。李嗣源
〔二〕之救幽州，不引《契丹國志》，亦僅引《通鑒》。王都破唐兵，《五代史》
與諸書互有同異，而不加考辨。金克中京，《大金國志》〔三〕敘次最悉，乃獨
取《松漠紀聞》數言，保大以後遼事載於《宋史》紀傳者最多，皆略而不取。
似此之類，皆頗有所遺。又蘭亭石刻之類蔓延鋪敘，與史事毫無所關，亦未
免嗜博愛奇，傷於泛濫。

　　然元修三史，莫繁冗於宋，莫疏略於遼。又遼時書禁最嚴，不得傳佈於
境外，故一朝圖籍，澌滅無徵。鶚採摭群書，至三百餘種，均以旁見側出之
文，參考而求其端緒，年月事蹟，一一鉤稽。其補唐中和諸人之傳，及《禮
志》之補幡勝，《樂志》之補玷帳，《輿服志》之補金冠窄袍，《食貨志》之補
賦稅名目，皆採輯散佚，足備考證。《鶚樊榭詩集》中自稱所注《遼史》，比於
裴松之之《三國史注》，亦不誣也。

　　至於卷末《國語解》，對音舛誤，名義多乖，由作史者昧於翻譯，故因仍
故牘，致失其真。鶚雖釐正其次第，而索倫舊語，既非所知，故舊史駁文，未
能考定。今三史國語悉蒙欽定，一洗前代之訛，足以昭示萬古，鶚所附贅，存
而不論可矣。（《四庫全書總目》卷四十六）

【注釋】

〔一〕**【作者研究】**清朱文藻編、繆荃孫重訂《厲樊榭先生年譜》（《嘉業堂叢書》
　　　本），梁啟超撰《厲樊榭年譜》（清光緒二十七年刊本），孫克寬撰《厲樊榭年
　　　譜初稿》（載《大陸雜誌》第 56 卷第 6 期），陸福祉撰《厲樊榭年譜》（臺灣
　　　商務印書館 1977 年版）。

〔二〕**【李嗣源】**（866 或 867～933），五代後唐皇帝。公元 926～933 年在位。因文
　　　盲君臨朝廷，沒有駕馭能力。

〔三〕**【大金國志】**《池北偶談》卷十八「契丹大金二國志」條：《契丹國志》二十七
　　　卷，宋淳熙七年秘書丞葉隆禮奉詔撰進。又《大金國志》四十卷，宋端平元

年，淮西歸正人改授承事郎工部架閣宇文懋昭上。其書帝紀二十六卷，開國功臣一卷，文學二卷，張邦昌錄一卷，劉豫錄一卷，立偽楚偽齊冊文、宋宗室隨二帝北狩一卷，兩京制度、陵廟、儀衛、官制、科舉、兵制等四卷，兩國誓書一卷，京府州縣一卷，初興風俗一卷，許亢宗行程錄一卷。《金志》記載與《南遷錄》多相合，與史多謬。其《文學傳》則全節取元好問《中州集》，或云宋人偽造，似也。《契丹志》簡淨可觀，《金志》則仿其書而為之者耳。

今按，王國維《南宋人所傳蒙古史料考》，斥王大觀《行城錄》、李大諒《征蒙記》、宇文懋昭《大金國志》為偽書，謂所記蒙古史，多虛誣不實。《四庫全書》已將《大金國志》一書改造為《欽定重訂大金國志》。《大金國志》的真偽問題，至今仍無定論。

29. 金史一百三十五卷

元托克托（1314～1355）等奉敕撰。凡紀十九卷，志三十九卷，表四卷，列傳七十三卷。

金人肇基東海，奄有中原，制度典章，彬彬為盛。徵文考獻，具有所資。即如《大金弔伐一錄》〔一〕，自天輔七年（1123）交割燕雲，及天會三年（1125）再舉伐宋，五年（1127）廢宋立楚，至康王南渡，所有國書、誓誥、冊表、文狀、指揮牒檄，以載於故府案牘者，具有年月，得以編次成書，是自開國之初即已遺聞不墜。

《文藝傳》稱元好問（1190～1257）晚年以著作自任，以金源氏有天下，典章法制，幾及漢、唐，國亡史作，己所當任。時《金國實錄》在順天張萬戶家，乃言於張，願為撰述。既因有阻而止，乃構野史亭，著述其上。凡金源君臣遺言往行，採摭所聞，有所得，輒以片紙細字為記，錄至百餘萬言。纂修《金史》，多本其所著。

又稱劉祁撰《歸潛志》，於金末之事，多有足徵，是相承纂述，復不乏人。且考托克托等進書表，稱張柔歸《金史》於其前，王鶚〔二〕輯金事於其後。是以纂修之命，見諸敷遺之謀，延祐申舉而未遑，天曆推行而弗竟。是元人之於此書，經營已久，與宋、遼二史取辦倉卒者不同。故其首尾完密，條例整齊，約而不疏，贍而不蕪，在三史之中，獨為最善。如載世紀於卷首，而列景宣帝、睿宗、顯宗於世紀補，則酌取《魏書》之例。《曆志》則採趙知微之《大明曆》〔三〕，而兼考渾象之存亡。《禮志》則掇韓企先等之《大金集禮》，而兼

及雜儀之品節。《河渠志》之詳於二十五埽，《百官志》之首敘建國諸官，咸本本元元，具有條理。《食貨志》則因物力之微，而歎其初法之不慎。《選舉志》則因令史之正班，而推言仕進之末弊。《交聘表》則數宋人三失而惜其不知守險，不能自強。皆切中事機，意存殷鑒，卓然有良史之風。

惟其列傳之中，頗多疏舛，如楊樸佐太祖開基，見於《遼史》，而不為立傳。晉王宗翰之上書乞免，見《北盟會編》，沈王宗弼之遺令處分，見《建炎以來繫年要錄》，皆有關國政，而本傳不書。海陵之失德，既見於本紀，而諸嬖之猥褻，復詳述於《后妃傳》。王倫以奉使被留，未嘗受職，而傳列於酈瓊、李成之後。《張邦昌傳》既云《宋史》有傳，事具宗翰等傳，而（復）〔後〕復引本紀之文，列於劉豫之前，皆乖體例。至昌本之南走，施宜生之泄謀，宇文虛中之謗訕，傳聞異辭，皆未能核定。亦由於只據《實錄》，未暇旁考諸書。然《宋史》載兩國兵事，多採摭宋人所記，不免浮詞。如采石之戰，其時海陵士卒聞大定改元，離心自潰，虞允文攘以為功，殊非事實。此書所載，獨得其真。泰和以後諸臣傳，尤能悉其情事。蓋好問等得諸目睹，與傳聞異詞者殊也。卷三十三、卷七十六中有闕文，蓋明代監版之脫誤，今以內府所藏元版校補，仍為完帙云。〔四〕（《四庫全書總目》卷四十六）

【注釋】

〔一〕【大金弔伐錄】不著撰人名氏。其書紀金太祖、太宗用兵克宋之事，故以「弔伐」命名。蓋薈萃故府之案籍，編次成帙者也。獨此書全據舊文，不加增損。可以互校闕訛，補正史之所不逮，亦考古者所當參證也。（《四庫全書總目》卷五一）

今按，此書有墨海金壺本、《守山閣叢書》本、《四部叢刊三編》本，三本互有出入。李慶善撰《大金弔伐錄校補》（中華書局 2001 年版）。張元濟跋云：「是本為錢遵王述古堂抄藏，繼入於知不足齋鮑氏，今歸吾友傅沅叔。雖遠出吳氏抄本之上，以校錢本，則顛倒訛誤，仍所不免。然靖康元年四月七日《宋主回金國元帥》一書，乃為是本所獨有。且亦間有可以勘正錢本訛奪之處。《四庫總目》稱是書錄自《永樂大典》，原無卷數，館臣析為四卷。超然堂吳氏本僅分為上下二卷，與是本同。又《王時雍等依準造迎接等事狀》，是本與吳氏本均缺，頗疑當時所據，必別為一本，與《大典》不同出一源。」（《張元濟古籍書目序跋彙編》第 940 頁）

〔二〕【汝南遺事】元王鶚（1190～1273）撰。鶚字伯翼，東明（今屬山東）人。是
編即隨哀宗在蔡州（今河南汝南）圍城所作，故以汝南命名。所記始天興二
年六月迄三年正月，隨日編載，有綱有目，共一百有七條。皆所身親目擊之
事，故紀載最為詳確。（《四庫全書總目》卷五十一）今按，此書有指海本、
借月山房本、《畿輔叢書》本、《叢書集成初編》本。

〔三〕【大明曆】《金史》卷二十一：天會五年，司天楊級始造《大明曆》。十五年
春正月朔，始頒行之。乃命司天監趙知微重修《大明曆》。十一年，曆成。
時翰林應奉耶律履亦造《乙未曆》。二十一年十一月望，太陰虧食，遂命尚
書省委禮部員外郎任忠傑與司天曆官驗所食時刻分秒比校，知微、履及見
行曆之親疏，以知微曆為親，遂用之。明昌初，司天又改進親歷禮部郎中
張行簡言，請俟他日月食，覆校無差，然後用之，事遂寢。是以終金之世，
惟用知微曆，我朝初亦用之，後始改《授時曆》焉。今其書存乎太史，採而
錄之，以為曆志。

〔四〕【整理與研究】邱靖嘉撰《金史纂修考》（中華書局 2017 年版）。

30. 元史二百十卷

明宋濂（1310～1381）等奉敕撰。洪武二年（1369），得《元十三朝實錄》〔一〕，
命修元史，以濂及王禕為總裁。二月開局天寧寺，八月書成，而順帝一朝史
猶未備，乃命儒士歐陽祐等往北平採其遺事。明年（1370）二月，詔重開史局，
閱六月書成。為紀四十七卷，志五十三卷，表六卷，列傳九十七卷。

書始頒行，紛紛然已多竊議。迨後來遞相考證，紕漏彌彰。顧炎武《日
知錄》摘其趙孟頫諸傳，備書上世贈官，仍誌銘之文，不知芟削；《河渠志》
言耿參政，《祭祀志》言田司徒，引案牘之語，失於翦裁。〔二〕朱彝尊《曝書
亭集》又謂其「急於成書，故前後復出」，因舉其一人兩傳者，條其篇目，為
倉猝失檢之病〔三〕。然《元史》之舛駁不在於藏事之速，而在於始事之驟。以
後世論之，元人載籍之存者，說部文集尚不下一二百種，以訂史傳，時見牴
牾，不能不咎考訂之未密。其在當日，則重開史局，距元亡二三年耳。後世所
謂古書，皆當日時人之書也。其時有未著者，有著而未成者，有成而未出者，
勢不能裒合眾說，參定異同。考徐一夔《始豐稿》，有重開史局時《與王禕書》
云：「近代論史者，莫過於日曆。日曆者，史之根柢也。至起居注之設，亦專
以甲子起例，蓋紀事之法無逾此也。元則不然，不置日曆，不置起居注，獨中

書置時政科。遣一文學掾掌之，以事付史館。及易一朝，則國史院據所付修實錄而已。其於史事固甚疏略。幸而天曆間虞集仿六典法，纂《經世大典》，一代典章文物粗備。是以前局之史，既有《十三朝實錄》又有《經世大典》可以參稽，蘆而成書。若順帝二十六年之事，既無實錄可據，又無參稽之書，惟憑採訪以足成之。竊恐事未必核，言未必馴，首尾未必貫穿也（云云）。」〔四〕則是書之疏漏，未經屬草以前，一夔已預知之，非盡濂等之過矣。惟是事蹟雖難以遽詳，其體例則不難自定，其訛脫則不難自校也。

今觀是書，三公宰相分為兩表，禮樂合為一志，又分祭祀、輿服為兩志，列傳則先及釋老，次以方技，皆不合前史遺規。而刪除藝文一志，收入列傳之中，遂使無傳之人，所著皆不可考，尤為乖迕。又帝紀則定宗以後，憲宗以前，闕載者三年，未必實錄之中竟無一事，其為漏落顯然。至於《姚燧傳》中述其論文之語，殆不可曉。證以《元文類》，則引其《送暢純甫序》，而互易其問答之辭，殊為顛倒，此不得委諸無書可檢矣。是則濂等之過，無以解於後人之議者耳。解縉集有《與吏部侍郎董倫書》，稱：「《元史》舛誤，承命改修（云云）。」〔五〕其事在太祖末年，豈非太祖亦覺其未善，故有是命歟？

若夫曆志載許衡、郭守敬之《曆經》，李謙之《曆議》，而並及庚午元曆之未嘗頒用者，以證其異同。《地理志》附載潘昂霄《河源考》，而取朱思本所譯《梵字圖書》分注於下。《河渠志》則北水兼及於盧溝河、御河，南水兼及於鹽官海塘〔六〕、龍山河道。並詳其繕濬之宜，未嘗不可為考古之證。讀者參以諸書，而節取其所長可也。〔七〕（《四庫全書總目》卷四十六）

【注釋】

〔一〕【元十三朝實錄】元翰林國史院纂修。即《太祖實錄》《太宗實錄》《定宗實錄》《憲宗實錄》《世祖實錄》《成宗實錄》《武宗實錄》《仁宗實錄》《英宗實錄》《泰定實錄》《明宗實錄》《文宗實錄》《寧宗實錄》。今已亡佚。

〔二〕【史源】《日知錄》卷二十六「元史」條。

〔三〕【史源】《曝書亭集》卷三十二《史館上總裁第三書》。

〔四〕【史源】《始豐稿》卷六《與王待制書》。

〔五〕【史源】解縉《文毅集》卷十五《寄具川董倫書》。

〔六〕【海塘】即錢塘江邊之捍海石塘。

〔七〕【整理與研究】明刻有洪武本、南監本、北監本，清有乾隆四年殿本、乾隆四十六年殿本、道光四年本，其中乾隆四十六年殿本妄改翻譯名，錯謬百出。

1976 年中華書局出版標點本《元史》。汪輝祖的《元史本證》有助於研讀《元史》。邵遠平撰《元史類編》四十二卷，補充缺漏之處不少。魏源撰《元史新編》九十五卷，增補史實，糾正錯誤。邵、魏二氏均以《元史》為基礎，並加以改編。洪鈞據《史集》《世界征服者史》等域外史籍撰成《元史譯文證補》三十卷。重撰者有柯紹忞《新元史》，屠寄《蒙兀兒史記》，曾廉的《元書》等。《蒙兀兒史記》功力最深，成就最高。《新元史》次之，而《元書》不為世人所重。

31. 明史三百三十六卷

國朝保和殿大學士張廷玉〔一〕（1672～1755）等奉敕撰。

乾隆四年（1739）七月二十五日書成，表進。凡本紀二十四卷，志七十五卷，表一十三卷，列傳二百二十卷，目錄四卷。其《進表》有曰：「仰惟聖祖仁皇帝搜圖書於金石，羅耆俊於山林。創事編摩，寬其歲月。蓋康熙十八年（1679）始詔修明史，並召試彭孫遹等五十人，入館纂修，以記載浩繁，異同歧出，遞相考證，未遽定也。」又曰：「我世宗憲皇帝重申公慎之旨，載詳討論之功。臣等於時奉敕充總裁官，率同纂修諸臣，開館排輯。十五年之內，幾經同事遷流，三百餘卷之書，以次隨時告竣。蓋雍正二年詔諸臣續蕆其事，至是乃成書也。」又曰：「簽帙雖多，牴牾互見。惟舊臣王鴻緒〔二〕之史稿，經名人三十載之用心，進在彤幃，頒來秘閣，首尾略具，事實頗詳。爰即成編，用為初稿。」蓋康熙中戶部侍郎王鴻緒撰《明史稿》〔三〕三百十卷，惟帝紀未成，餘皆排比粗就，較諸家為詳贍，故因其本而增損成帙也。

其間諸志，一從舊例，而稍變其例者二：《曆志》增以圖，以曆生於數，數生算，算法之句股面線，今密於古，非圖則分刌不明；《藝文志》惟載明人著述，而前史著錄者不載，其例始於宋孝王《關中風俗傳》，劉知幾《史通》又反覆申明，於義為允，唐以來弗能用，今用之也。表從舊例者四：曰諸王，曰功臣，曰外戚，曰宰輔。創新例者一：曰七卿。蓋明廢左右丞相，而分其政於六部。而都察院糾核百司，為任亦重，故合而七也。列傳從舊例者十三，創新例者三：曰閹黨，曰流賊，曰土司。蓋貂璫之禍，雖漢、唐以下皆有，而士大夫趨勢附膻，則惟明人為最夥，其流毒天下亦至酷，別為一傳，所以著亂亡之源，不但示斧鉞之誅也。闖、獻二寇，至於亡明，剿撫之失，足為炯鑒，

非他小丑之比，亦非割據群雄之比，故別立之。至於土司，古謂「羈縻州」也，不內不外，釁隙易萌，大抵多建置於元，而滋蔓於明，控馭之道，與牧民殊，與敵國又殊，故自為一類焉。若夫甲申以後，仍續載福王之號。乙酉以後，仍兼載唐王、桂王諸臣。則頒行以後，宣示綸綍，特命改增。聖人大公至正之心，上洞三光，下昭萬禩，尤自有史籍以來所未嘗聞見者矣。〔四〕（《四庫全書總目》卷四十六）

【注釋】

〔一〕【作者研究】張廷玉自編《澄懷主人自訂年譜》六卷。

〔二〕【王鴻緒】楊向奎編《王鴻緒橫雲學案》（《清儒學案新編》第八冊第 1～52 頁）。

〔三〕【考證】或云《明史稿》出萬斯同之手。侯仁之先生認為：「鴻緒不盡採萬傳，但殘稿中必有本諸萬稿者。」葉景葵經過考證稿本後斷定：「匪特鑒定字跡，確為橫雲原本，且信此老實一代史才，不僅以潤色文字見長。」（《卷盦書跋》第 23 頁載有《王儼齋明史稿真蹟第十四冊》）

〔四〕【整理與研究】王頌蔚撰《明史考證攟逸》四十二卷（《嘉業堂叢書》本），黃雲眉撰《明史考證》（中華書局 1979～1986 年版）。

32. 竹書紀年二卷

案：《晉書・束晳傳》晉太康二年（281），汲縣人發魏襄王冢，得古書七十五篇，中有《竹書紀年》十三篇。〔一〕今世所行題沈約注〔二〕，亦與《隋志》相符。

顧炎武考證之學最為精覈，所作《日知錄》中，往往引以為據〔三〕。然反覆推勘，似非汲冢原書。

考平王東遷以後，惟載晉事，三家分晉以後，惟載魏事，是魏承《晉史》之明驗。然晉靈公桃園之事，董狐所書，明見《左傳》，孔子稱趙盾為法受惡，足知未改史文。乃今本所載，仍以趙穿蔽獄，則非《晉史》之舊也。《束晳傳》稱「《竹書》夏年多殷，益干啟位啟殺之」，今本皆無此文。又杜預注《左傳》「攜王奸命」句引服虔說，以為伯服，疏並引束晳為伯盤，今本乃有餘臣之說。使《竹書》原有此文，不應二人皆未睹，則非束晳、杜預所見本也。

郭璞注《穆天子傳》，引《紀年》七條。以今本核之。相同者三條，璞稱「《紀年》而今在注中者三條」。璞時不應先有注，且三條並為一條，文亦不屬。其穆天子見西王母，西王母止之曰有鳥鶒人一條，今本無之，則非郭璞所見本也。

《隋書・經籍志》曰：「《紀年》皆用夏正建寅之月為歲首」。今本自入春秋以後，時月並與經同，全從周正，則非隋時所見本也。

《水經注》引《竹書》七十六條，皆以晉國紀年，如《春秋》之為魯史，而此本晉國之年皆附周下。又所引出公六年荀瑤成宅陽，梁惠王元年鄴師邯鄲，師次於平陽，魏襄王六年秦取我焦，及齊師伐趙東鄙圍呂牟諸條，今本皆無。其他年月亦多舛異，則非酈道元所本也。

《史通》引《竹書》文王殺季歷，今本作文丁。又引《竹書》鄭桓公、厲王之子，今本錫王子多父命居洛在宣王二十二年（前 806），王子多父為鄭公在幽王二年（前 780），皆不云厲王子，則非劉知幾所見本也。

《文選注》引《竹書》五條，今惟有「太甲殺伊尹」一條，則非李善所見本也。《開元占經》引《竹書》四條，今本皆無，則非瞿曇悉達所見本也。

《史記索隱》引《竹書》晉出公二十三年（前 452）奔楚，乃立昭公之孫，是為敬公，今本作出公薨。又引「秦與衛戰岸門」，「惠王後元十一年會齊於平阿」，「十三年會齊於甄」，「齊桓公君母」，「齊宣王后」，「宋易成肝廢君自立」，「楮里疾圍蒲」七條，今本皆無，則非司馬貞所見本也。

《穀梁傳疏》引《竹書紀年》周昭王膠舟之事，以駁《呂氏春秋》，今本但曰王陟，無膠舟事，則非楊士勳所見本也。《元豐九域志》引《竹書》「陰司馬敗燕公子翌於武垣」一條，今本亦無，則非王存所見本也。

《路史》引《竹書》周武王年五十四，辨武王非九十三，今本乃作九十三。又注引《竹書》夏后不降六十九年，證《世紀》五十九年之異，今本乃亦作五十九。《路史》又引梁惠成八年雨骨於赤鞞，注又引夏舛末年社坼裂，今本並無，則非羅泌、羅蘋所見本也。

《戰國策注》引《竹書》魏救中山，塞集胥口，今本無之，則非鮑彪所見本也。

《廣川書跋》引《竹書》秦穆公十一年取靈邱，今本無之，則非董迥所見本也。

雖其他證以《竹書》往往相合，然《胤征》稱辰弗集於房，《說命》稱舊學於甘盤，均出梅賾《古文尚書》，在西晉之後，不應先見《竹書》。豈亦明人抄合諸書以為之，如《十六國春秋》〔四〕類歟？

觀其以《春秋》合夏正，斷斷為《胡傳》盛行以後書也。沈約注外又有小字夾行之注，不知誰作。中「殷小庚」一條稱約案《史記》作太庚，則亦當為約說。考《元和郡縣志》，魏武定七年（549）始置海州，隋煬帝（569～618，公元604～618年在位）時始置衛縣，而注「舜在鳴條」一條稱「今海州」，「夏啟十一年放武觀」一條稱「今頓邱衛縣」，則非約語矣。又所注惟五帝三王最詳也，他皆寥寥。而五帝三王皆全抄《宋書·符瑞志》語，約不應既著於史，又不易一字移而為此本之注，然則此注亦依託耳。自明以來，流傳已久，姑錄之以備一說，其偽則終不可掩也。〔五〕（《四庫全書總目》卷四十七）

【注釋】

〔一〕【汲冢書】《竹書紀年》又名《汲冢紀年》，記載夏、商、周三代之事。朱希祖撰《汲冢書考》（中華書局1960年版），於汲冢書之發現與整理經過等情況，均有較詳細的敘述。

〔二〕【今世所行題沈約注】汲冢所出《竹書紀年》，亡於兩宋之際。後有好事者雜取古事，偽作一完全之本，並假託梁沈約作注，是為今日傳世之本。姚振宗認為：「今本稱沈約注者為（范）欽所輯錄，其小字夾行之注，亦欽所為也。」

〔三〕【引用】《日知錄》明引《竹書紀年》共11處，例如卷三「大原」條云：「吾讀《竹書紀年》，而知周之世有戎禍也。」

〔四〕【十六國春秋】崔鴻撰。是書亡於五代或宋初。至明代有偽本，清代有輯本。

〔五〕【辨偽】王樹民先生云：「清代研究古史者頗知重視此書，知今本為偽作，於是努力作古本輯佚，最重要者為朱右曾之《汲冢紀年存真》二卷。後王國維就朱氏原書更加補輯校正，成《古本竹書紀年輯校》一卷，共得四百二十八條，又作《今本竹書紀年疏證》，逐條證明今本偽託之跡，於是《竹書紀年》古本今本真偽之案遂定。今人范祥雍作《古本竹書紀年輯校訂補》，以朱、王二本為基礎更加增補，可供參閱。」（《史部要籍解題》第20頁，中華書局1981年第1版）今按，陳力《今本竹書紀年研究》認為《今本竹書紀年》不偽，大作翻案文章；邵東方針鋒相對地提出商榷意見。兩家意見詳見邵東方《崔述與中國學術史研究》（人民出版社1998年版）第293～410頁。

33. 漢紀三十卷〔一〕

漢荀悅（148～209）撰。悅字仲豫，潁陰（今河南許昌）人。獻帝時官秘書監侍中。

《後漢書》附見其祖《荀淑傳》，稱獻帝好典籍，以班固《漢書》文繁難省，乃令悅依《左氏傳》體為《漢紀》三十篇。詞約事詳，論辨多美。張璠《漢紀》亦稱其因事以明臧否，致有典要，大行於世。唐劉知幾《史通·六家篇》以悅書為《左傳》家之首。其《二體篇》又稱其「歷代寶之，有逾本傳。班、荀二體，角力爭先」〔二〕。其推之甚至。故唐人試士，以悅《紀》與《史》《漢》為一科。

《文獻通考》載宋李燾跋曰：「悅為此《紀》，固不出班書，亦時有所刪潤。而諫大夫王仁、侍中閎諫疏，班書皆無之。」〔三〕又稱司馬光編《資治通鑒》，書太上皇事及五鳳郊泰畤之月，要皆捨班而從荀。蓋以悅修《紀》時，固《書》猶未殺訛。又稱其君蘭君簡端瑞與譽寬竟諸事與《漢書》互異者，先儒皆兩存之。王銍〔四〕作《兩漢紀後序》，亦稱荀、袁二紀，於朝廷紀綱，禮樂刑政，治亂成敗，忠邪是非之際，指陳論著，每致意焉。反覆辨達，明白條暢。啟告當代，而垂訓無窮。是宋人亦甚重其書也。

其中若壺關三老茂，《漢書》無姓，悅書云「姓令狐」。朱云請上方劍，《漢書》作「斬馬」，悅書乃作「斷馬」。證以唐張渭詩「願得上方斷馬劍，斬取朱門公子頭」句，知《漢書》字誤，資考證者亦不一。近時顧炎武《日知錄》乃惟取其「宣帝賜陳遂璽書」一條，及「元康三年（前63）封海昏侯詔」一條，能改正《漢書》三四字。其餘則病其敘事索然無意味，間或首尾不備，其小有不同，皆以班書為長，未免抑揚過當。又曰：「紀王莽事自始建國元年以後，則云其二年，其三年，以至其十五年，以別於正統而盡沒其天鳳、地皇之號（云云）。」〔五〕其語不置可否。然不曰「盡削」而曰「盡沒」，似反病其疏略者。不知班書莽自為傳，自可載其偽號。荀書以漢系編年，豈可以非紀元哉？是亦非確論，不足為悅病也。

是書，考李燾所跋，自天聖中已無善本。明黃姬水所刊亦間有殺訛。康熙中，襄平蔣國祥、蔣國祚與袁宏《後漢紀》合刻，後附《兩漢紀字句異同考》一卷。今用以參校，較舊本稍完善焉。〔六〕（《四庫全書總目》卷四十七）

【注釋】

〔一〕【五志】荀悅曰：夫立典有五志焉：一曰達道義，二曰彰法式，三曰通古今，四曰著功勳，五曰表賢能，於是天人之際，事物之宜，粲然顯著，罔不能備矣。（《前漢紀》卷一）

〔二〕【史源】《史通》卷二《二體第二》。

〔三〕【李燾跋】見《文獻通考》卷一百九十三，又載《李燾學行詩文輯存》第145～146頁。

〔四〕【王銍】字性之。汝陰人。紹興初，以薦詔視秩史官，給札奏御，為樞密院編修官。

〔五〕【史源】《日知錄》卷二十六「荀悅漢紀」條。

〔六〕【評論】王樹民先生云：「自荀悅《漢紀》成書以後，編年體的形式的著作方稍見通行。此外本書組織嚴密，文筆簡潔，也都有足稱。又以提綱挈領的方式精練地概括了《漢書》的主要內容，可以作為初讀《漢書》者一部入門的書。」（《史部要籍解題》第156頁，中華書局1981年第1版）

34. 後漢紀三十卷

晉袁宏（330～378）〔一〕撰。宏字彥伯，陽夏（今河南太康）人。太元初，官至東陽太守。事蹟具《晉書·文苑傳》。

是書前有宏自序稱：「嘗讀《後漢書》，煩穢雜亂……聊以暇日撰集為《後漢紀》。其所綴會《漢紀》、案：此《漢紀》蓋指荀悅之書涉及東漢初事者，非張璠書也。謝承書、司馬彪書、華嶠書、謝沈書、漢山陽公記、漢靈獻起居注、漢名臣奏，旁及諸部耆舊先賢傳，凡數百卷。前史闕略，多不次序。錯繆同異，誰使正之，經營八年，疲而不能定，頗有傳者。始見張璠所撰書，其言漢末之事差詳，故復探而益之（云云）。」〔二〕蓋大致以《漢紀》為準也。

案：《隋志》載璠書三十卷，今已散佚。惟《三國志注》及《後漢書注》間引數條。今取與此書互勘，璠《記》所有，此書往往不載。其載者亦多所點竄，互有詳略。如璠《記》稱：「盧芳，安定人。屬國夷數十畔在參蠻，芳從之，詐姓劉氏。」此書則作：「劉芳，安定三川人。本姓盧氏。王莽末，天下咸思漢，芳由是詐稱武帝後，變姓名為劉文伯。及莽敗，芳與三川屬國羌胡起兵北邊。」以及朱穆論梁冀池中舟覆，吳祐諫父寫書事，皆較璠《記》為詳。璠《記》稱：「明德馬皇后不喜出遊，未嘗臨御窗牖。」此書則作：「性不

喜出入遊觀。」瑒《記》稱：「楊秉嘗曰我有三不惑，酒、色、財也，天下以為名公。」此書刪下一句。又如序王龔與薛勤喪妻事，瑒《記》先敘龔而追敘勤，此書則先敘勤而後敘龔。敘呂布兵敗勸王允同逃事，瑒《記》敘在長安陷時，此書追敘於後。亦頗有所移置，而覈其文義，皆此書為長。

其體例雖仿荀悅書，而悅書因班固舊文，翦裁聯絡；此書則抉擇去取，自出鑒裁，抑又難於悅矣。〔三〕劉知幾《史通·正史篇》稱：「世言漢中興，作史者惟袁、范二家，以配蔚宗。」要非溢美也。〔四〕（《四庫全書總目》卷四十七）

【注釋】

〔一〕【袁宏生卒年】此處採用陳三平《十二生肖和袁宏的生卒年》（《文史知識》2007 年第 4 期）一文的結論。

〔二〕【袁宏自序】……夫史傳之興，所以通古今而篤名教也。邱明之作，廣大悉備；史遷剖判六家，建立十書，非徒記事而已，信足扶明義教，網羅治體，然未盡之。班固源流周贍，近乎通人之作，然因藉史遷，無所甄明。荀悅才智經綸，足為嘉史，所述當世，大得治功已矣。然名教之本，帝王高義，韞而未敘。今因前代遺事，略舉義教所歸，庶以弘敷王道，補前史之闕。古者方今不同，其流亦異，言行趨舍，各以類書，故觀其名跡，想見其人，邱明所以斟酌抑揚，寄其高懷，末吏區區注疏而已，其所稱美，止於事義，疏外之意，歿而不傳，其遺風餘趣，蔑如也。今之史書，或非古之人心，恐千載之外，所誣者多，所以悵怏躊躇，操筆恨然者也。

〔三〕【評論】《前漢紀》完全以《漢書》為底本加以壓縮，並重加組織而成，《後漢紀》則參考各種材料達數百卷，但是所有的關於後漢時期的史書參考到了，所用功力較大，足以與《後漢書》相輔而行。

〔四〕【版本】《四部叢刊》影印明嘉靖間刻本較佳。

35. 元經十卷

舊本題隋王通〔一〕（584～618）撰，唐薛收續並作傳，宋阮逸注。

其書始晉太熙元年（290），終隋開皇九年（589），凡九卷，稱為通之原書。末一卷自隋開皇十年（589）迄唐武德元年（626），稱收所續。晁公武《讀書志》曰：「案《崇文》無其目，疑阮逸依託為之。」陳振孫《書錄解題》曰：「河汾王氏諸書，自《中說》以外，皆《唐藝文志》所無，其傳出阮逸，或云皆逸偽作也。唐神堯諱淵，其祖景皇諱虎，故《晉書》戴淵、石虎皆以字行。薛收唐

人，於傳稱戴若思、石季龍，宜也。《元經》作於隋世大業四年（608），亦書曰
『若思』，何哉？」今考是書，晉成帝咸和八年（333），書張公庭為鎮西大將
軍。康帝建元元年（343），書石虎侵張駿。公庭即駿之字，猶可曰書名書字，
例本互通。至於康寧三年（375），書「神虎門」為「神獸門」，則顯襲《晉書》，
更無所置辨矣。且於周大定元年（581），直書楊堅輔政。通生隋世，雖妄以聖
人自居，亦何敢於悖亂如是哉？

陳師道《後山談叢》、何薳《春渚紀聞》、邵博《聞見後錄》並稱逸作是
書，嘗以稿本示蘇洵。薳與博語未可知，師道則篤行君子，斷無妄語，所記諒
不誣矣。逸字天隱，建陽人。天聖五年（1027）進士，官至尚書屯田員外郎。
《宋史‧胡瑗傳》，景祐初，更定雅樂，與鎮東軍節度推官阮逸同校鍾律者，
即其人也。王銍《甲申雜記》又載其所作詩，有「易立太山石，難芳上林柳」
句，為怨家所告，流竄以終。生平喜作偽書，此特其一耳。

《文獻通考》載是書十五卷，此本止十卷，自魏太和以後，往往數十年
不書一事，蓋又非阮逸偽本之全矣。至明鄧伯羔《藝彀》，稱是書為關朗作。
朗，北魏孝文帝時人，何由書開皇九年之事？或因宋人記關朗《易傳》與此
書同出阮逸，偶然誤記耶？其書本無可取，以自宋以來，流傳已久，姑錄存
之，而參考諸說，附糾其依託如右。（《四庫全書總目》卷四十七）

【注釋】

〔一〕【作者研究】楊永安撰《王通研究》（香港大學中文系文史叢書之四，1992 年），
王冀民、王素撰《文中子辨》（《文史》第 20 輯），駱建人撰《文中子研究》
（臺灣商務印書館 1989 年版），尹協理、劉海蘭合撰《王通評傳》（北嶽文藝
出版社 2016 年版）。

36. 大唐創業起居注〔一〕三卷

唐溫大雅（？～約 627）撰。大雅字彥（寵）〔弘〕，并州祁（今屬山西）人。
官禮部尚書，封黎國公。事蹟具《唐書》本傳。

是書《唐志》《宋志》皆作三卷，惟《文獻通考》作五卷。此本上卷記
起義旗至發引四十八日之事，中卷記起自太原至京城一百二十六日之事，下
卷記起攝政至即真一百八十三日之事，與《書錄解題》所云記三百五十七日
之事者其數相符。首尾完具，無所佚闕，不應復有二卷，《通考》殆訛三為
五也。

大雅本傳稱高祖兵興，引為記室參軍，主文檄。則此書得諸聞見，記錄當真。今取與《高祖本紀》相較，若劉仁恭為突厥所敗，煬帝驛繫高祖。此書稱高祖側耳謂秦王曰：「隋運將盡，吾家繼膺符命，所以不早起兵者，為爾兄弟未集耳。今遭羑里一厄，爾昆季須會盟津之師。」是興師由高祖，而《本紀》則謂舉事由秦王。又此書載隋少帝以夏四月詔曰：「今遵故事，遜於舊邸。」而《本紀》則繫之五月戊午，凡此之類，皆頗相牴牾。書中所謂大郎即建成，二郎即太宗，於太宗殊無所表異。胡震亨跋〔二〕謂：「大抵載筆之時，建成方為太子，故凡言結納賢豪，攻略城邑，必與太宗並稱。」殆其然歟？抑或貞觀十七年（643）敬播、房玄齡、許敬宗等所修《高祖實錄》，欲以創業之功獨歸太宗，不能無所潤色也。觀大雅所諱，獨宮婢私侍一事耳。至於稱臣突厥，則以不用書而用啟，隱約其詞。而於煬帝命為太原道安撫大使，則載高祖私喜此行，以為天授。於煬帝命擊突厥，則載高祖私謂人曰：「天其或者將以畀余。」俱據事直書，無所粉飾。則凡與唐史不同者，或此書反為實錄〔三〕，亦未可定也。〔四〕（《四庫全書總目》卷四十七）

【注釋】

〔一〕【書名】四庫本書名作《唐創業起居注》。或稱《創業起居注》。

〔二〕【胡震亨跋】四庫本未載。

〔三〕【體式】此書採用編年體，記 617 年五月至 618 年五月唐高祖建國史事，為現存最古的起居注著作。

〔四〕【整理與研究】1983 年上海古籍出版社出版點校本。

37. 資治通鑒二百九十四卷

宋司馬光〔一〕（1019～1086）撰，元胡三省（1230～1302）音注。

光以治平二年（1065）受詔撰《通鑒》，以元豐七年（1084）十二月戊辰書成奏上，凡越十九年而後畢。光《進表》稱精力盡於此書。其採用之書，正史之外，雜史至三百二十二種。其殘稿在洛陽者尚盈兩屋。既非掇拾殘剩者可比。又助其事者，《史記》、前後《漢書》屬劉攽，三國、南北朝屬劉恕，唐、五代屬范祖禹。又皆通儒碩學，非空談性命之流。故其書網羅宏富，體大思精，為前古之所未有。而名物訓詁，浩博奧衍，亦非淺學所能通。

光門人劉安世嘗撰《音義》十卷，世已無傳。南渡後注者紛紛，而乖謬彌甚。至三省乃匯合群書，訂訛補漏，以成此注。元袁桷《清容集》載《先友

淵源錄》，稱三省天台人，寶祐進士，賈相館之，釋《通鑒》三十年，兵難稿三失。乙酉歲，留袁氏家塾，日手抄定注。己丑寇作，以書藏窖中得免。〔二〕案：三省自序稱「乙酉徹編」，與柌所記正合。惟柌稱「定注」，而今本題作「音注」，疑出三省所自改。三省又稱初依《經典釋文》例，為廣注九十七卷。後失其書，復為之注。始以《考異》及所注者散入《通鑒》各文之下。曆法、天文則隨目錄所書而附注焉。此本惟《考異》散入各文下，而目錄所有之曆法、天文書中並未附注一條，當為後人所刪削，或三省有此意而未及為歟？

《通鑒》文繁義博，貫穿最難。三省所釋，於象緯推測、地形建置、制度沿革諸大端，極為賅備。故《唐紀》開元十二年（724）內注云：「**溫公作《通鑒》，不特紀治亂之跡而已，至於禮樂、曆數、天文、地理尤致其詳。讀者如飲河之鼠，各充其量。**」蓋本其命意所在，而於此特發其凡，可謂能見其大矣。至《通鑒》中或小有牴牾，亦必明著其故。如《周顯王紀》「秦大良造伐魏」條注云：「大良造下當有衛鞅二字。」《唐代宗紀》「董晉〔三〕使回紇條」注云：「此韓愈狀晉之辭，容有溢美。」又「嚴武三鎮劍南條」注云：「武只再鎮劍南」蓋因杜甫詩語致誤。《唐穆宗紀》「冊回鶻嗣君」條注云：「《通鑒》例，回鶻新可汗未嘗稱嗣君。」《文宗紀》「鄭注代杜悰鎮鳳翔」條注云：「如上卷所書杜悰鎮忠武，不在鳳翔。」凡若此類，並能參證明確，而不附會以求其合，深得注書之體，較尹起莘《綱目發明》附和迴護，如諂臣媚子所為者，心術之公私，學術之真偽，尤相去九牛毛也。

雖徵摭既廣，不免檢點偶疏。如景延廣之名，《出師表》敗軍之事，庾亮此手何可著賊之語？沈懷珍之軍洋水，阿那瑰之趨下口，烏丸軌宇文孝伯之誤句，周太祖詔今兄之作令兄，顧炎武《日知錄》並糾其失〔四〕。近時陳景雲〔五〕亦摘地理訛舛者作《舉正》數十條〔六〕。然以二三百卷之書，而蹉失者僅止於此，則其大體之精密，益可概見。黃溥簡籍遺聞，稱是書元末刊於臨海，洪武初取其版藏南京國學。其見重於後來，固非偶矣。〔七〕（《四庫全書總目》卷四十七）

【注釋】

〔一〕【作者研究】明馬巒、清顧棟高撰《司馬光年譜》（中華書局 1990 年馮惠民點校合訂本），陳克明撰《司馬光學述》（湖北人民出版社 1990 年版），董根洪撰《司馬光哲學思想述評》（山西人民出版社 1993 年版），宋衍申撰《司馬光傳》（北京出版社 1990 年版），顧奎相撰《司馬光》（黑龍江人民出版

社 1985 年版），季平撰《司馬光新論》（西南師範大學出版社 1987 年版），李昌憲撰《司馬光評傳》（南京大學出版社 1998 年版），宋衍申撰《司馬光大傳》（長春出版社 1999 年版），程應鏐撰《司馬光新傳》（上海人民出版社 2010 年版），李金山撰《司馬光傳》（北嶽文藝出版社 2015 年版），江永紅撰《通鑒載道：司馬光傳》（作家出版社 2015 年版）。

〔二〕【胡三省】天台人，寶祐進士。賈相館之釋《通鑒》。三十年兵難，稿三失。乙酉歲，留袁氏塾，日手抄《定注》。己丑寇作，以書藏窖中得免。《定注》今在家。（袁桷《清容居士集》卷三十三「庭述師友淵源錄」）

〔三〕【董晉】（723～799），字混成。唐河中人。大曆時，以判官送崇徽公主入回紇，嚴詞回答回紇對馬價的責難。後官至宰相。

〔四〕【史源】《日知錄》卷二十七「通鑒注」條。

〔五〕【陳景雲】（1670～1747），字少章，門人私諡曰「文道先生」。長洲人。著有《讀書紀聞》十二卷、《綱目訂誤》四卷、《兩漢舉正》五卷、《國志舉正》四卷、《韓集點勘》四卷、《文選舉正》六卷等。《清史列傳》卷七十一、《清史稿》卷四百八十四有傳。

〔六〕【通鑒胡注舉正】凡十卷，當時刻者僅一卷。所謂「摘地理訛舛者作《舉正》數十條」，可能指一卷本而言，因為十卷原本不可能只有數十條。今按，錢大昕《潛研堂文集》卷二十八《跋資治通鑒》云：「胡身之於輿地之學深矣，然亦不能無誤，姑舉其尤者……予嘗有《通鑒注辨正》二卷，於地理糾舉頗多，非敢排詆前賢，聊附爭友之義爾。」（第 468～469 頁）

〔七〕【整理與研究】關於《通鑒》的研究，早已形成了一門專家之學——「通鑒學」，續修、節選、注釋、評論、改編之作甚多，詳參王錦貴《司馬光及其〈資治通鑒〉》（大象出版社 1997 年版第 108～151 頁）。崔萬秋撰《通鑒研究》（商務印書館 1934 年版），陳垣撰《通鑒胡注表微》（北京輔仁大學 1945 年版），張須撰《通鑒學》（安徽人民出版社 1981 年版），馮惠民撰《司馬光和〈資治通鑒〉》（中華書局 1981 年版），柴德賡撰《〈資治通鑒〉介紹》（北京求實出版社 1981 年版），劉乃和撰《司馬光與〈資治通鑒〉》（吉林文史出版社 1986 年版）、《〈資治通鑒〉論叢》（河南人民出版社 1985 年版），吳玉貴撰《資治通鑒疑年錄》（上海古籍出版社 2019 年版），張國剛撰《資治通鑒啟示錄》（中華書局 2019 年版）。日人佐伯富編《資治通鑒索引》（京都大學東洋史教研室，1961 年），將職官、人物、地名、掌故、語辭等項目，分條按日文五十音圖排列。